海域管理培训教材之三

海域使用论证技术方法

海域管理培训教材编委会 编

海洋出版社

2014 年 · 北京

图书在版编目（CIP）数据

海域使用论证技术方法／海域管理培训教材编委会编. —北京：海洋出版社，2014.11

海域管理培训教材

ISBN 978 - 7 - 5027 - 8905 - 3

Ⅰ. ①海…　Ⅱ. ①海…　Ⅲ. ①海域使用管理法 - 业务培训 - 教材　Ⅳ. ①D993.5

中国版本图书馆 CIP 数据核字（2014）第 132126 号

责任编辑：赵　娟　肖　炜

责任印制：赵麟苏

海洋出版社　出版发行

http://www.oceanpress.com.cn

北京市海淀区大慧寺路 8 号　邮编：100081

北京旺都印务有限公司印刷　新华书店经销

2014 年 11 月第 1 版　2014 年 11 月北京第 1 次印刷

开本：787 mm×1092 mm　1/16　印张：16.75

字数：320 千字　定价：62.00 元

发行部：62132549　邮购部：68038093　总编室：62114335

海洋版图书印、装错误可随时退换

海域管理培训教材编委会

主　任：张宏声
副主任：潘新春
主　编：潘新春
副主编：关道明　丁　磊　阿　东　司　慧
编　委：刘立芬　古　妧　张志华　张绍丽
　　　　刘百桥　于永海　胡恩和　谢　健
　　　　王健国　吴建政　黄发明　张永华

序

20 年前，国家海洋局会同财政部根据国务院的批复颁发了《国家海域使用管理暂行规定》。海域管理作为一项全新的工作，在国内外没有现成的模式和经验可以借鉴，走过了从无到有、从小到大的光辉历程。12 年前，全国人大常委会正式审议通过了《中华人民共和国海域使用管理法》。自 2002 年 1 月 1 日《海域使用管理法》实施以来，在党中央、国务院的正确领导下，在沿海地方人民政府的大力支持下，各级海洋主管部门坚持依法行政，不断开拓创新，全面实施《海域使用管理法》三项基本制度，构建了海域管理法律法规、区划规划、技术支撑三大体系，赢得了国际上的广泛赞誉。十多年来，我们加快了配套制度建设，积极推动海域管理地方立法，健全了海域管理法律法规体系；组织编制并报请国务院批准了全国海洋功能区划，扎实推进地方海洋功能区划编制，从实际出发出台了区域用海规划制度，完善了海洋功能区划规划体系；规范了海域使用论证、海域动态监测、海域价值评估技术领域，建设并运行了国家海域动态监视监测管理系统，成立了国家、省、市三级海域动态监管中心，构建了海域管理技术支撑体系。

在各级海洋主管部门的共同努力下，海域管理在实践中历经了"三个转变"，取得了显著成效：即从单一项目管理向宏观调控管理的转变，会同国家发改委建立了围填海计划管理制度，完善了用海预审，加强了海域资源供给的宏观调控，有力推动了沿海区域发展战略规划的实施；从行政审批为主向行政审批与市场配置相结合的转变，国家海洋局全面施行了海砂开采海域使用权市场化出让，沿海地方依法推进海域使用权招标拍卖，完善了海域资源市场化配置机制，有效保障了国家和地方重大项目用海需求；从重审批轻监管向审批与监管并重的转变，组织开展"海盾"专项执法行动，全面实施海域动态监视监测，切实强化海域使用事中事后监管，及时发现围填海疑点疑区，有力查处非法用海行为，规范了海域使用秩序，维护了包括渔民在内的各类用海者的合法权益，促进了沿海地区的社会稳定。

党的十八大做出了建设海洋强国的战略部署。2013 年 8 月，习近平总书记在主持中央政治局第八次集体学习时高屋建瓴地指出，建设海洋强国是中国特色社会主义事业的重要组成部分，号召全社会进一步关心海洋、认识海洋、经略海洋；必须坚持走依海富国、以海强国、人海和谐、合作共赢的和平发展道路，全面推进建设海洋强国战略的实施。总书记的重要讲话，为海洋事业发展指明了前进方向，为海洋强国建设描绘了宏伟蓝图。与此同时，中央审时度势，做出了重组国家海洋局的重大决策，批准了国家海洋局"三定"方案，强化了海域综合管理职责，管理范围不断拓展，行政职能不断强化。

当前和今后一段时期，海域综合管理要以党的十八大及十八届三中全会精神为指引，认真贯彻落实党中央"五位一体"建设布局，坚持国家海洋局党组"五个用海"要求，划定蓝色国土开发利用管理生存线、生态线、保障线。海域是公共资源，也是国有资产，海域综合管理的使命就是要站在整个国家的高度，对有限的海域资源进行合理的配置，通过发挥市场在资源配置中的决定性作用，使其得到充分的利用，为国民经济和社会发展做出应有的贡献。这就需要我们在海域管理工作中认真总结工作经验，全面履行管理职责，加快转变政府职能，不断强化海洋综合管控，进一步深化"三个结合"：即理论与实践相结合、传承与创新相结合、管理与技术相结合。

有鉴于此，为加强理论研究，深化管理实践，海域管理司组织编写了一批培训教材。我真诚地希望，这批教材的出版能有助于各级海洋管理人员和相关技术人员提升政策与业务水平，能有助于广大用海者增强依法用海、科学用海、集约用海意识，能有助于广大海洋爱好者深入了解海域管理制度与实践。

"长风破浪会有时，直挂云帆济沧海。"在新的历史起点上，海洋强国建设的嘹亮号角正在吹响，海洋事业发展的宏伟蓝图已经绘就，海洋综合管理的有利东风扑面而来。让我们满怀崇高的历史使命感、强烈的政治责任感、时不我待的事业紧迫感，励精图治，引领创新，扎实推进海域管理工作，为早日建成海洋强国，实现中华民族伟大复兴而不懈努力。

国家海洋局副局长：

2014 年 9 月

前　言

我国海域使用论证工作起始于20世纪90年代初，2001年颁布的《海域使用管理法》正式确立了海域使用论证的法律地位。海域使用论证作为海域管理的重要技术支撑，其主要任务是于对项目用海的必要性、可行性和合理性进行综合分析评估，为海域使用审批提供科学决策依据。多年的实践证明，海域使用论证已成为贯彻落实科学发展观，合理配置海域资源，实现科学用海、科学管海的重要抓手。

近年来，国家制定了一系列沿海地区战略发展规划，东部率先发展战略深入实施，用海需求不断增长，用海类型和方式不断增多，用海矛盾日益突出。同时，随着我国海洋经济总量持续增加，海洋产业结构加快转型，迫切需要加强海域开发利用的综合协调，海域管理形势正面临深刻变化，海域使用论证工作也进入了一个新的发展阶段。为全面提高海域使用论证从业人员的理论修养和业务素质，准确理解掌握海域使用论证的相关政策规定、技术规范和基本方法，我们组织了海域使用论证方面的专家学者，对多年海域使用论证研究成果和实践经验进行了归纳总结，编制完成了《海域使用论证技术方法》，作为海域管理培训教材之一。

在本书编写的过程中，力求既注重体系的科学性和完整性，又注重分析方法的先进性和实用性。着重对海域使用论证过程中分析方法、工作步骤和具体要求进行分析解释，并以恰当的示例进行说明。编写人员参阅了大量的有关文献，吸收了以往海域使用论证教材一些观点和案例，在此一并表示感谢。

参与本书编写的人员为：谢健（第一章）、贾后磊（第二章、第八章）、于永海（第六章）、刘百桥（第七章）、张永华（第三章）、吴建政（第五章）、彭昆仑（第四章）、王健国（第八章）、王平（第七章）、马宝强（第一章）、郑兆勇（第三章）、李珊（第六章、第十章）、赵明利（第七章、第九章）、王厚军（第九章）等。统稿工作由贾后磊、于永海、张志华完成。限于编著者的水平，本书难免存在不足之处，恳请广大读者批评指正。

编　者

2014年10月

目　次

第1章 绪 论

我国海域使用论证制度始于 20 世纪的 90 年代初,经过十多年来的发展和完善,于 2001 年颁布实施《中华人民共和国海域使用管理法》(以下称《海域使用管理法》)予以确立。海域使用论证制度的建立和完善为海域管理科学化奠定了坚实的基础。

海域使用论证既是海域使用审批的重要依据,也是用海项目顺利实施的基本保障,对于规范海域资源开发秩序,提高用海科学性、合理性,保护海洋生态环境,促进海域资源可持续利用,实现海洋开发的社会、经济和环境效益的高度统一,具有重要的意义和作用。为了科学、客观、公正地开展海域使用论证工作,有必要了解海域使用论证制度的发展历程,准确掌握海域使用论证原则和技术要求。

1.1 海域使用论证制度的建立与发展

海域使用论证制度是在海域使用管理实践中逐步发展起来的。通过各级海洋主管部门积极探索,各论证单位创新实践,海域使用论证工作不断规范,海域使用管理制度得以不断完善。海域使用论证制度的发展进程大致可分为三个阶段。

(1)探索实践阶段(1993—1997 年)

1993 年财政部、国家海洋局联合颁布的《国家海域使用管理暂行规定》的第四条规定:"对于改变海域属性或影响生态环境的开发利用活动,应该严格控制并经科学论证",首先提出了海域使用论证的概念。沿海地方政府在《国家海域使用管理暂行规定》具体实施过程中,结合当地实际,对海域使用论证相继做出了具体的规定。同时,涉海科研和技术单位也在理论、技术方法等运用上开展了探索和实践。

(2)初步建立阶段(1998—2001 年)

1998 年国家海洋局颁布的《海域使用可行性论证管理办法》,明确提出"海域使用可行性论证是审批海域使用的科学依据","凡持续使用某一固定海域三个月以上的排他性用海项目,应按照本办法进行海域使用可行性论证"。1999 年 2月实施的《海域使用可行性论证资格管理暂行办法》明确了海域使用可行性论证资格管理等基本制度。以上两个管理办法的出台，标志着我国海域使用论证制度的基本确立。

（3）全面规范阶段（2002 年至今）

2002 年《海域使用管理法》正式实施，其第十六条规定："申请使用海域的，申请人应当提交海域使用论证材料"，为海域使用论证制度奠定了坚实的法律基础。2004 年，《行政许可法》颁布后，国务院发布的《国务院决定对确需保留的行政审批项目设定行政许可的目录》，明确海域使用论证单位资质认定作为行政许可项目，由国家海洋行政主管部门负责审批。

随后，《海域使用申请审批暂行办法》《海域使用论证管理规定》《海域使用论证资质管理规定》《海域使用论证评审专家库管理办法》等一系列配套管理规定的出台，进一步完善了我国海域使用论证制度。此外，国家海洋局还下发了一系列关于加强海域使用论证报告评审管理、提高论证质量的文件和通知，要求不断完善海域使用论证评审机制，提高海域使用论证评审工作质量和效率，并要求各论证单位建立健全内审制度，有效提高了海域使用论证报告质量。

1.2　海域使用论证的作用和特点

1.2.1　海域使用论证的作用

海域使用论证是海域管理的重要基础工作，其根本作用在于对项目用海的科学性和合理性进行评估，为行政审批提供决策依据。全面加强海域使用论证工作，对于合理开发海域资源、保护海洋生态环境、维护国家海洋权益和用海者的合法权益和促进海洋经济的可持续发展，具有十分重要的现实意义。

（1）科学用海的重要保障

海域使用论证通过对申请使用海域的区位条件、资源状况、开发现状、功能定位、开发布局、整体效益、风险防范、国防安全等因素进行调查、分析、比较，提出项目用海是否可行的结论，为海域使用行政审批和监督管理提供科学依据和技术支撑。海域使用论证工作的开展，可以严格控制那些选址不合理、用海规模不恰当、滥用岸线资源、严重破坏海域环境等的用海项目，对项目用海方案进行科学优化调整，实现海域资源的最佳利用。

海域使用论证报告中的项目用海选址合理性分析是落实海洋功能区划、优化海洋产业布局、实现建设项目科学用海的前提条件；项目用海面积合理性分析、项目用海方式合理性分析和用海平面布置合理性分析论证，是贯彻集约节约原则的具体体现。

近年来，随着国家产业布局调整，大型港口、能源、重化工项目在沿海布局，提出了大量的用海特别是填海需求。海域使用论证工作在保障重大项目用海需要的同时，依据相关技术标准，优化了大量的项目用海平面设计方案。对沿海港口、码头建设项目，论证工作抓住单位岸线的接卸能力指标，着力优化码头岸线的布置，切实控制用海面积和岸线占用长度；对大型钢铁基地建设项目，论证工作抓住单位面积的钢铁产能指标和大区域填海的生态问题，着力优化平面布局设计，控制用海面积，改进围填海方式；对于核电项目，论证工作高度关注核电项目的敏感性，积极优化项目的填海和取排水方案，协调与周边海域海洋功能区划的关系。海域使用论证工作通过有针对性地优化用海方案，有效地提高了海域资源的利用效率，是合理配置海域资源，实现科学用海的重要保障。

（2）科学管海的技术支持

《海域使用管理法》第十六条明确规定，单位和个人申请使用海域应当提交海域使用论证材料。科学合理的海域使用论证是保障用海项目顺利实施的先决条件，是海域使用审批的重要依据。海域使用论证制度主要包括论证报告编写与论证报告评审两个主要环节。论证报告的编写是论证工作的主体任务，只有严格执行有关技术规范，遵循规定的工作程序，才能科学客观地进行项目用海必要性分析、项目用海资源环境影响分析、海域开发活动协调性分析、项目用海与海洋功能区划符合性分析、项目用海合理性分析，提出项目用海的海域使用对策措施，并做出切实可行的论证结论，为各级政府审批项目用海起到技术把关的作用。其中海域使用论证报告中的海域使用对策措施，是项目用海者落实国家法律法规在用海过程中必须采取的对策措施，也是海域管理对项目用海监管的技术依据。另外，论证报告专家评审是海域使用论证工作的关键。论证报告评审是专家对论证报告质量把关的重要程序，经评审通过的论证报告将作为政府部门审批项目用海的主要技术依据。同时，通过对海域使用论证报告的抽查等措施，对海域使用论证工作进行全面监管，保证海域使用论证工作质量，从而为国家科学管海提供强有力的技术支撑。

（3）权益维护的重要途径

《海域使用管理法》规定，国家享有海域所有权，而自然人和法人可以依法取得海域使用权。海域使用权的取得可以采用申请审批、招标、拍卖等方式。无论采用哪种方式取得海域使用权，海域使用论证都是必须开展的工作，即是说海域使用论证是用海申请者取得海域使用权的前提。但是，国家对于海域所有权的行使目标，决不单纯是财产的保值增值，而是最大程度上实现经济效益、社会效益、生态效益的有机统一。海域使用论证通过项目用海的选址、用海方式、用海面积的合理性分析以及围填海平面设计方案比选和优化，排除那些随意占用海域和自然岸线、可能对生态环境造成严重破坏的用海方案，提出减少海域使用面积、优化项目布局的措施，保障海域资源的合理配置，切实维护用海申请人以及相关各方的利益。

海域使用论证中的一个重要内容就是通过对利益相关者的调查分析，提前发现项目用海可能涉及的利益冲突问题，提出切实可行的利益协调方案和建议，为化解用海矛盾发挥"消波减震"作用，维护利益相关者的合法权益，保证沿海地区社会的和谐稳定。

1.2.2 海域使用论证的特点

海域使用论证制度是《海域使用管理法》规定的重要制度之一。海域使用论证是一项综合的专业技术性工作，是有序开发海域资源、保护海洋生态环境、保障国家海洋权益的重要手段。

（1）科学性

海域使用论证工作依据国家的法律法规和标准规范而进行，需要由具备海洋科学知识的持证上岗人员承担。论证工作的开展，需要运用相关仪器设备，获得海洋水文、海洋地质、海洋化学、海洋生物等环境资料和海域资源开发利用现状信息，在充分了解区域范围内海洋信息和资料的基础上，采用科学适用的技术方法，分析、论证和预测用海方案对资源环境及其他用海活动的影响，弄清区域范围内海洋自然环境的基本特点，保证项目用海影响分析的科学性。海域使用论证工作以现状调查和现场勘查为基础，辅以相关历史资料的收集和整理，进行全面系统的科学分析和评判，确保了论证资料来源、论证工作程序和论证结论的有效性和科学性。

另外，国家制定了一系列规范性文件和技术标准，明确规范了论证工作的程序和要求，从政策、法规和技术等方面保障了海域使用论证工作的科学性。

（2）针对性

海域使用论证是针对具体的用海项目和特定的海域开展的。不同用海方式、用海规模和所在海域特征，项目用海的论证等级也不同，进而呈现出的论证成果形式也不尽相同。论证重点因项目用海类型、用海规模、用海方式、环境资源与开发现状特征的不同而有所侧重，所以在论证重点判定过程中，应当有针对性地选择切合用海项目特点的内容作为论证重点。论证过程中应针对项目用海情况和所在海域环境特征，开展资料收集、现状调查和现场勘查等工作。项目用海所在海域和用海活动的变化，都有可能使论证工作发生根本性的调整。海域使用论证工作应紧抓项目用海主要问题，明确目标、突出重点地开展分析论证，使其有的放矢，确保论证工作真正的为项目用海审批提供决策依据，为海域使用监督提供管理依据。

（3）综合性

海域使用论证具有很强的综合性，包含的学科涉及海洋地质学、海洋化学、海洋生物学、物理海洋学、经济学、管理学等。在论证报告编制时以采用现行技术标准和规范为主，对尚无技术标准和规范的，则采用各专业领域内较为成熟的研究成果。论证工作集成使用了相关的专业方法，以宏观与微观相结合、外业调查与室内分析相结合、现状评价与模拟预测相结合、定量与定性分析相结合等手段，运用列表法、数学模式法、专业判断法、对比法、图示法、描述法等方法，综合地分析和论证。

在论证报告评审阶段，评审专家组需根据评审项目用海的具体情况，由海洋水文气象、海洋地质地貌、海洋化学生物、海洋渔业科学与技术、资源环境区划与管理、测量工程、船舶与海洋工程、水利工程、港口航道与海岸工程及经济学等相关专业的专家组成。

可见，无论从海域使用论证报告编制，还是从海域使用论证报告评审来看，海域使用论证都具有很强的综合性。

1.3　海域使用论证原则

海域使用论证原则是开展论证工作指导思想的具体体现，也是对论证工作的基本要求。在论证过程中，准确贯彻各项原则，不仅有利于端正论证人员的态度，克服其主观性、片面性和随意性，提高论证的可信度和有效度，而且有利于强化论证工作的规范化、科学化，保障论证结论的客观性、准确性。

根据海域使用论证技术导则，海域使用论证工作应遵循科学、客观、公正的原则。坚持开发与保护并重，实现经济效益、社会效益、环境效益的统一；坚持集约节约用海，促进海域合理开发和可持续利用；坚持陆海统筹，促进区域协调发展；坚持以人为本，保障沿海地区经济社会和谐发展；坚持国家利益优先，维护国防安全和海洋权益。实际工作中应严格遵循以下原则。

（1）科学、客观、公正原则

海域使用论证是一项复杂的系统工程，是在自然科学和社会科学的多学科研究成果的基础上，运用科学的方法，分析、判断论证对象是否与海洋功能区划相符合、对周边海域开发活动是否相协调及项目用海对资源环境可能产生的正面与负面影响，综合衡量利弊得失，从而提出科学的结论和有效的海域使用对策措施，为管理决策提供科学依据。

因此海域使用论证工作应严格遵循自然规律，从事实出发，实事求是，客观、准确地把握项目用海与海域资源环境的关系，提出各项保护措施，降低项目用海对周边资源环境造成的不良影响，以实现海域资源的可持续利用。论证单位及其技术人员应严格依照法律、法规及规章规定的程序和方法，采用相关的技术标准和规范，科学、客观、公正地开展论证工作。

（2）开发与保护并重原则

用海项目的开发、建设和运营，或多或少会对海域资源环境造成一定程度的不利影响。海域使用论证工作要坚持在海洋经济发展中注重保护海域资源生态环境，保障开发和保护同步发展。在实际工作中，须严格贯彻落实海洋资源环境保护的相关法律法规，科学严谨地开展海域使用论证工作，及时发现和识别项目用海活动可能造成的资源环境问题，提出合理开发利用海洋资源的对策和建议，实现开发与保护并重的目标。

（3）集约节约用海原则

随着海洋经济的快速发展和用海项目的不断增加，海洋资源开发利用强度日益提高，新的用海方式不断出现，海洋产业布局也变得复杂，用海项目之间互相影响、互相制约的情况屡见不鲜。海域使用论证工作的重要任务之一就是坚持集约节约用海理念，提高海洋资源利用效率，推动海洋经济的可持续发展。通过统筹考虑海洋产业的规模和总体布局，合理开发利用海域资源和有效保护资源环境，优化项目用海选址、用海平面布置和用海方式，严格控制选址不合理、滥用海域资源，限制严重或永久性改变海域自然属性的项目用海，鼓励支持集约节约型的用海方式，提高海洋资源利用率，以推动海洋经济的可持续发展。

（4）坚持国家利益优先

海洋是国家的国防前哨，是国家安全的重要屏障。没有坚固的海防，就不可能有整个国家的安全与发展。凡是用海项目可能对国家海洋权益和国防安全造成不良影响的，海域使用论证过程中必须提出调整或取消项目用海的建议措施。对于涉及领海基点保护的用海项目，应当针对领海基点保护问题进行重点论证，确保领海基点及周边环境的安全；对于涉及军事用海的项目，在同等条件下，应优先满足军事用海的需要。

1.4　海域使用论证技术体系

随着海域使用论证工作的不断深入，海域使用论证技术体系不断得到充实和发展。随着科学技术水平的不断提高，将会有更多的新技术和新方法为海域使用论证工作所采用，促进海域使用论证技术体系的不断完善和提升。

1.4.1 海域使用论证技术特点

(1)宏观和微观相结合

有些项目用海的时间长，影响范围广，项目所涉及的建设、运营及资源环境影响时间跨度较大，对资源环境的累积效应、协同效应、次生效应等需要很长时间才会凸显出来。项目实施造成的资源环境影响具有滞后性，有时可能持续较长的时间。因此，论证中需考虑较大时间尺度上的环境问题，即长期效应。与此相反，有些项目用海时间短，或具有间歇性，这就要考虑海域使用造成的局部影响。为了从宏观和微观的层面上对项目用海的影响具有较为精准的分析和判断，需要运用与之相适应的方法和技术手段。

(2)定性与定量相结合

项目用海涉及广泛的社会、经济、环境要素或因子，各要素或因子间的关系也较为复杂，由于复杂性和不确定性，在某些情况下，难以进行全部的定量研究，这时定性分析方法占有重要地位。在时间、财力、人力、技术手段等条件允许的前提下，应尽可能多地使用定量分析方法，以降低分析结果的不确定性，保证论证结论的客观性和科学性。

(3)政策与技术相结合

分析用海项目的合理性和可行性，需要深入了解项目所属行业的管理政策、技术方法和标准。不同的行业都有较为健全的管理体系，深入的理论研究基础，一般都建立起比较完善的分析方法和技术标准体系，因此在海域论证工作中，要依据海域论证技术要求，紧密结合行业管理政策，参考行业规定的技术标准，才能确保论证分析结论更具有针对性和全面性。

1.4.2 海域使用论证技术意义

海域使用论证的实践经验表明，要保证论证工作落到实处，必须完善配套法律法规体系，严格执行海域使用论证的技术导则和技术标准。

(1)从目的上保证论证报告提供清晰有效的信息

为满足海域使用论证工作的管理要求，国家海洋局先后制定了一系列海域使用论证的技术规范，从《海域使用论证报告书编写大纲》到《海域使用论证技术导则》以及分类型编写大纲，都对海域使用论证材料的技术、方法进行了具体的规定，其主要目的就是要求论证报告能向管理者、用海者和公众提供真实可靠的信息。适合管理要求和行业特点的海域使用论证技术体系，可以保证论证工作的技术质量，为管理决策提供内容全面、结论准确的参考信息。

（2）从程序上保证论证与项目过程密切结合

建设单位在项目筹划的过程中，一般都要进行前期研究和基础资料调查和分析。随着资源环境问题日益成为经济发展重点考虑的问题以及保证可持续发展的要求，在项目前期研究中，海洋生态、环境和资源问题所占的比重越来越大，研究也越来越深入。这些内容都是论证工作的重要基础，为突出工作重点，减少重复，论证工作对论证开展时机、论证要点、分解步骤和具体技术要求等进行了有针对性的规定，以保证论证工作与项目过程有机结合。

（3）从技术上保证海域使用论证的规范化和标准化

论证技术方法规范化和标准化，一方面保证论证为项目管理、决策过程提供必要的、充分的现状信息，更重要的作用是有效地提高论证工作的针对性，节约时间和经费。随着时间的推移，同一海域可能陆续安排布设多个建设项目，规范而标准化的论证程序和方法以及统一的资料收集和调查规定，可以保证相关信息内容的通用性和可比性，提高信息和资料的利用率。

1.4.3　海域使用论证技术体系

在总结海域使用论证工作经验的基础上，国家海洋局于 2003 年 10 月对原有的《海域使用可行性论证报告书编写大纲》《海域使用论证工作大纲》进行了修改和完善，下发了新的《海域使用论证报告书编写大纲》和《海域使用论证报告书》（格式）。为了加强海域使用论证资质管理，保证海域使用论证质量，国家海洋局于 2004 年 6 月组织修订了《海域使用论证资质管理规定》，同时下发了《海域使用论证资质分级标准》。为指导和规范海域使用论证工作，提高海域使用审批的科学性，国家海洋局于 2008 年 2 月组织编制了《海域使用论证技术导则（试行）》，同时修订了《海域使用论证报告编写大纲》《海域使用论证资质分级标准》。《海域使用论证技术导则（试行）》的实施，对海域使用论证的基础资料、工作重点、工作流程、技术方法、成果形式和质量管理等进行了规范和要求，为海域使用论证材料的编制提供技术指导。2009 年颁布的《海域使用分类》《海籍调查规范》等技术标准为界定项目用海的类型、用海方式和面积量算提供了科学依据。2010 年 8 月国家海洋局组织对《海域使用论证技术导则（试行）》进行了修订，并以规范性文件下发。《海域使用论证技术导则》（2010 年）对总体结构、论证原则、论证等级、论证内容、论证范围、论证重点、论证成果等进行了修改和完善。

经过多年的实践，海域使用论证工作广泛吸收和运用自然科学、管理科学中所采用的观测和研究的新技术、新手段、新方法，如潮流场、泥沙场的三维数值模拟分析技术，遥感和 GIS 技术，生态系统价值评估技术，海洋观测手段和技术，以获得实时的、连续的观测数据和资料，为海域使用论证工作服务。一系列

新技术、新方法的运用，为海域使用论证的开展提供了完备的基础数据和先进的分析手段，使海域使用论证在某些方面逐步从定性向定量化转变，提高海域使用论证结论的准确性和权威性。

　　结合最新的管理规定和政策要求，对《海域使用论证技术导则》(2010 年)进行了修订完善，现已形成国家标准送审稿——《海域使用论证技术导则》(以下简称《论证导则》)，《论证导则》充分考虑了我国海域使用管理现状、社会经济发展状况和海洋开发利用趋势，密切结合论证工作的实际需求，并注意了与国内现有相关标准的衔接。《论证导则》的颁布实施，将为海域使用论证技术方法体系的不断健全和完善提供重要基础。本书后面各章内容均是以《论证导则》为基础编写的，目的是帮助论证技术人员更深刻地理解海域使用论证的技术内容和要求，更好地指导海域使用论证报告的编制。

第 2 章　海域使用论证总体要求

开展海域使用论证应正确理解和掌握海域使用论证总体要求，在此基础上形成清晰的论证技术思路和合理的工作方案。重点把握以下三点：一是根据《论证导则》要求，履行规定的海域使用论证程序和质量控制要求，保证论证工作的完整性和可靠性；二是按照项目的用海方式、规模及海域特征、开发利用现状和周边敏感区分布等状况，准确判定论证工作等级和论证重点，合理确定论证范围，保证论证工作的广度、深度和论证内容的针对性；三是按规定的格式和内容要求，编制论证报告，保证论证成果的规范性和论证结论的严肃性。

2.1　论证工作程序

海域使用论证工作需要经过准备工作、实地调查、分析论证和报告编制四个阶段，一般的工作程序见图 2 - 1 所示。

（1）准备工作阶段

研究有关技术文件和项目基础资料，收集历史和现状资料，开展项目用海初步分析，确定论证等级、论证范围和论证内容，筛选、判定论证重点等，制定海域使用论证工作方案。

论证工作方案中应对用海类型、用海性质、用海规模及环境条件进行初步研究，确定论证等级和论证范围，初步判定论证重点；明确收集资料内容，如需现状调查的还应给出现状调查方案；给出资源环境影响的预测分析方法和海域开发利用协调分析时的注意事项等内容；明确项目工作组，落实人员及分工。

（2）实地调查阶段

充分获取海域使用论证所需的资料，主要途径包括勘查海域现场，了解项目所在海域的地形地貌特征、海岸线位置与类型和海域开发利用现状；走访相关部门和用海单位、个人，了解海域确权发证与实际使用情况。同时对照《论证导则》的资料要求，对所收集资料的种类、数量和时效等进行分析，发现资料不能满足项目论证需要的，应补充开展必要的现状调查。

（3）分析论证阶段

海域使用论证工作的核心阶段，即根据获取的资料开展项目用海可行性分析论证。主要任务包括分析项目用海基本情况和用海必要性；分析海域基础条件和项目用海资源环境影响；分析海域开发利用现状和利益相关者协调情况；分析项目用海与海洋功能区划及相关规划的符合性；分析项目用海选址、用海平面布置、用海方式、用海面积和期限的合理性等；提出海域使用对策措施；归纳项目用海的可行性论证结论。

（4）报告编制阶段

论证成果的编制阶段，即根据前面的分析论证内容和结论编制海域使用论证报告书或报告表。

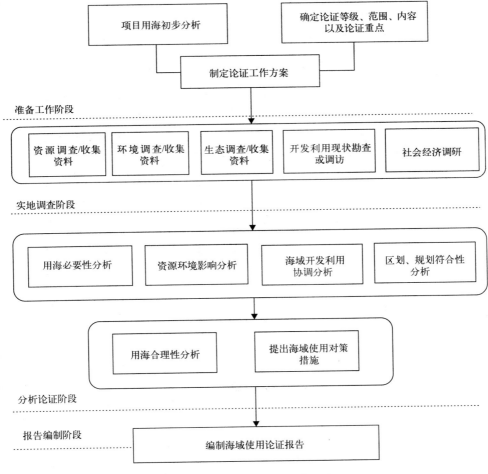

图 2-1　海域使用论证工作程序

论证成果为海域使用论证报告表的，论证工作可依据用海项目特点适当简化上述各阶段中的内容和程序。比如准备工作阶段中的海域使用论证工作方案可以省略或简化。

2.2　论证等级判别

海域使用论证工作实行分级制。按照项目的用海方式、规模和所在海域特征，论证工作等级划分为一级、二级和三级，等级判定依据见表2-1。

表 2-1　海域使用论证等级判据

一级用海方式	二级用海方式		用海规模	所在海域特征	论证等级
填海造地用海	冶金、石化、造纸、火电、核电等建设填海造地用海和废弃物处置填海造地		所有规模	所有海域	一
	其他建设填海造地用海、农业填海造地		填海造地大于（含）10 hm²	所有海域	一
			填海造地 5~10 hm²	敏感海域	一
				其他海域	二
			填海造地小于（含）5 hm²	所有海域	二
构筑物用海	非透水构筑物用海		构筑物总长度大于（含）500 m 或用海面积大于（含）10 hm²	所有海域	一
			构筑物总长度 250~500 m 或用海面积 5~10 hm²	敏感海域	一
				其他海域	二
			构筑物总长度小于（含）250 m 或用海面积小于（含）5 hm²	所有海域	二
	跨海桥梁、海底隧道用海	跨海桥梁	长度大于（含）2 000 m	所有海域	一
			长度 800~2 000 m	敏感海域	一
				其他海域	二

（续表）

一级用海方式	二级用海方式		用海规模	所在海域特征	论证等级
构筑物用海	跨海桥梁、海底隧道用海	跨海桥梁	长度小于(含)800 m	所有海域	二
			单跨跨海桥梁	所有海域	三
		明挖海底隧道	所有规模	所有海域	一
		暗挖海底隧道	所有规模	所有海域	二
		海底仓储	所有规模	所有海域	一
		海底水族馆等	所有规模	所有海域	二
	透水构筑物用海	人工鱼礁类透水构筑物用海	用海面积大于(含)50 hm²	所有海域	一
			用海面积小于 50 hm²	所有海域	二
		其他透水构筑物用海	构筑物总长度大于(含)2 000 m 或用海总面积大于(含)30 hm²	所有海域	一
			构筑物总长度400～2 000 m 或用海总面积10～30 hm²	敏感海域	一
				其他海域	二
			构筑物总长度小于(含)400 m 或用海总面积小于(含)10 hm²	所有海域	三
围海用海	港池用海		用海面积大于(含)100 hm²	所有海域	二
			用海面积小于(含)100 hm²		三
	蓄水用海		用海面积大于 100 hm²	所有海域	一
			用海面积20～100 hm²	敏感海域	一
				其他海域	二
			用海面积小于(含)20 hm²	所有海域	三
	盐田用海		用海面积大于(含)100 hm²	所有海域	一
			用海面积20～100 hm²	敏感海域	一
				其他海域	二
			用海面积小于(含)20 hm²	所有海域	三
	围海养殖用海		用海面积大于(含)100 hm²	所有海域	一
			用海面积10～100 hm²	所有海域	二
			用海面积小于(含)10 hm²	所有海域	三

（续表）

一级用海方式	二级用海方式		用海规模	所在海域特征	论证等级
开放式用海	开放式养殖用海		用海面积大于(含)700 hm²	所有海域	二
			用海面积小于 700 hm²	所有海域	三
开放式用海	浴场、游乐场用海		用海面积大于(含)30 hm²	所有海域	二
			用海面积小于 30 hm²	所有海域	三
	航道		长度大于(含)10 km	所有海域	一
			长度小于 10 km	所有海域	二
	锚地	危险品锚地	所有规模	所有海域	二
		其他锚地	所有规模	所有海域	三
	温(冷)排水等开放式用海	核电、火电温排水	所有规模	所有海域	一
		其他温(冷)排水	所有规模	所有海域	二
其他用海方式	人工岛油气开采用海		所有规模	所有海域	一
	平台式油气开采用海		所有规模	敏感海域	一
				其他海域	二
	海底电缆管道	海底输水管道、无毒无害物质输送管道等	长度大于(含)20 km	敏感海域	一
				其他海域	二
			长度 3～20 km	敏感海域	二
				其他海域	三
			长度小于(含)3 km	所有海域	三
		海底石油天然气等输送管道、有毒有害及危险品物质输送管道、海洋排污管道等	长度大于(含)5 km	敏感海域	一
				其他海域	二
			长度小于 5 km	所有海域	二
		海底电(光)缆	所有规模	所有海域	三
	固体矿产开采用海		所有规模	敏感海域	一
				其他海域	二
	工业取、排水口用海		所有规模	所有海域	二

（续表）

一级用海方式	二级用海方式	用海规模	所在海域特征	论证等级
其他用海方式	污水达标排放用海	污废水排放量大于（含）$3 \times 10^4 \mathrm{m}^3/\mathrm{d}$	所有海域	一
		污废水排放量$(1 \sim 3) \times 10^4 \mathrm{m}^3/\mathrm{d}$	敏感海域	一
			其他海域	二
		污废水排放量小于（含）$1 \times 10^4 \mathrm{m}^3/\mathrm{d}$	所有海域	三
	倾倒用海	倾倒量大于（含）$500 \times 10^4 \mathrm{m}^3$	所有海域	一
		倾倒量$(100 \sim 500) \times 10^4 \mathrm{m}^3$	敏感海域	一
			其他海域	二
		倾倒量$(50 \sim 100) \times 10^4 \mathrm{m}^3$	敏感海域	二
			其他海域	三
		倾倒量小于（含）$50 \times 10^4 \mathrm{m}^3$	所有海域	三
	防护林种植	用海面积大于（含）30 hm^2	所有海域	二
		用海面积小于 30 hm^2	所有海域	三

注：①并行铺设的海底电(光)缆和海底管道等的长度，按最长的管线长度计。

②敏感海域主要包括海洋自然保护区、海洋特别保护区、海湾和重要河口海域等。其中的海湾不含辽东湾、渤海湾、莱州湾、杭州湾和北部湾。

③扩建工程污水达标排放量包含原排放量。

海域使用论证工作等级的判别步骤如下：

①根据项目用海基本情况，准确判定用海方式和用海规模。

②根据已确定的用海方式、用海规模，结合项目所在海域特征，根据表 2－1 分别判定各用海方式对应的论证等级。当项目用海存在论证等级判据中未包含的用海方式时，可根据用海特征、用海规模、对海域自然属性的影响程度和用海风险等，按相近的用海方式界定论证等级。

③根据各用海方式、用海规模所判定的论证等级，按照"就高不就低"的原则，确定整个论证工作的等级。

④根据《论证导则》，项目用海占用岸线时，占用岸线长度也作为海域使用论证等级的一项判定依据。占用岸线长度大于（含）500 m 的，论证等级为一级，占用岸线长度小于 500 m 的，论证等级为二级，浴场、游乐场用海和防护林种植

用海除外。

一级和二级论证应编制海域使用论证报告书(含附册)。三级论证应编制海域使用论证报告表,根据项目用海情况和所在海域特征,必要时可对相关内容开展专题论证,形成专题报告。

案例2-1:某一新建码头项目,主体工程包括10万吨级专业化矿石泊位1个,5万吨级通用散杂货泊位2个。码头采用顺岸式重力沉箱式结构,码头总长度为855 m,并新建防波挡砂堤9 300 m,设计年通过能力为1 800×10^4 t/a。航道长1.7 km左右。工程申请的用海由4宗组成:码头、防波堤、港池和内航道,申请用海面积分别为:码头填海用海9.405 0 hm^2、防波堤非透水构筑物用海57.168 1 hm^2、港池用海75.465 4 hm^2、内航道用海170.428 0 hm^2,申请用海总面积为312.466 5 hm^2。

本项目用海方式包括填海造地用海、构筑物用海、围海用海、开放式用海,根据表2-1,结合用海规模和所在海域特征,分别判定不同用海方式的论证等级见表2-2。根据同一项目用海按不同用海方式、用海规模所判定的等级不一致时,采用就高不就低的原则,确定本项目的海域使用论证等级为一级。

表2-2　某码头用海项目海域使用论证等级判定

一级用海方式	二级用海方式	用海规模	所在海域特征	论证等级
填海造地	其他建设填海造地用海	填海造地9.405 0 hm^2	其他海域	二
构筑物用海	非透水构筑物用海	防波堤长9 300 m;用海面积57.168 1 hm^2	所有海域	一
围海用海	港池用海	用海面积75.465 4 hm^2	所有海域	三
开放式用海	航道	长度1.7 km	所有海域	二
本项目海域使用论证等级				一

对于不同等级的海域使用论证工作,在论证广度、深度、方法和成果要求上有不同要求,级别越高,工作要求就越高。主要体现在几个方面:

①在论证范围确定上,论证工作级别高的比级别低的范围大。

②在资料的调查站位设置上,论证工作级别高的比级别低的站位数多。

③在分析论证方法上,论证工作级别高的比级别低的更应深入和精细。如要求一级论证应尽可能采用定量方法分析海洋生态影响的范围和程度,应开展用海选址方案、平面布置方案等的比选分析;一级、二级论证应分析论证减少项目用海面积的可能性等。

④在论证成果编制上，论证工作级别高的比级别低的内容丰富。如要求一级、二级论证应编制海域使用论证报告书，并附有资源环境现状评价与影响分析附册，三级论证应编制海域使用论证报告表，根据项目用海情况和所在海域特征，必要时可对相关内容开展专题论证，形成专题报告。

2.3　论证范围确定

论证范围用于确定论证工作的区域大小，调查站位布设、海域开发利用现状分析、利益相关者分析等都局限在该范围内。论证范围应以平面图方式标示，说明其地理位置、范围和面积等内容。

《论证导则》规定了确定论证范围的原则方法，即应依据项目用海情况、用海需求、所在海域特征、周边敏感区分布及海域开发利用现状等确定，应覆盖项目用海可能影响到的全部区域。同时，还提出了一般情况下论证范围的确定方法，即以项目用海外缘线为起点进行划定：一级论证向外扩展 15 km；二级论证向外扩展 8 km。跨海桥梁、海底管道等线型工程项目用海的论证范围划定，一级论证每侧向外扩展 5 km，二级论证向外扩展 3 km。这里所指一般情况，是指项目位于水流通畅的较开阔海域。

对于海湾、岬湾内的项目用海，因周围水体流动受限或受陆域的阻挡，论证范围的界定不能机械套用上述一般性的要求，而应以"覆盖项目用海可能影响到的全部范围"的原则方法界定。

对于三级论证的论证范围，《论证导则》中没有给出具体范围，可根据项目用海情况和所在海域特征，按"覆盖项目用海可能影响到的全部范围"的原则方法确定。

案例 2 - 2：*海南万宁日月湾综合旅游度假区人工岛项目位于海南省万宁市南部的日月湾，北接石梅湾旅游度假区、兴隆旅游度假区；东面为南海，所在海域比较开阔。*

该项目用海类型为旅游娱乐用海（一级类）的旅游基础设施用海（二级类），海域使用面积 60.520 1 hm²。用海方式包括人工岛建设填海造地 48.046 0 hm²，防波堤非透水构筑物用海 0.502 5 hm² 和 0.882 0 hm²，连路桥的跨海桥梁用海 1.379 7 hm²，游艇港池用海 9.709 9 hm²。另外申请施工便桥即透水构筑物用海面积 0.321 8 hm²。按照《论证导则》的要求：其他建设填海造地用海不小于 10 hm² 的所有海域的论证等级为一级。因此，本项目海域使用论证工作等级定为一级。

根据《论证导则》的要求：一般情况下，论证范围以项目用海外缘线为起点进行划定，一级论证向外扩展 15 km。该项目即以项目用海外缘线向外扩展 15 km，确定的论证范围为 18°41′15.310 5″N —18°28′21.786 6″N、110°4′46.302 2″E—110°25′48.085 8″E 所包含的海域，海域面积约为 630 km²，如图 2 − 2 中方框所框区域所示。

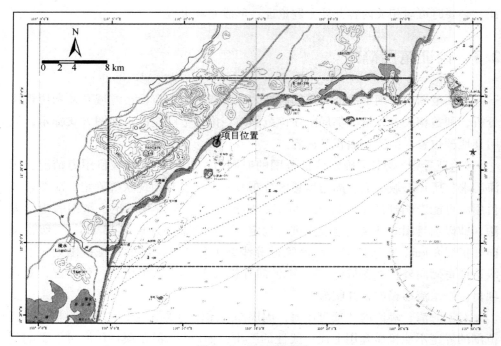

图 2 − 2　论证范围图

案例 2 − 3：江苏省南通市如东县地处苏北平原，东部与北部紧邻黄海，南靠南通市，西接如皋县，西北角与海安县毗邻（图 2 − 3）。江苏如东 150 MW 潮间带风电场一期示范工程位于如东县岸外辐射沙洲海域，小洋口闸至掘苴闸之间的岸外潮滩上（图 2 − 4）。

掘苴垦区堤外滩面高程约为 1.5 m（1985 国家高程基准，本节下同）左右，−1 m 等深线距围堤地距离约为 5 ~ 7 km，−1 m 以深坡度较陡，−1 ~ −3 m 之间距离约在 300 m。风机布设于 −2 ~ 1 m 之间的滩涂上。根据西太阳沙潮位资料，海域平均高潮位为 2.15 m，平均低潮位为 −2.29 m，因此项目风机布设于潮间带海域。

根据工程平面布置方案，工程安装 75 台单机容量 2.0 MW 的风电机组，总装机容量 150 MW，风电机组布置在小洋口闸至东掘苴闸之间的岸外潮滩区域，水深不超过 3 m，风电机组尽量布置在该岸段的东侧，在该岸段西侧的小洋口闸岸段预留约 5 km 岸线。相邻风机东西方向间距 900 m，南北方向间距 600 m。

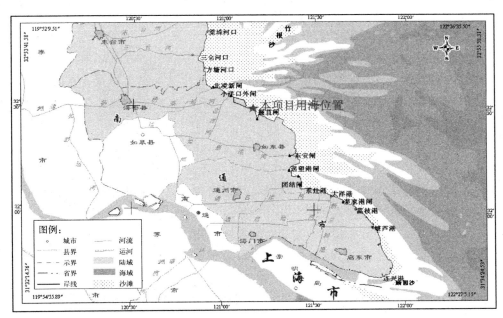

图 2-3　工程区地理位置示意图

图 2-4　江苏如东 150 MW 潮间带风电场一期示范工程平面布置示意图

风机布设东西向距离为 10.9 km，南北向距离为 4.8 km，直接影响的滩涂面积约为 28.3 km²，直接影响的岸线为 8.1 km。

本工程配套的升压站位于掘苴垦区围堤内侧，与如东 30 MW 潮间带试验风电场工程共用，升压站用海已由 30 MW 潮间带试验风电场工程申请用海，与如东 30 MW 潮间带试验风电场同期建成。各风机之间以及风机与升压站之间通过海底电缆相连。

江苏如东 150 MW 潮间带风电场一期示范工程涉及风机墩柱、海底电缆。按照《海籍调查规范》，本项目的用海类型为工业用海中的电力工业用海，风机墩柱的用海方式为透水构筑物用海，海底电缆的用海方式为海底电缆管道。其中电场风机墩柱透水构筑物用海面积不小于 30 hm²，确定论证等级为一级。

项目所在海域浅滩开阔，但用海主要是透水构筑物和海底电缆用海，其用海影响范围不会太大。按照"项目论证范围覆盖项目用海可能影响到的全部范围"的原则，同时参照《论证导则》中提出建议："一般情况下，跨海桥梁、海底管道等线型工程项目用海的论证范围划定，一级论证每侧向外扩展 5 km"，该项目最终界定的论证范围为：向陆以海岸线为界，北至小洋口外闸至南条子泥南侧，东至临港工业区新围垦东侧至人工岛外 1 km 外的区域（图 2-5），论证范围面积约为 527 km²。四至坐标见表 2-3。

图 2-5　论证范围

表2-3　论证范围四至坐标

点号	大地坐标(WGS-84)	
	东经	北纬
1	121°02′09.84″	32°33′43.57″
2	121°21′26.51″	32°24′22.82″
3	121°27′16.07″	32°31′55.86″
4	121°06′47.60″	32°39′13.79″

2.4　论证主要内容

海域使用论证的核心是根据相关政策和技术要求，深层次剖析项目的用海必要性、用海与海洋功能区划符合性、用海方案合理性和相关利益协调性等，为海域使用审批与监管提供科学依据。为使论证结论的有理有据，海域使用论证着重开展以下几方面工作。

(1)项目用海必要性分析

通过详细了解用海项目的基本情况，分析在现行政策和区域社会经济条件下，利用海域资源实施项目建设的必要性。在此基础上，针对项目申请用海情况，根据项目生产运营需要和现有空间资源条件，分析项目用海的必要性。

(2)项目用海资源环境影响分析

根据海域海洋资源和生态环境现状，结合用海项目前期专题研究成果，分析项目用海对海洋资源、海洋生态环境的影响内容、程度和范围以及项目用海的主要风险等，为分析项目用海的自然条件适宜性、海域开发利用协调分析、用海平面布置与用海方式合理性等提供专业依据。

(3)海域开发利用协调分析

通过项目用海对海域开发活动的影响分析，界定项目用海的利益相关者，分析项目用海对利益相关者的影响内容、影响范围和影响程度等，并据此提出相关利益协调建议。

同时，要调查项目用海是否涉及国防安全和国家海洋权益。若涉及，还需分析其影响内容、影响范围和影响程度等，并提出协调建议。

(4)项目用海与海洋功能区划及相关规划符合性分析

了解论证范围内海洋功能区划基本情况，分析项目用海与海洋功能区划的位置关系，对照所在区域的海洋开发与保护战略、海域功能定位及功能区管理要求，分析项目用海与海洋功能区划的符合性。

同时，还要对照与项目用海有关的区域发展规划、城乡总体规划和相关行业规划等，分析论证项目用海与相关规划的协调性。

（5）项目用海合理性分析

根据项目用海基本情况，结合项目用海资源环境影响分析、海域开发协调分析、与海洋功能区划及相关规划的符合性分析等分析结果，分析项目用海选址合理性、用海平面布置合理性、用海方式合理性、用海占用岸线的合理性（不占用岸线的除外）、用海面积合理性和用海期限合理性，提出用海优化建议。同时界定宗海范围，量算宗海面积，绘制宗海图。

（6）海域使用对策措施分析

根据各部分论证结果，提出有针对性的、可操作的海域使用对策措施，包括海洋功能区划实施对策措施、开发协调对策措施、风险防范对策措施和监督管理对策措施。

2.5   论证重点判定

论证重点是根据具体用海项目的特点、所在海域特征及有关特殊情况而确定的论证侧重点。准确把握论证重点可使论证工作更具有针对性。论证重点一旦确认，相应部分的论证工作深度和详细程度都应该适当提高，必要时还应做专题论证。

《论证导则》提出了确定论证重点的原则要求，即论证重点应依据项目用海类型、用海方式和用海规模，结合海域资源环境现状、利益相关者等确定。同时，针对个别用海类型和情形，提出应关注的问题。

①填海造地用海，应将水动力和冲淤变化影响分析、平面布置合理性分析、用海面积合理性分析列为论证重点；

②项目用海采用大面积开挖海床或水下爆破等施工方式的，应将资源环境影响分析列为论证重点；

③项目用海属近岸海域海砂开采用海的，应将海岸侵蚀和地形地貌影响分析列为论证重点；

④项目用海选址不具有唯一性的，应将用海选址合理性分析列为论证重点；

⑤项目用海位于敏感海域或者项目用海对海洋资源、环境产生重大影响时，项目用海资源环境影响分析宜列为论证重点，并应依据项目用海特点和所在海域环境特征，选择水动力环境、地形地貌与冲淤环境、水质环境、沉积物环境、生态环境中的一个或数个内容为具体的论证重点。

《论证导则》还给出了不同用海类型项目的论证重点参照表，见附录1。该论证重点参照表是资料性附录，仅作为论证技术人员判定论证重点的参考，在实际确定论证重点时，应根据项目用海具体情况和所在海域特征，对参照表所列的论证重点做适当增减。

论证重点判定应针对具体项目具体分析，切不可照搬论证重点参照表中所列的论证重点。

案例 2 - 4：其项目拟在开发活动比较多的某河口海域新建 5 000 吨级石油化工品泊位 1 个，主要水工建筑物为码头泊位，用海面积 2.102 4 hm^2（其中码头用海 1.282 4 hm^2，码头停泊水域用海 0.820 0 hm^2）。泊位设计年通过能力为 74 × 10^4 t，年吞吐量为 70 × 10^4 t。码头泊位长度 200 m，前沿设计顶高程 5.5 m，基槽挖泥总量为 11 × 10^4 m^3，基床抛石量 8.3 × 10^4 m^3。码头两侧护岸长度 104 m，护堤心石抛填 11.1 × 10^4 m^3，面块石抛填量 2.6 × 10^4 m^3。停泊水域设计底高程 -10 m，拟建码头处海域底标高为 -13.7 m。

论证重点依据项目用海类型、用海方式和用海规模，结合海域资源环境现状、利益相关者等确定。本项目位于河口海域，并且周边开发活动较多，本项目码头建设需要进行基槽开挖，基槽开挖产生的悬浮泥沙对河口海域的资源环境影响应列为论证重点；本项目用海类型为交通运输用海中的港口用海，但该港口用海涉及运输石化危险品，所以应将用海风险分析列为论证重点；本项目所在海域周边开发活动较多，应将海域开发协调分析作为论证重点；另外，本项目选址在河口海域，周边海域开发活跃，其选址合理性分析、用海方式和布置合理性、用海面积合理性分析也应作为论证重点。最终，本项目的论证重点归纳为：项目用海对资源环境的影响分析；项目用海风险分析；海域开发利用协调分析；项目用海选址、平面布置和用海方式、用海面积合理性分析。

2.6　论证成果编制

2.6.1　报告格式和内容

海域使用论证成果为海域使用论证报告。海域使用论证报告是以书面材料的形式，详细记录海域使用论证工作中每一个环节采用的资料、数据，分析、评价、预测的内容与方法以及最终的论证结论，是海域使用论证的重要技术文件。

根据论证工作的要求不同，海域使用论证报告分为报告书和报告表。海域使用论证等级为一级和二级的，需要编制论证报告书，报告书编制格式和内容要求见附录 2；论证等级为三级的，编制论证报告表，根据项目用海情况和所在海域特征，必要时可对相关内容开展专题论证，形成专题报告。报告表编制格式和内容要求见附录 3。

2.6.2　附册增设理由及内容

2.6.2.1　增设附册理由

作为用海项目的基础背景资料，海水水质、沉积物质量、生物质量和海洋生态等资料在海域使用论证报告占有重要地位，是技术编制人员了解项目用海所在海域特征的基础，是评审专家判定项目用海资源环境适宜性的依据。更为准确进行"海域开发利用协调分析""项目用海与海洋功能区划及相关规划符合性分析"及"项目用海合理性分析"提供量化数据。但若不给出项目用海资源环境影响分析的量化内容，将无法分析项目用海对海洋功能区的影响范围和程度，无法量化利益相关者的损失程度，也难以明确与利益相关者的协调方案，更难于回答项目用海合理性分析中涉及的生态环境适宜性问题。如果脱离了海洋生态环境，仅考虑海域开发利用协调即社会环境的合理性，将失去了海域使用论证报告重点关注海域资源合理利用的初衷。也容易出现工程建设与海洋生态环境不相适宜却论证出项目用海合理可行结论的现象，这也就失去了论证工作的科学性、客观性和公正性。

项目用海资源环境现状评价和影响分析的相关内容在海域使用论证报告书中是不可或缺的，却不宜篇幅太长，否则将无法突出海域使用论证报告书的重要章节。但目前海域使用论证技术单位在编写海域使用论证报告书时往往因该部分资料好获取而大量堆积资料，导致该部分内容繁琐，约占海域使用论证报告篇幅的1/3，并且与项目环境影响报告书中的相关内容重复较多。所以从海域使用论证报告整体内容看，需要对该章节进行简化。

虽然海域使用论证工作的核心问题是海域资源合理开发利用和海域权属界定，但是解决核心问题的核心技术是目前比较成熟的数值模拟和现场调查。如果这两项工作缺失了，海域使用论证报告的科学性、合理性难以保障，作为管理部门科学审批用海的依据难以支撑，这也势必会影响海域使用论证工作的发展。

为了便于管理部门翻阅论证报告，更便捷快速查到其关注的核心问题；同时为了使评审专家对其关注的问题，尤其是判定项目是否合理可行的用海影响部分内容完整，《论证导则》中规定了编制海域使用论证报告书的同时附《项目用海资源环境现状评价与影响分析附册》，这既落实了管理部门提出的要求，也体现了海洋使用论证工作的科学性。

2.6.2.2　附册主要内容

《项目用海资源环境现状评价与影响分析附册》共设置五章，主要内容为资源环境现状调查方案设计、资源环境现状评价和资源环境影响分析。项目用海资源环境现状评价与影响分析附册编写大纲见附录2中的表2.4。

项目用海资源环境现状评价与影响分析附册应由海域使用论证单位组织编写。附册的内容应尽量详实，给出具体的调查方案，现状调查数据统计方法符合规范，影响分析预测方法适宜。

资源环境现状调查方案主要包括水文动力环境、地形地貌与冲淤环境、水质环境、沉积物环境、生态环境及海洋资源等的调查方案。不管是对收集的历史资料，还是对补充的现状调查资料，都应详细介绍各环境要素的调查站位、调查内容、调查时间、调查方法等，并给出各环境要素现状调查站位图。

资源环境现状评价中应详细介绍现状调查数据结果，分析各环境要素的分布特征，根据各调查站位所在的海洋功能区的执行标准确定评价标准，采用单项标准指数法进行现状评价，给出评价结果，阐述海域环境质量存在的主要问题，针对超标因子给出超标原因。

选择适宜的预测方法，预测分析项目用海对资源环境的影响范围、影响方式和影响程度等。海洋水文动力环境、海洋地形地貌与冲淤环境、海洋水质环境、海洋沉积物环境和海洋生态环境等的影响预测与评价应符合 GB/T 19485 的要求。

2.6.3　编制要求

海域使用论证报告编制需要满足下列基本要求：

①论证报告格式、内容和编排结构应符合《论证导则》的要求。

②编制海域使用论证报告时，海域资源环境现状、海域使用现状调查和利益相关者分析等问题应阐述清楚，所使用的数据资料应翔实、可靠并满足相关时效性要求。收集的数据资料和专题报告应经分析判断其可靠性和时效性后方可使用。

③海域使用论证报告给出的海域使用对策措施应切合实际，经济合理，技术上具有可操作性。

④编制海域使用论证报告，应以论证工作的分析结果作为依据，给出客观、公正、可信的论证结论，避免主观臆断。

⑤编制海域使用论证报告时，文字应简洁、准确，文本应规范，计量单位须标准化，并尽量采用图表和图片，以使提出的资料表述更为清楚，利于阅读和评审。论证报告的行文应语句通顺，条理清楚，文字简洁。论证报告内容前后一致，图表清晰图表清晰、准确和完整。

2.7　论证质量控制

收集的资料是否可靠、准确，选择的分析方法是否正确、合理，论证单位内部审查管理是否规范，参与论证的技术人员的综合能力和经验等，都会直接影响到海域使用论证报告的质量。为加强海域使用论证管理，维护国家海域所有权和海域使用权人的合法权益，促使海域合理开发和可持续利用，保证论证结论的准确和公正，要求对海域使用论证的整个过程和涉及的各个方面施行有效的质量控制。

2.7.1　论证成果质量保障

（1）质量监督

论证单位在开展论证工作的全过程中，应执行相应的国家标准和行业标准；按质量管理体系文件的规定对过程、人员、仪器设备、标准物质、设施、环境、数据采集、数据处理、资料汇交、样品分析等进行质量监督。

（2）技术力量

论证单位必须具有一定的海洋调查能力，拥有海洋物理、海洋化学、海洋地质、海洋生物、资源环境区划与管理、海洋测绘、海洋工程、法律及经济等专业技术人员，以满足海域使用论证涉及的所有专业。

（3）仪器设施

论证单位应具有提供和维护满足论证工作要求的基础设施能力。同时拥有齐全的、先进水平的海上调查设备，可满足海洋地质勘察、海洋水文气象观测、海洋环境调查和监测、海洋测绘等工作的开展。应根据科技水平的发展及论证水平的提高，及时更新上述仪器设备。

2.7.2　编制过程质量控制

（1）严格执行各项制度和技术标准

论证单位应全面掌握海域使用论证的各项规章制度和技术标准，及时跟踪海域使用管理的最新政策法规。编制海域使用论证报告，应严格执行《论证导则》的内容和要求，突出论证重点。

（2）合理配置编写人员

海域使用论证工作涉及海洋物理、海洋化学、海洋生物等多个海洋学科和专业。在海域使用论证报告编制过程中，应将不同专业人员有机组织，充分发挥专业人员学科优势，发挥专业配置的作用。

（3）加强资料质量控制

论证报告应收集包括社会经济条件、自然环境条件、海洋资源条件、海洋生态现状、海洋地形地貌与工程地质状况、海洋开发现状、海洋功能区域与规划状况和海洋自然灾害等方面的资料。编写人员不仅要认真、全面、完整地收集以上相关资料，还应认真核对和评价收集的数据资料的时效性和可靠性。具体包括：资料获取的时间是否超过规定年限；获取的资料应是通过具有国家级、省级计量认证或实验室认可资质的单位提供的；社会信息应是政府发布的或文件上引用的。同时，还应注意资料的可比性，比如调查要素测定的检测方法应符合相关标准。

另外，对收集的各类专题的研究结果和外包内容方面的资料，也应经判别和审查后采用。

（4）完善内部审查制度

要切实发挥内部审查机制的作用。论证单位应建立健全海域使用论证质量管理体系，完善内部技术审查制度，由技术负责人负责技术把关。论证单位要成立由技术负责人牵头组成的论证项目内审专家组，内审专家组由不少于 3 名本单位的专家组成，并报国家海洋局备案。内审专家组的主要任务是：对本单位承接的海域使用论证工作方案和海域使用论证报告进行技术审查，以确保论证报告的质量。项目组在承接海域使用论证项目后，应首先编写海域使用论证工作方案，并提交内审专家组进行技术审查。工作方案经内审专家组审查通过后，方可开展论证工作；论证报告编写完成后，还必须送内审专家组进行技术审查。向用海审核机关提交的论证报告，要加盖资质单位公章，并附具技术负责人签署的技术审查意见。

2.7.3　论证成果质量控制

为了确实保证海域使用论证报告的真实性、准确性和科学性，海域使用论证成果应从以下几个方面进行质量把控。

①论证报告编制规范，符合《论证导则》的要求；编制依据充分、齐全、有效；编制内容全面，论证目的明确，论证思路清晰。

②论证方法和路线合理正确，论证范围和论证等级界定准确，论证内容全面，论证重点突出。

③项目用海基本情况清晰、全面，项目的平面布置、结构尺度、施工工艺方法叙述准确、全面。

④项目建设和用海必要性阐述全面、充分。

⑤项目所在海域的自然和社会条件概况介绍全面、清楚，现状资料有效、全面、充分，能反映所在海域的实际情况；对没有海洋调查资料可利用时，需开展现状调查，严禁伪造数据。

⑥项目用海对资源环境的影响分析合理、准确；项目用海的风险分析全面、合理。

⑦项目所在海域的海洋开发利用现状阐述全面、准确，利益相关者的界定准确全面，利益相关分析合理，提出的协调方案或协调建议客观、可行。

⑧项目与海洋功能区划、相关规划的符合性分析全面、合理。

⑨项目用海选址合理性分析全面、正确，项目用海方式和平面布置设计的合理性分析正确。

⑩对项目申请用海需进行界址测量，确保项目用海范围的界定正确。典型用海界址点的确定准确、清楚。用海面积的计算准确，宗海图的编绘规范清晰。

⑪项目用海面积合理性分析准确、合理，提出减少用海面积，特别是减少填海造地面积的建议和意见合理可行。

⑫项目用海期限的确定合理、准确。

⑬论证报告给出的海域使用管理对策措施具有针对性和可操作性。

⑭论证报告的总体结论客观、可信。

第3章 项目用海基本情况分析

开展海域使用论证应充分了解申请人用海需求，全面掌握用海项目的平面布置、工程结构形式与主要尺寸、主要施工工艺与方法等工程基本情况，分析项目用海的必要性。准确完整地把握项目用海基本情况，是判定项目海域使用论证等级和论证重点，开展用海资源环境影响分析，确定项目用海界址点，分析项目用海合理性等工作的基础。

项目用海基本情况分析一般依据用海项目可行性研究和施工组织设计等技术资料进行阐述。在进行项目用海基本情况分析时，应对收集的技术资料、数据等经过分析、核实后方可使用；应按照《论证导则》要求，全面论述项目用海基本情况，但针对不同用海类型的项目，用海基本情况的介绍也应有所侧重。特别应针对项目用海特点，从技术资料中筛选、整理与项目用海密切相关的信息，避免全部摘抄用海项目可行性研究中的工程概况资料。

3.1 项目用海基本情况主要内容及要求

项目用海基本情况阐述的主要内容包括项目用海工程概况、项目申请用海情况和项目用海必要性分析。其中项目用海工程概况包括项目用海的建设内容、平面布置、主要结构与尺度、主要施工工艺与方法等内容(表3－1)。

表3－1 项目用海基本情况主要内容

项目用海基本情况要素	主要内容
项目用海工程概况	项目建设内容、方案； 项目平面布置和用海工程结构、尺度； 项目用海工程的主要施工工艺与方法、施工设备与机具； 项目用海工程主要工程量、工程建设计划进度
项目申请用海情况	项目申请用海情况； 项目申请的用海位置图、界址图
项目用海必要性	项目建设的目的意义； 项目使用海域的必要性； 围填海项目需分析围填海的理由并阐明必要性

项目用海基本情况分析中所引用的相关资料、数据、图件等，应准确、真实、可信。资料、数据与图件应从"工程可行性研究报告"、"工程初步设计"、"工程施工方案"等相关专题报告中引用，通过归纳、甄别、筛选后使用。项目用海基本情况分析中应准确全面地介绍项目用海内容，明确工程的建设类型、规模和建设内容。对用海项目的主要结构与尺度、开挖与疏浚方式、土石方平衡、物料来源、施工用海等内容，应定量、完整、详细地进行阐述。

项目申请用海情况中应明确项目申请的用海类型、方式、面积、位置（坐标），并附申请时的坐标图或申请用海宗海图。根据项目建设方案和用海申请，分析项目用海需求，并明确申请用海的内容是否齐全。

项目用海必要性宜根据用海项目所在区域的经济发展、产业发展和建设项目的产能需求预测分析等内容，说明项目建设的目的意义。依据项目性质和项目总体布置，结合所在海域特征和项目用海需求，分析论证项目使用海域的必要性。

3.2 项目用海工程概况

3.2.1 项目用海工程概况分析的作用

项目用海工程概况分析是项目海域使用可行性分析的重要依据。主要体现在以下几个方面。

（1）项目用海工程概况为确定海域使用论证重点提供依据

论证重点的确定是依据项目用海类型、用海方式和用海规模，结合海域资源环境现状、利益相关者等，从项目论证内容中筛选出来的，应给予深入分析论证。由于项目用海类型、用海方式、海域资源环境状况、周边用海开发利用活动以及利益相关者的构成等因素不同，不同用海项目需要关注的论证重点也不尽相同。因此，完整准确的开展项目用海工程概况分析是判定海域使用论证重点的必要条件之一。

（2）项目用海工程概况是项目用海资源环境影响分析的基础条件之一

海域使用论证过程中，明确项目准确位置和项目用海平面布置，清晰阐述主要涉海构筑物的结构与尺度、各部分用海工程的主要施工方案、施工方法与机具、土石方平衡、物料来源和施工计划进度等，才能定量分析项目用海对资源环境的影响范围和程度。

（3）项目用海工程概况是用海合理性分析和科学用海的依据

海域使用论证工作的重要内容之一是项目用海选址、用海平面布置、用海方式、用海面积的合理性分析；一级论证项目和大规模围填海造地项目等，还需要开展用海选址和平面布置的多方案比选与优化工作。这些工作开展需要以项目用海工程概况中提供的数据为基础依据。另一方面，项目用海工程概况中的用海范围、用海面积、用海方式、施工方式与机具、工程量、工程建设计划进度等，是制定海域监督管理对策措施的依据，为项目用海科学决策提供重要参考。

3.2.2　项目用海工程概况的内容

（1）项目建设内容

项目用海工程概况应阐明项目的名称、类型、投资、投资主体、地理位置等，并提供比例尺适当、信息全面、清晰美观的地理位置图；阐述用海项目的建设内容、规模及分期建设内容和规模等。当用海项目属于改建、扩建性质时，应说明已建项目的建设规模、总体布置、用海规模、用海方式。项目建设的主要内容可以采用列表（表 3 - 2）形式阐述。

表 3 - 2　项目建设内容样表

项目内容与名称		建设规模、主要尺度与工程量等
码头工程	1	
	2	
	……	
防波堤工程	1	
	2	
	……	
填海	1	
	2	
	……	
地面建筑物		
道路广场		
其他辅助工程		

（2）平面布置和主要结构、尺度

项目用海工程概况中应阐述用海项目的总体布置情况（包括陆域部分），说明项目各组成部分的平面关联关系，提供清晰、准确的项目总平面布置图，平面布置图应包含水深、现状海岸线、周边已建工程、周边海域特征等信息。

应通过用海工程的典型结构图、典型剖面图等图件，阐明各涉海工程平面布置、主要结构形式，明确其相对位置、走向、长度、宽度、标高、坡度等主要尺度（表 3 - 3）。

表3－3　涉海工程主要内容与结构样表

工程类型	主要结构、尺度与工程量	备注
填海造地	护岸剖面、填海面积、物料来源、工程量等	
码头泊位	设计吨位、泊位结构、长度与宽度、水下基础工程特征、各部分工程量等	
护岸	护岸结构、长度、基础处理、工程量等	
港池	开挖位置与平面尺度、挖深、开挖量、底标高、开挖方式等	
航道	设计走向、长度、宽度、底标高、开挖量等	
取排水工程	工程结构、平面布置与尺度、典型结构、水下基础工程特征、工程量、取排水量等	
……	……	

项目用海工程的平面布置、主要结构形式和尺度、典型结构图、典型剖面图和工程量等应能满足项目用海分析论证和准确界定界址点的需要。

（3）项目主要施工工艺与方法

项目用海工程概况中应按照不同的用海类型、用海方式、用海单元，分别阐述各部分用海工程的主要施工方案、施工方法、土石方平衡、物料来源、主要施工机具和设备、施工进度计划等。项目用海工程的主要施工工艺与方法中还应重点阐明：

①基础开挖、疏浚、吹填等工程的平面位置与尺度、开挖深度、施工工艺、施工顺序、工程量、施工机具和方法、溢流口位置等；

②施工围堰、施工栈桥等施工辅助工程的平面位置与尺度、施工方案（含施工工艺、施工顺序、工程量、施工机具和方法等）和施工结束后施工围堰、施工栈桥等工程的拆除方法与机具、物料处置方法与处置地点等内容；

③水下炸礁的平面位置与尺度、炸礁方式、炸礁范围、炸礁工程量、礁渣的处置量、处置方法与机具、处置地点等内容；

④爆破挤淤和爆夯的平面位置与尺度、范围、工程量，爆破方式以及挤出淤泥的工程量、处置量、处置机具与方法等内容。

用海项目的施工方式、工程量、施工机具设备、施工程序与计划进度等存在较大差异，这导致项目建设对周边海域资源环境的影响方式、影响程度与影响范围等也不尽相同。以基础开挖和疏浚作业为例，施工时产生的高浓度悬浮物对海洋环境的影响，取决于疏浚方法、疏浚量和疏浚机具设备及其组合。在工程可行性研究中，一般是以疏浚物的性质以及疏浚量和施工进度计划等要素选择疏浚机具设备，但在海域使用论证过程中则还要考虑尽可能减少悬浮物的扩散范围和环境影响。所以，在施工工艺与方法分析论证中，可以通过改变疏浚设备和施工进度等的优化，提出改进的施工工艺和方法的建议，以达到降低悬浮物影响的目的。

3.2.3　主要项目用海类型工程概况分析要点

《海域使用分类》(HY/T 123—2009)中以海域用途为依据，充分考虑海域使用分类管理需要，在区分用海方式和保持项目用海完整性的基础上将海域使用类型共分为 9 个一级类和 30 个二级类，其中 9 个一级类为渔业用海、工业用海、交通运输用海、旅游娱乐用海、海底工程用海、排污倾倒用海、造地工程用海、特殊用海和其他用海，见附录 4。主要用海类型工程概况分析要点如下。

3.2.3.1　渔业用海

渔业用海指为开发利用渔业资源、开展海洋渔业生产所使用的海域，包括渔业基础设施用海、围海养殖用海、开放式养殖用海和人工鱼礁用海 4 个二级用海类型。用海工程概况分析要点介绍主要针对渔业基础设施用海和围海养殖用海。

（1）渔业基础设施用海

渔业基础设施用海一般可以分为三类：第一类，通过填海方式建设渔业码头、渔港仓储和海水育苗设施等；第二类，需要提取、排放海水用于海水养殖的取排水口工程；第三类，渔业码头及后方堆场、引桥、防波堤、港池、航道等基础设施的建设。上述用海一般要进行水下基础工程施工，对海域的生态环境、环境质量、地形地貌等有较大影响。渔业基础设施用海工程概况分析重点关注以下内容。

建设内容与建设规模　明确渔业基础设施的建设内容，如渔业码头、引桥、堤坝、附属的仓储地、海水育苗设施等，重点阐述渔港级别和建设面积，码头吨位和卸鱼量，引桥、堤坝的长度和宽度等，附属仓储地、海水育苗设施等的规模和占用面积等。

平面布置和主要结构、尺度　阐述渔业用海工程的平面布置，一般应包括总平面布置和用海工程的平面布置。用海工程的平面布置(码头、港池、航道等)应给出清晰的、带水深信息的平面布置图，应准确、完整地表述码头、护岸、港池、航道和锚地等涉海工程的位置及规模，说明各组成部分的相互关系。详细阐述主要涉海构筑物(防波堤、填海护岸结构、码头等)的典型结构形式、尺度等，并附典型断面图或剖面图。

项目主要施工工艺与方法　阐述用海工程各组成部分的主要施工方案、施工方法、土石方平衡、物料来源和施工计划进度。详细说明疏浚工程、填海工程、引堤和防波堤等的施工工艺、工程量、施工机具和方法、溢流口位置等。

施工辅助工程 涉及临时施工围堰、临时建筑等施工辅助工程的应给出各部分平面布置、基本尺度、结构形式、施工方案等。明确施工辅助工程的处置方式、拆除物料处置地点等。

（2）围海养殖用海

围海养殖用海是通过筑堤，以封闭或部分封闭方式进行养殖生产所使用的海域。筑堤建设对海域水动力环境和冲淤环境产生的影响，以及养殖废水排放对海域生态环境影响应予以重视。围海养殖用海工程概况分析应关注以下内容。

建设内容与规模 分别给出围海区的面积和用于养殖的面积；介绍围海建筑物的建设内容和长度，如海堤的数量、长度与工程量，水闸的数量与规模。给出围海范围内配套工程（如堤顶道路）的规模，介绍围海养殖的水产品种类、规模及养殖方式等。

平面布置和主要结构、尺度 给出清晰的围海养殖平面布置图，详细介绍围海区内养殖功能分区与布局（例如围海区内生产道路、取排水渠的布置等），阐述主要建筑物设计参数，如围堤堤顶高程、剖面结构，水闸的设计资料与结构布置等，并清晰图示围堤和水闸的平面布置、典型结构形式等。

项目主要施工工艺与方法 分析围海工程各组成部分的主要施工方案、施工方法、土石方平衡、物料来源和施工计划进度。详细说明围堤、水闸等的施工工艺、工程量、施工机具和方法等内容。

3.2.3.2 工业用海

工业用海指开展工业生产所使用的海域，包括盐业用海、固体矿产开采用海、油气开采用海、船舶工业用海、电力工业用海、海水综合利用用海和其他工业用海7个二级用海类型。其中主要介绍滨海电力（核电）用海、海上风电用海、海砂开采用海和油气开采用海等几种主要的、典型的工业用海类型的工程概况分析要点。

（1）滨海核电用海

滨海核电用海类型属于电力工业用海，主要包括核电站厂区、码头、取排水系统（取排水口、取排水渠、取水前池等）以及温排水区等所使用的海域。滨海核电用海工程概况分析可从以下方面阐述。

建设内容与规模 介绍核电站规划机组和规模、厂区填海造地的规模，重件码头尺度、规模，取水工程与排水工程的规模，施工辅助工程的建设内容与规模。大多数的滨海核电工程都需要通过部分填海造地满足厂区用地的需要，很多核电项目采用分期填海，以上情形的还应说明分期建设规模和内容。

平面布置和主要结构、尺度 滨海核电用海应重点阐述项目的总体平面布置，说明各部分的相互关系，并提供有水深、现状岸线信息的项目总体位置图；

详细阐述主要涉海构筑物的典型结构形式、尺度等，应能满足准确界定界址点的需要，并附涉海工程的典型剖面图。取排水工程的平面布置和结构形式，直接关系到核电工程温升水的平面分布形态和影响范围，应明确取水工程的平面布置、结构形式与尺度，取水量，基础工程的集热管与布置；排水工程的平面布置、结构形式与尺度、排水量、温升值以及与取水工程的平面关系等。应阐明低放射性废水中放射性物质的种类、含量和特征，明确低放射性废水和余氯水的排放地点、排放方式、排放时段和污染物排放浓度等排放特征；说明低放射性废水和余氯水的临时储存方式、防护方法和排放控制方式；低放射废水的检测方法、检测标准和排放监测控制方法等。

项目主要施工工艺与方法　阐述项目各部分用海工程的主要施工方案、施工方法、土石方平衡、物料来源和施工计划进度。明确工程基础处理、疏浚、吹填等工程的施工工艺、工程量、施工机具设备、施工方法、溢流口位置等内容；有水下炸礁工程的应明确炸礁方式、炸礁范围、炸礁工程量、礁渣的处置量、处置方式、处置地点、处置机具设备及其处置可行性等。

施工辅助工程　阐明施工围堰、栈桥等辅助工程的平面布置、结构与尺度、施工方案，明确辅助工程的拆除工艺、物料处置方式、处置地点等。

（2）海上风电用海

海上风电是近年来发展迅速的用海类型。海上风电项目主要由风机基桩、海底电缆系统、海上升压站、陆上集控站等几个关键部分组成。其中每台风机的输电电缆按组集成，电缆路由和电缆登陆点的选择，穿越海堤的施工方法等，直接影响到项目用海的合理性。同时，也是界定项目用海界址点和用海面积的主要依据。项目用海工程概况分析主要包括以下内容。

建设内容与规模　阐明单机容量、装机台数、总装机容量、总发电量、输电方式、风电基础结构等。

平面布置　阐述风机的平面布置方案，包括风机基础的布置形式、风机纵横间距等，这直接关系项目用海面积及其合理性的分析；海底电缆的布置走向、长度，也是影响风电场平面布置的主要因素之一；输电电缆在无法避开其他电（光）缆时，应说明安全、合理的交越设计方案；明确风机的防撞设计结构和保护范围。

基础结构形式　阐明风机基础结构形式、塔基的结构尺度、基础靠船及防撞等辅助设施、海底电缆等的结构剖面等。

施工方案　包括风机基础施工、风机安装、电缆铺设等，包括打桩、安装、吊装、风机废弃拆除等施工工艺和方法，管线防腐处理方法等施工方案。

施工辅助工程　阐述施工场地和预制件场地等的类型、用海方式、结构尺度、施工方案以及施工设施拆除后的处置方式等。

（3）海砂开采用海

海砂开采用海属于固体矿产开采用海，是对海底、底土有重大改变的生产活动。开采活动会对海水环境、海洋水动力环境、海洋沉积物环境、海底地形地貌和海洋生态环境产生影响，对周边海洋开发活动（如通航环境、港口航运、海底管线安全等）可能带来不利影响。海砂开采用海工程概况分析包括以下内容。

建设内容与规模　海砂开采地点、开采范围（附含具体地理坐标的图件）、海砂资源储量与分布、计划总开采量、年开采量。另外，需阐述拟采砂区的地理位置，离岸的距离，周边海域岸滩稳定性现状，提供附水深地形的位置图。海砂资源的储量与分布是分析采砂工程选址合理性、开采面积合理性、开采方式合理性以及开采量控制要求等的主要因素，该部分应特别关注。

平面布置与砂源分析　阐明拟采砂海域海砂资源成因、品位、分布、储量（可开采储量）；共生、伴生矿资源种类及工业储量；提供海砂砂样重元素分析表，提供拟采砂海域钻孔勘探资料，说明目标采砂层的分布、粒度组成、地层结构、碎屑矿物组成、厚度及细粒沙土层的厚度、分布及处理方案等。拟采砂层的粒度组成特征决定了开采洗砂过程中悬浮泥沙的产生源强、产生量，是项目用海生态与环境影响预测分析的基础。

采砂工艺与方法　阐明海砂的开采方式、运输方式等。阐明由海床稳定性、岸滩稳定性制约的开采速率控制，包括年开采总量、月最大开采量、日最大开采量等控制指标。应阐述拟选用采砂船型（包括船长、宽、型深、吸砂泵功率、扬程、吨位等）、采砂工艺，采砂船数量，运砂船型、数量等。阐明与周边其他海砂开采用海区域的平面布置、尺度等的关系。明确海砂用途、去向、海上运输路线等。

（4）油气开采用海

油气开采用海指开采海洋油气资源所使用的海域，包括石油平台、浮式储油装置、油气开采用的人工岛及其连陆或连岛路桥以及油气开采用的码头、引桥、栈桥、海底电缆、海底管线等所使用的海域。油气开采用海工程概况分析主要包括以下内容。

建设内容与规模　阐述油气开采项目的各建设单元，包括石油平台的名称、种类和数量，输油（气）管线、水管线、海底电缆等长度与数量，油气开采人工岛的规模等。属于改建、扩建的项目，应清晰阐述原有工程的内容与规模。

平面布置和主要结构、尺度　阐述平面方案布置，并给出总平面布置图。阐明石油平台或油气开采人工岛的功能布局（含平面、剖面布置图），明确平台或人工岛的结构形式，井槽的布设；给出各海底管线的路由、剖面结构形式、走向，平台间管线的连接方式、交越方式等。改建、扩建项目应详细介绍改、扩建前后的平面布置变化情况。

主要施工工艺与方法 详细介绍海上平台或人工岛各部分工程，特别是水下工程的施工工艺，海底管线的敷设工艺、埋深，介绍钻井与完井工艺；给出施工期详细的钻屑、泥浆产生量和处置方式以及处置地点；给出运营期的采油工艺，明确运营期生产废水、生活污水的产生量和处置方式、排放量、排放方式、排放地点等。

3.2.3.3 交通运输用海

交通运输用海是满足港口、航运、路桥(含隧道)交通等需要所使用的海域，包括港口用海、航道用海、锚地用海和路桥用海 4 个二级用海类型。交通运输用海中最具代表性的是港口用海和路桥用海。

(1)港口用海

港口用海项目的建设一般包括后方陆域的填海、港池航道疏浚、码头和防波堤(或引堤、引桥)的建设等。港口用海的工程概况分析主要包括以下内容。

建设内容与规模 阐明港口的区位交通条件和腹地条件。阐述码头泊位的吨位、数量、结构、长度、性质、主要货种、设计年输运能力，陆域堆场的面积，防波堤等涉海工程的结构、主要尺度等。若港口分期建设，应阐明分期建设的具体内容。属于改建、扩建的项目，应阐明原有港口的规模和现状吞吐量等内容。

平面布置和主要结构、尺度 详细阐述总平面布置，给出附有水深等信息的总平面布置方案和图件；给出陆域布置和功能分区。阐述用海项目各建设工程的结构和尺度，给出码头典型结构剖面图，港池与航道的平面布置、设计边坡、设计水深，防波堤的典型纵、横断面图等。阐明码头的装卸工艺。

主要施工工艺与方法 详细阐述基础开挖、港池航道疏浚、码头吹填、码头结构施工、防波堤、护岸等工程的施工工艺、施工顺序、疏浚范围、工程量、施工机具和方法、溢流口位置等，阐明土石方平衡、物料来源和施工进度等。

有水下爆破和炸礁施工的，应阐明详细的水下爆破和炸礁平面位置、炸礁方式、炸礁范围、礁渣的处置量、处置方法和处置地点等。有爆破挤淤和爆夯施工的，应给出详细的平面位置与尺度、范围、工程量以及挤出淤泥的数量、处置方法等。

施工辅助工程 有施工围堰、栈桥等临时设施的，应阐明施工围堰、栈桥等临时设施的平面位置与尺度、施工方案和拆除后的处置方式、处置工程量、拆除物料处置地点等。

(2)跨海桥梁用海

跨海桥梁一般由引桥、跨海桥、海底隧道等组成。跨海桥梁涉及桥梁选线、海中桥梁净跨、净高对通航的影响，平面布局与自然条件的适应性，设计通过能力等关键要素的分析、比选和优化问题；也涉及海底隧道、各种墩桩基础和桥身的施工工艺、施工方案及其对周边海域生态、环境的影响问题。其用海工程概况分析一般应包括以下内容。

建设内容与规模　　详细阐述海中桥隧的建设内容、位置，如海中桥起止点、长度等；隧道的起止点、长度等；如有人工岛还要阐述其位置、面积；投资规模、投资主体等。给出桥梁位置图等。

平面布置和主要结构、尺度　　详细阐述工程总平面布置、选线方案和设计参数，给出有水深的工程总平面布置图。根据不同的桥隧设计和结构单元，分别阐述主要结构、尺度及相互依托关系，阐明基础工程结构与尺度，详细给出典型桥隧剖面图。

主要施工工艺与方法　　分别阐述各单元(如引桥、跨海桥、海底隧道、人工岛等)结构形式、基础工程设计、各部分工程量与施工方案等，并附必要的施工方案图和流程图。说明桥梁各单元的施工顺序、施工工艺、施工方法、施工机具、工程量、物料平衡关系和工期等基本信息。

施工辅助工程　　阐述临时用海的基本情况，包括施工栈桥、施工围堰、临时建筑等工程的平面布置、基本尺度、结构形式、施工方案等，阐明拆除后的处置方式、处置工程量、拆除物料处置地点等。

3.2.3.4　旅游娱乐用海

旅游娱乐用海是指开发利用滨海和海上旅游资源，开展海上娱乐活动所使用的海域，包括旅游基础设施用海、浴场用海和游乐场用海3个二级用海类型。旅游娱乐用海的工程概况分析一般应包括以下内容。

建设内容与规模　　阐明项目用海所在的地理位置，周边的区位交通条件，旅游设施的接待能力和客流量等。阐明项目用海的组成部分，如旅游码头、游艇泊位数量，引桥、防波堤、堤坝等的长度和数量。

平面布置和主要结构、尺度　　给出附有水深等信息的工程总平面布置图，并阐明工程各部分的功能。详细介绍用海项目各建设工程的结构和尺度，给出码头护岸等的典型结构断面，港池、航道的边坡，水深设计和布置，防波堤、引桥、堤坝和滑道等的典型纵、横断面图，浴场和游乐场等设施的布置、结构与规模等。

主要施工工艺与方法　　阐明工程基础开挖，港池航道疏浚，陆域吹填，码头结构施工，防波堤和护岸等工程的施工工艺、施工顺序、建设计划、工程量、计划进度等。

3.2.3.5　海底工程用海

海底工程用海指海底工程设施所使用海域，包括海底电缆管道用海、海底隧道用海和海底场馆用海 3 个二级用海类型。其中海底电缆管道用海与海底隧道用海是常见的两种类型。海底工程的用海工程概况分析一般应包括以下内容。

建设内容与规模　阐明工程用海的具体地理位置。阐明输油(气)管线、注水管线、海底电缆等的路由、长度与数量，海底隧道用海应阐明隧道的结构和规模。属于改建、扩建的海底工程项目，应阐明原有工程的内容与规模。

平面布置和主要结构、尺度　阐明管线的路由、平面布置方案，明确路由走向和拐点坐标，给出路由走向等相关图件。阐明海底隧道工程的平面布置方案。给出各部分工程的典型结构与尺度，明确海底隧道典型纵、横结构断面；给出各海底管线的结构剖面、走向，管线的连接方式、交越方式等。改建、扩建项目应详细介绍改建、扩建前后平面布置的变化情况。

主要施工工艺与方法　详细阐述海底管线的敷设工艺、埋深，阐明海底隧道的主要施工工艺(如暗挖、明挖或盾构)；阐述工程量、土石方产生量和处置方式以及处置地点等；阐明工程的施工工艺、施工顺序、计划进度、施工机具等。

3.2.3.6　排污倾倒用海

排污倾倒用海指用来排放污水和倾倒废弃物的海域，包括污水达标排放用海和倾倒区用海。污水达标排放用海是指达标污水排水管道和排放混合区所使用的海域，用海方式为污水达标排放；倾倒区用海是指倾倒废弃物所使用的海域，用海方式为倾倒。排污倾倒用海工程概况分析一般包含以下内容。

建设内容与规模　阐述工程用海的地理位置。污水达标排放用海需准确介绍排污工程的组成，给出排污管线的长度、平面走向，污水排放量，主要污染物排放浓度；倾倒区用海介绍倾倒规模、倾倒速率、倾倒物类型、疏浚倾倒工期，简要介绍疏浚工程的概况。

平面布置和主要结构、尺度　阐明排污口准确位置、排污管线路由位置、排污扩散器的位置及走向，详细介绍污水排海工程设计方案(如泵站、放流管和扩散器的设计方案)，给出排污管道典型纵、横断面结构与尺度、剖面图；倾倒区用海需阐述倾倒区位置、水深、形状，海底地形及离岸距离。

主要施工工艺与方法　详细阐述污水排放各组成工程的施工工艺，包括管线的铺设工艺、埋深，排污扩散器安装、挖沟等工艺，阐述工程量、土石方产生量和处置方式以及处置地点等；倾倒区用海应交代作业船舶的疏浚和倾倒工艺流程，倾倒船舶类型、数量组合，倾倒区的倾倒强度，给出倾倒物的理化性质与组分。

3.2.3.7 造地工程用海

造地工程用海指为满足城镇建设、农业生产和废弃物处置需要，通过筑堤围填海域并最终形成人工填海陆地，形成有效岸线的海域。造地工程用海包括城镇建设填海造地用海、农业填海造地用海和废弃物处置填海造地用海。造地工程用海工程概况分析包括以下内容。

建设内容与规模　给出项目用海所在的地理位置、区位交通条件等。清楚介绍填海造地工程的组成和规模，包括填海面积，护岸、围堤、围堰的组成和各部分的尺度等。

平面布置和主要结构、尺度　阐明附有水深、岸线等信息的工程总平面布置图，介绍围堤(护岸)、排水工程等各组成部分的平面布置。给出各建设内容的主要结构与尺度、典型剖面图和工程量等。

主要施工工艺与方法　介绍工程各组成部分的施工方法、施工工艺、施工顺序、施工机具、溢流口位置、建设计划等。给出填海造地工程的土石方平衡分析内容。采用吹填造陆的应明确物料来源及其可行性。

3.3 项目申请用海情况介绍

根据项目用海申请人申请用海时提交的《海域使用申请书》，介绍项目申请用海情况，包括申请的用海方式、各用海方式对应的面积、各部分的坐标，并附《海域使用申请书》中申请用海的坐标图或宗海图。根据项目用海基本情况，分析项目用海需求，并分析申请用海的内容是否齐全。

案例3-1：某油码头用海项目。本工程拟建一个30万吨级石油码头工程，一侧停泊30万吨级油船，另一侧码头水工结构按30万吨级预留，水工结构总长546.3 m(其中油船靠泊泊位结构总长468 m，辅助区平台及连接到辅助区平台的连接桥长78.3 m)。年运量1 900×10⁴ t。另外，还需要建设引堤和引桥，其中引堤长281.24 m，引桥长4 660 m，桥面和堤面宽度均为12.7 m。

(1)海域使用申请书时申请的用海情况

根据项目申请用海单位向海洋主管部门提交的海域使用申请书，项目申请用海面积为25.798 7 hm²，项目用海方式包含两种，一种是构筑物用海(一级方式)中的透水构筑物用海(二级方式)，用海面积为18.371 6 hm²；一种是围海(一级方式)中的港池用海(二级方式)，码头港池(仅含前沿停泊水域)用海面积为7.427 1 hm²。申请书上的申请用海各界址坐标见表3-4和表3-5，宗海界址图见图3-1。

表 3 - 4　港池用海界址坐标

坐标：WGS84 坐标

序号	用海方式	北纬	东经	用海面积(hm²)
3		21°32′51.615 1″	108°40′07.849 8″	
4		21°32′45.985 0″	108°40′10.624 7″	
5		21°33′08.486 6″	108°40′19.496 4″	
6		21°33′06.001 9″	108°40′13.736 0″	
20	港池用海	21°33′00.484 5″	108°40′11.973 8″	7.427 1
19		21°33′00.410 6″	108°40′11.944 7″	
18		21°32′56.714 3″	108°40′10.487 4″	
17		21°32′56.640 4″	108°40′10.458 2″	
16		21°32′51.424 6″	108°40′08.401 9″	

表 3 - 5　透水构筑物用海界址坐标

坐标：WGS84 坐标

序号	用海方式	北纬	东经	用海面积(hm²)
1		21°32′52.090 5″	108°40′06.472 1″	
2		21°32′51.851 4″	108°40′07.165 1″	
3		21°32′51.615 1″	108°40′07.849 8″	
16		21°32′51.424 6″	108°40′08.401 9″	
17		21°32′56.640 4″	108°40′10.458 2″	
18		21°32′56.714 3″	108°40′10.487 4″	
19		21°33′00.410 6″	108°40′11.944 7″	
20		21°33′00.484 5″	108°40′11.973 8″	
6		21°33′06.001 9″	108°40′13.736 0″	
7	透水构筑物用海	21°35′39.108 8″	108°41′12.137 9″	18.371 6
8		21°35′39.447 5″	108°41′11.122 9″	
9		21°33′08.571 6″	108°40′13.572 0″	
10		21°33′08.788 8″	108°40′12.942 7″	
11		21°33′07.434 5″	108°40′12.408 8″	
12		21°33′07.135 5″	108°40′12.296 3″	
13		21°33′01.150 4″	108°40′10.044 0″	
14		21°33′01.076 5″	108°40′10.014 9″	
15		21°32′57.380 1″	108°40′08.557 6″	
1		21°32′52.090 5″	108°40′06.472 1″	

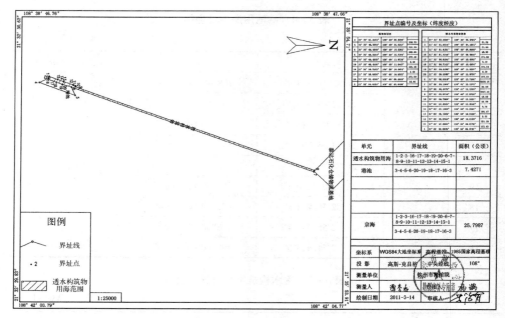

图 3-1　项目宗海界址图

（2）项目用海需求

项目拟建 30 万吨油码头一个，码头一侧停泊 30 万吨级油船，另一侧码头水工结构按 30 万吨级预留。为满足船舶停泊和调头的需要，码头泊位前沿需布置停泊水域和调头区；港池靠近钦州港进港航道，该航道为 30 万吨级航道，可满足船舶进出港需要，进港航道至本项目港池范围的衔接段支航道由钦州市临海工业有限责任公司负责兴建，项目无需另建进港航道；码头由引桥和引堤与三墩作业区连接，引桥和引堤建设也需占用部分海域。

根据项目建设方案，项目用海需求应包含构筑物用海（一级方式）中的非透水构筑物用海（二级方式）、透水构筑物用海（二级方式）和围海用海（一级方式）中的港池用海（二级方式），两个一级用海方式 3 个二级用海方式。即码头和引桥透水构筑物用海，引堤非透水构筑物用海和码头港池用海（包含前沿停泊水域和调头区水域），根据分析论证重新界定的各部分用海面积为：透水构筑物用海面积为 18.040 3 hm²，非透水构筑物用海面积为 5.294 2 hm²，港池用海面积为 69.836 9 hm²。

对比项目用海需求和海域使用申请书上的用海申请来看，项目申请用海内容缺少引堤非透水构筑物用海和码头港池用海（调头区用海部分），即在申请书阶段申请用海的内容不齐全。本论证报告中已对用海申请进行补充完善。

3.4　项目用海必要性分析

项目用海必要性分析包括项目建设必要性分析和用海必要性分析。首先要从区域经济发展、产业发展和产能需求的预测分析内容阐述项目建设必要性；其次，依据项目性质和项目总体布置，结合所在海域特征，论证项目用海必要性。

3.4.1　项目建设必要性

根据区域经济发展、产业发展和产能的需求预测分析内容，说明项目建设的目的意义。海域使用论证工作界入时，项目建设必要性往往已经在"工程可行性研究"、"工程初步设计研究"等前期专题研究中论证得比较充分，因此，可直接筛选和梳理前期专题研究成果中的建设必要性分析内容，以说明项目建设的目的意义，并从以下角度说明项目建设必要性：

①项目建设与国家的产业政策的符合性分析；
②项目建设与区域经济科学布局的符合性分析；
③项目建设的产品或提供的服务是否符合市场要求；
④项目建设是否符合上位规划和自身发展的需求。

3.4.2　项目用海必要性

依据项目性质和项目总体布置，结合所在的海域特征，论述分析项目使用海域的必要性。围填海项目应阐明围填海用海与当地土地资源的供需关系，结合用海项目所依托陆域的开发利用状况，分析项目实施围填海的理由和必要性。

项目用海基本情况中的项目建设内容、涉海工程及结构等内容，已明晰了海域使用基本情况，即主要用海方式、总平面布置等，应围绕上述内容分析项目用海必要性。

对于渔业用海、港口运输用海、滨海电力用海、滨海旅游用海、固体矿产开采用海和油气开采用海等用海类型的项目，从项目自身功能和对海洋功能的需求等方面均具有了对海域资源的依赖性，应从项目自身的特点考虑其对海域的使用，兼顾集约节约用海原则，分析其用海必要性。城镇建设用海项目具有陆海一体化发展的特点，应从城市发展总体规划等角度，分析论证用海的必要性，同时要客观、科学地评价项目建设与资源、环境的适宜性。此外，港口运输用海中的码头工程，除了利用海洋进行运输外，也利用了深水岸线资源，因此在分析港口运输用海等占用岸线的用海项目时，可从项目对岸线资源需求的角度分析项目用海的必要性。

案例3-2：某"上大压小"的新建滨海电厂项目，选址于基岩淤泥质岸段。拟建装机容量为 2×1 000 MW 超超临界燃煤发电机组，厂址和灰场申请围填海造地面积约 108 hm²，3.5 万吨级卸煤码头泊位 1 个，3 000 吨级重件泊位码头 1 个，建设取排水口各 1 个。

该项目用海必要性分析为：拟建电厂选址的沿岸地貌以低山丘陵为主，几乎没有陆域腹地依托。因此，通过利用浅海滩涂资源适度围填海形成陆域，以满足部分厂区、施工场地及灰场的用地需求解决电厂建设用地唯一有效的途径，这需要使用相应的滩涂海域；此外，电厂燃煤和大型设备通过海上运输可大大减少成本，因此需利用深水岸线资源修建码头工程，也需要使用相应的海域。电厂循环冷却水系统需利用电厂厂区岸段建设取、排水口工程，亦需要使用相应的海域。上述工程都涉及一定面积的海域，因此，该电厂用海是必要的。

第4章 项目所在海域概况分析

项目用海所在海域概况为准确判定项目用海合理性和可行性提供基础性资料，是海域使用论证报告结构体系中不可缺少的内容。海域使用基础资料包括社会经济条件、自然环境条件、海洋资源条件、海洋开发利用现状和海洋自然灾害等。不同用海项目对社会环境、海洋环境和自然资源条件都有相应的要求。开展海域使用论证基础资料调查，获取海域使用论证所需的信息资料，是海域使用论证的基础工作，是论证项目用海自然环境条件的适宜性和项目用海社会环境协调性的重要依据。

海域使用论证基础资料的获取主要有两种途径：收集已有资料和现场调查。社会经济概况和自然灾害等方面的资料，一般采用收集已有资料的途径获取；海洋资源和海洋环境资料可通过资料收集获取，当收集的海洋资源环境资料不能满足论证工作要求时，应进行现状调查；海域开发利用现状应进行现场调研和实地勘查。

海域使用论证报告中该章的资料介绍应言简意赅，详略得当，有针对性。根据不同类型的用海项目及项目所在海域资源环境条件的特征，与项目用海论证工作密切且直接关联的资料应相对详细，其他的应简化。切忌不分重点地照搬项目环境影响报告书、资源环境现状评价与影响分析附册等研究专题的全部内容，将该章节内容变成资料的堆砌。

4.1 海域概况资料总体要求

4.1.1 资料内容

海域使用论证工作应充分收集和调查社会经济状况、自然资源、环境和生态现状、海域开发利用现状、基础地理信息等数据和资料。

社会经济状况主要包括：项目用海所在行政区域的社会经济基本状况、海洋产业发展现状以及项目所属行业的发展状况等。

基础地理信息主要包括：项目所在海域的水深地形、清晰反映项目所在区域地形地貌的遥感影像、海岸线等数据资料。

　　海域开发利用现状应包括：论证范围内的海域使用现状、海洋保护区及其他敏感海域，用海项目周边海域权属情况等数据资料。

　　自然资源主要包括：海岸线资源、海涂资源、海岛资源、港口资源、生物资源、矿产资源、旅游资源等。

　　海洋环境和生态现状主要包括：海洋水文气象、地形地貌与冲淤、海水水质、海洋沉积物质量、海洋生物质量、海洋生态和海洋自然灾害等。

4.1.2　资料要求

　　海域使用论证工作应充分利用已有海洋调查资料，凡是现有海洋调查资料不能满足论证需要的，须开展必要的现场调查。为了保证论证工作的质量，保证论证结论的客观、真实、有效，在进行资料收集调查时，要遵循以下要求。

　　（1）资料有效性要求

　　①海洋环境、生态现状分析测试数据应由具有国家级、省级计量认证或实验室认可资质的单位提供；

　　②社会经济发展状况资料以所在地人民政府职能部门统计和发布的数据资料为准；

　　③海洋功能区划和相关规划应是现行有效的；

　　④海域开发利用现状资料应经实地调访、现场勘查获取。

　　（2）资料时效性要求

　　①除长期历史统计数据外，海洋地形地貌与冲淤状况、数值模拟计算所使用的海洋水文等实测资料应采用5年以内（以年为计算单位）的资料；

　　②海洋资源、生态和环境现状等应采用3年以内（以年为计算单位）的资料；

　　③当地社会经济发展状况应采用2年以内（以年为计算单位）的资料；

　　④遥感影像数据应采用能清晰反映论证范围内海域开发利用现状的最新资料。

4.1.3　资料获取步骤与方式

4.1.3.1　资料获取步骤

　　在开展调查工作之前，应根据《论证导则》的要求，针对用海项目的海域使用情况设计调查方案，明确调查目的、调查内容、调查范围及测站布设、调查与分析方法、调查频率及时间、主要仪器设备的要求以及质量控制和工作进度安排等。

　　一个完整的调查过程主要包括五个阶段：调查方案设计与准备阶段；资料搜集阶段；现场勘测和样品采集阶段；实验分析阶段；数据处理和分析阶段。

4.1.3.2　调查站位布设关注要点

调查站位的布局是否合理，直接决定了获得的相关数据是否能够满足项目论证数据全面性与可靠性。调查站位的布设应关注以下要点：调查站位的数量应符合导则的相关要求；调查范围与论证范围应保持一致；按照数据信息评价只能内插不能外延的基本要求，调查站位布设应确保论证范围的有效控制；应注意控制性站位的布设，如水质、沉积物和海洋生物等的基础资料调查站位，在调查范围的四至周边，均应布设水质、沉积物和海洋生物的调查站位。

4.1.3.3　资料来源说明

海域使用论证报告中引用和使用的数据和资料，都应在资料来源说明中给予说明。资料来源说明包括引用资料和现场勘查两部分，详见附录 5。

4.2　自然环境简要分析

自然环境是项目用海的重要条件，是分析项目用海环境适宜性的重要依据。应针对项目用海特点及其所在海域特征，给出用海项目论证范围内的自然环境概况。

4.2.1　海洋水文气象

4.2.1.1　海洋水文气象调查

海洋水文气象资料主要包括：波浪、潮位、气压、气温、降水、湿度、风速、风向、灾害性天气等长期的历史资料以及水温、盐度、潮流（流速、流向）、悬浮物等。

海洋水文气象调查的数据资料获取原则是：以收集历史资料为主，现场调查为辅，确保客观反映项目用海区域海洋水文气象的基本情况。

（1）历史资料的收集

应尽量收集与用海项目有关的海洋水文气象历史资料和相应图件，注明其来源和时间。资料来源主要有海洋台站和沿海气象台站以及用海项目周边其他建设项目的海洋水文气象观测资料。

海洋水文气象的长期历史统计数据，尽量统计分析近 30 年的观测资料。河口区应收集所在河口的流域径流等资料，海冰区还应包括海冰要素资料。具体可根据论证项目对环境要素的特殊要求作为重点关注内容，适当选择需收集的资料。

使用海洋水文气象历史资料时应经过筛选，并符合《海洋调查规范》和《海洋监测规范》中海洋调查和资料处理的方法和要求。

（2）现场调查

如果收集的资料不能反映用海项目的海洋水文状况，或近 5 年内用海项目所在海区有大型用海项目建设的，应开展现场调查。

调查站位的布设　应符合全面覆盖(范围)、重点代表的站位布设原则，还应满足数值模拟的边界控制和验证的要求。根据《论证导则》的要求：一级论证调查站位一般不少于 6 个，二级论证调查站位一般不少于 4 个。

调查时间　根据当地的水文动力特征和海域环境特征，确定海域水文气象的调查时间。季节变化较大的海域应有不同季节的观测资料；用于数值模拟的边界控制和验证的潮流观测一般选在大潮期进行。

调查方法　海洋水文气象调查观测按照《海洋调查规范》的相关要求执行。

4.2.1.2　海洋水文气象状况分析

阐述海洋水文、气象要素的基本状况与变化特征，并附以必要的图表。各要素主要分析内容应包括以下几个方面。

（1）风况

给出最大风速、最小风速、平均风速及其变化规律，典型日平均风速，主导风向、风玫瑰图、风速及频率等。

（2）海水温度和盐度

给出各季节海水温度和盐度的平面分布、断面分布及周日变化。

（3）潮汐

给出潮汐类型，统计分析潮汐特征值(最高高潮位、平均高潮位、平均水位、平均低潮位、最低低潮位、最大潮差、平均潮差、最小潮差、平均涨潮历时、平均落潮历时、平均高潮间隙、平均低潮间隙)及基面关系。与相关台站的同步潮汐资料进行相关分析，计算相当于多年的逐月平均水位和逐年平均水位。水位观测资料具体整理方法和要求可参照《海洋调查规范　海洋调查资料交换》(GB/T 12763.7)执行。

（4）海流

①通过对实测海流资料分析，提供实测流速、流向成果表、矢量图。统计实测海流的涨、落潮流历时，涨、落潮最大值及对应的流向，涨、落潮平均值及对应的平均流向，余流大小与方向。

②对实测海流进行调和分析，计算各主要分潮流的调和常数和椭圆要素，计算潮流性质系数和判别潮流类型，分析潮流运动形式、潮流场和余流场的基本特征；计算各层最大可能潮流和余流流速、流向、潮流水质点最大可能运移距离；根据潮流调和常数计算结果绘制各层潮流椭圆图。

资料的具体整理方法和要求可参照《海洋调查规范　海洋调查资料交换》（GB/T 12763.7）执行。

（5）波浪

①按有关规范规定的方法对实测和收集到的波浪观测资料进行统计分析，给出分方向统计的平均波高（m）、最大波高、平均周期（s）、最大周期和出现频率（%）等，明确海区的强浪向和最大波高、次强浪向、常浪向和出现频率，最大周期、次大周期及其出现频率等。

②推算不同方向、不同重现期的波高和周期。

③分向进行波级和出现频率统计，分析海区的波浪状况，绘制各向波级玫瑰图。

④统计分析各月最大波高及方向，各月的最多波向及频率，分析海区全年各月的波浪状况。

波浪观测资料具体整理方法和要求可参照《海洋调查规范　海洋调查资料交换》（GB/T 12763.7）执行。

（6）悬浮泥沙

给出悬浮泥沙含量时空分布等。

4.2.2　海底地形地貌与冲淤环境

4.2.2.1　海底地形地貌与冲淤环境调查

海底地形地貌与冲淤环境调查的内容包括用海区及其周边海域的地形地貌与冲淤环境的分布特征，包括海岸线、潮间带和潮下带的海底地形地貌特征以及冲淤状况（冲淤速率、冲淤变化特征）等。

（1）资料收集

应尽可能地收集项目所在海域及其周边海域的水深、地形地貌与冲淤变化的历史资料，特别注重各时期遥感影像、历史图件和现状图件的收集。

地形地貌　海岸线、潮间带、潮下带和海岸带地形地貌特征及其变化等资料；各类型海岸（包括河口海岸、砂砾质海岸、淤泥质海岸、珊瑚礁海岸、红树林海岸等）地形地貌的特征及分布范围等资料；地面沉降，海岸线、海床和海岸冲淤演变等资料。用海项目对地貌有特殊要求，应进行有针对性地貌调查，如海水浴场用海应进行用海区岩礁分布调查，并给出岩礁分布图。

海洋底质　底质类型与分布、沉积环境等资料。

图件　历史海图、水深地形图、地貌图、底质类型分布图、冲淤动态分布图和遥感影像图（卫星遥感图片、航空遥感图片）等。

（2）现场调查

若收集的历史资料不足以反映工程用海区水下地形现状特征或测图精度不够，应进行水下地形测量和底质取样调查，调查范围应覆盖用海工程及邻近范围，测量比例尺不小于1：5 000，应能较准确反映用海工程区水下地形地貌特征。

地形地貌与冲淤环境调查方法应按照《海洋调查规范》中海洋地质地球物理调查的相关要求执行，测量结果与历史资料的对比，分析地形地貌与冲淤环境的演变。

4.2.2.2 海底地形地貌与冲淤环境评价分析

海底地形地貌与冲淤环境重点分析与评价应包括以下内容。

①分析与评价用海项目所在海域及其周边海域的海岸、岸滩、水下岸坡、浅海平原等地貌单元，分析各地貌单元的冲淤现状、冲淤速率、冲淤变化特征等。

②海岸线位置及岸滩变化通过不同时期地图（地形图和海图）、遥感影像或标志性地物对比、岸滩剖面监测，分析量算岸线、岸滩的淤进或蚀退距离、高度变化等，绘出各时期岸线位置的平面或剖面叠置图，从而得出项目用海附近海底冲刷区和淤积区、冲刷或淤积显著部位，判断地貌和冲淤演化趋势以及冲淤敏感部位。

③利用工程区水深地形剖面测量、项目水深地形测量资料等（水深测量资料须经过潮位改正），给出工程区水深地形、水深分布特征、浅滩和深槽分布等；结合历史水深地形图或水深地形断面测量资料，叠置绘制地形变化平面图或断面图，识别项目用海区域及附近海域的水深地形变化、冲淤变化、地貌变化等。根据岸线位置的平面或剖面叠置图、地形变化平面图或断面图、地貌图等，分析评价项目用海区域及附近海域的地形地貌与冲淤特征。

4.2.3 区域地质与工程地质

区域地质资料、数据以收集有效的、满足论证范围和论证要求的历史资料为主。工程地质资料可依据工程可行性研究报告中的资料，若没有满足要求的，应建议用海申请人开展专题调查。

4.2.3.1 地质资料获取

（1）区域地质

区域地质资料应尽可能地收集用海项目附近的地质资料，主要包括地层、构造、新构造运动及地震安全性评估等相关专题调查资料，尤其应注重各类地质图件、地震区划图、地震烈度分布图等的收集。

（2）工程地质现状

工程地质资料一般通过工程地质勘察获取，主要内容应包括：地质钻孔平面布置图、工程地质剖面图、地层岩性柱状图、地层的物理力学性质指标、不良地质现状现象、工程地质条件综合评价资料等。

4.2.3.2　地质条件评价

（1）区域地质构造条件

根据区域地质和地震安全性评价资料进行地质构造条件分析评价，主要内容包括：区域地层、地质发展史、地质构造特征与新构造运动特点，明确项目用海区域及附近是否有断层分布或经过，断层性质及活动性，地震基本烈度及区划等；项目用海区域及附近存在的不利地质因素等。

（2）工程地质条件

工程地质条件分析的主要内容包括：项目用海区域工程场地地基土结构及物理力学性质指标；项目用海场地的地震效应评价；地基持力层特征及工程区的不良地质因素分布；适宜的基础形式；岩土疏浚类别、范围、深度等；工程地质勘探点平面布置图、钻探图及典型工程地质剖面图。

4.2.4　海洋自然灾害

海洋自然灾害是由风、潮、浪、冰、雾等自然过程引发的，主要有热带气旋、风暴潮、海啸、海冰等。本节应给出项目所在海域的热带气旋、台风风暴潮、海冰等海洋自然灾害的历史记录和统计数据。另外，对于赤潮、绿潮等海洋生态灾害经常发生的海域，还应给出赤潮、绿潮等的历史记录和统计数据。

（1）台风

主要调查内容包括台风发生频率、平均风力、最大风力、台风路径、台风多发月份、典型台风案例等。

（2）风暴潮

主要调查内容包括历史上风暴潮发生的频率、发生时间、增水高度，风暴潮对海岸的破坏情况，风暴潮造成的经济损失与人员伤亡情况等。

（3）海冰

主要调查内容包括固定冰初冰日与终冰日、冰厚，流冰初冰日与终冰日、冰厚，平均冰期、最长冰期与最短冰期，海冰致灾情况等。

（4）地震

主要调查工程所在区域历史上发生地震的情况，包括震级、震中分布、震源深度、断层分布情况等，并收集震中分布图、断裂分布图等图件资料。

（5）赤潮和绿潮

主要调查赤潮和绿潮的发生频率、赤潮种类、影响范围、持续时间、养殖与生态损失和对人类的危害等。

（6）其他海洋自然灾害

主要调查包括海啸、龙卷风、海岸侵蚀等海洋灾害的情况。

海洋自然灾害的分析内容应包括：灾害发生时间与地点、灾害类型、灾害等级、影响范围（包括持续时间、受灾面积）、危害程度（伤亡人数、经济损失）、成灾因子特征等，可制成表格的形式进行论述。

4.2.5　海水环境质量现状评价

4.2.5.1　海水环境现状调查

（1）调查断面与站位布设

海水环境现状调查断面与站位应按照全面覆盖论证范围、均匀布设、重点代表的原则布设。

调查断面　一级论证项目水质调查一般布设 5~8 个调查断面，二级论证项目水质调查应布设 3~5 个调查断面，三级论证项目水质调查布设 2~3 个调查断面；调查断面方向大体上应与主潮流方向或海岸垂直，在主要污染源或排污口附近应设调查断面。

调查站位　每个调查断面应设置 4~8 个测站；一级论证水质调查站位一般不少于 20 个，二级论证水质调查站位一般不少于 12 个。

当工程性质敏感、特殊，或者调查海域处于自然保护区附近、珍稀濒危海洋生物的天然集中分布区、重要的海洋生态系统和特殊生境（红树林、珊瑚礁等）时，水质调查站位应适当增加调查站位数量。

（2）调查时间和频次

根据当地的水文动力特征和海域环境特征，确定水质环境现状的调查时间和频次。一级论证至少应取得春、秋两季的调查资料；二级论证至少应取得春季或秋季的调查资料；三级论证若现有资料满足要求，可不进行现状调查。

（3）调查要素选择

水质调查要素应根据建设项目所处海域的环境特征和项目特征污染物等确定水质调查参数。调查要素（因子）按照《海洋工程环境影响评价技术导则》（GB/T 19485—2014）的要求选择，依据用海项目的特点可适当调整。当用海项目对海水水质的常规要素有特殊要求的，应增加相应要素的调查。

4.2.5.2　海水水质现状评价

1）评价内容

海水水质质量现状评价主要是综合阐述海水环境的现状与特征，应给出调查要素的实测值和标准指数值等。评价内容主要包括：

①简要评价调查海域海水环境质量的基本特征，阐明水环境现状的特征污染物和首要污染物等；针对实测特殊异常值和现象给出致因分析；

②阐明论证范围内和周边海域的海水水质环境现状的综合评价结果；

③若工程所在海域能收集到其他有关资料，可简要阐明用海项目论证范围内和周边海域水质环境的季节特征、年际变化和总体变化趋势的分析评价结果。

2）评价方法

一般采用单项水质参数评价方法，即单因子标准指数法。单因子标准指数评价能客观地反映水体的污染程度。

单因子标准指数法是将某种污染物实测浓度与该种污染物的评价标准进行比较以确定水质类别的方法。

（1）一般水质因子

$$S_{i,j} = C_{i,j}/C_{si} \qquad (4-1)$$

式中：$S_{i,j}$ 为标准指数；$C_{i,j}$ 为表示评价因子 i 在 j 点的实测统计代表值，mg/L；C_{si} 为评价因子 i 的评价标准限值，mg/L。

（2）特殊水质因子

①溶解氧（DO）

$$S_{DO,j} = \frac{|DO_f - DO_j|}{DO_f - DO_s}, DO_j \geqslant DO_s \qquad (4-2)$$

$$S_{DO,j} = 10 - 9\frac{DO_j}{DO_s}, DO_j < DO_s \qquad (4-3)$$

式中：$S_{DO,j}$ 为 DO 的标准指数；DO_f 为某水温、气压条件下的饱和溶解氧浓度，mg/L，计算公式常采用：$DO_f = 468/(31.6 + T)$，T 为水温，℃；DO_j 为在 j 点的溶解氧实测统计代表值，mg/L；DO_s 为溶解氧的评价标准限值，mg/L。

②pH 值

$$S_{pH,j} = \frac{7 - pH_j}{7 - pH_{sd}}, pH_j \leqslant 7 \qquad (4-4)$$

$$S_{pH,j} = \frac{pH_j - 7}{pH_{su} - 7}, pH_j > 7 \qquad (4-5)$$

式中：$S_{pH,j}$ 为 pH 值的标准指数；pH_j 为 pH 值实测统计代表值；pH_{sd} 为评价标准中 pH 值的下限值；pH_{su} 为评价标准中 pH 值的上限值。

水质因子的标准指数≤1 时，表明该水质因子在评价水体中的浓度符合水域功能及水环境质量标准的要求。

4.2.6　海洋沉积物质量分析评价

4.2.6.1　海洋沉积物质量调查

（1）调查断面与站位布设

海洋沉积物环境现状调查断面与站位应按照全面覆盖论证范围、均匀布设、重点代表的原则布设。

调查断面设置可与海洋水质调查相同，方向大体上应与海岸垂直，在影响主方向应设主断面。一级论证调查站位一般不少于 10 个，二级论证调查站位一般不少于 6 个。

（2）调查时间和频次

海洋沉积物环境现状调查时间应与海洋水质、海洋生态和生物资源调查同步进行，至少有一次现状调查资料。

（3）调查参数要素

海洋沉积物环境现状调查参数包括常规沉积物参数和特征沉积物参数，调查要素应按照《海洋工程环境影响评价技术导则》（GB/T 19485—2014）要求选择，依据用海项目的特点可适当调整。当用海项目对海洋沉积环境的常规要素外有特殊要求的，应增加相应要素的调查。针对铺设海底管线、海底电缆、海洋石油开发等用海项目应增加海洋腐蚀环境的调查内容。

调查方法、监测方法和数据处理方法应按照《海洋调查规范》和《海洋监测规范》的相关要求执行。

4.2.6.2　海洋沉积物质量评价

沉积物质量现状评价采用单因子标准指数法。单因子标准指数法计算公式如下：

$$P_i = \frac{C_i}{C_{si}} \qquad (4-6)$$

式中：C_i 为污染因子实测值；C_{si} 为评价标准值。

给出沉积物环境质量评价结果，分析各污染物的超标原因；综合分析评价沉积物环境质量，阐述该区域现存的主要沉积物环境质量问题。

4.2.7　海洋生物质量分析评价

海洋生物质量通过海洋生物体内污染物质残留量进行评价。测试生物可以采集具有海区代表性的潮间带生物和底栖生物中双壳贝类和其他主要海洋经济生物，尽可能选取海洋双壳贝类生物。

4.2.7.1　海洋生物质量调查

（1）调查站位布设

一级论证应在论证范围内现场采集至少 3 处有代表性的生物样品，二级论证应采集至少 2 处有代表性的生物样品。

（2）调查时间与频次

调查时间宜与海洋生态调查时间同步。底栖生物调查应进行阿氏拖网以满足测试生物样品要求。

（3）调查要素

分析内容应包括贝类生物体内的石油烃、重金属含量等，可根据区域自然条件和开发用海项目的特点选择以下适合的对象进行调查：石油烃、总汞（Hg）、镉（Cd）、铅（Pb）、砷（As）等。调查按照《海洋调查规范》和《海洋监测规范》中的相关要求执行。

4.2.7.2　海洋生物质量评价

（1）评价标准

海洋生物质量评价标准采用《海洋生物质量》（GB 18421—2001）和参考相关标准。

（2）评价方法

海洋生物质量现状评价采用单因子标准指数法。单因子标准指数法计算公式如下：

$$P_i = \frac{C_i}{C_{si}} \qquad\qquad (4-6)$$

式中：C_i 为污染因子实测值；C_{si} 为评价标准值。

海洋生物质量评价因子的标准指数 ≤1 时，表明该海洋生物质量评价因子在评价海域海洋生物体中的浓度符合海洋生物质量的要求。

4.3　海洋生态概况

针对项目用海特征及其所在海域特征，给出论证范围内的海洋生态概况，并介绍项目所在海域的自然保护区。

4.3.1　海洋生态调查

4.3.1.1　调查站位、时间与频次

（1）调查断面与站位布设

调查断面与站位应按照全面覆盖论证范围、均匀布设、重点代表的原则布设。一级论证调查站位一般不少于 12 个，二级论证调查站位一般不少于 8 个。项目用海涉及潮间带的，应开展潮间带生物调查，一级论证的调查断面应不少于 3 条，二级论证的调查断面应不少于 2 条。

（2）调查时间与频次

一级论证项目应获取春、秋两季的调查数据，二级论证至少应获得春季或秋季的调查数据。有特殊物种及特殊要求时可适当调整调查频次和时间。调查时间可与水质调查同步；同时应尽量收集调查海域的主要调查对象的历史资料给予补充。

三级论证项目应尽量收集用海项目所在海域近 3 年内的海洋生态和生物资源历史资料，历史资料不足时应进行补充调查。

4.3.1.2　调查内容与方法

一级和二级论证项目的生态现状调查内容应根据用海项目所在区域的环境特征和海域使用论证的要求，选择下列全部或部分项目：叶绿素 a、初级生产力、浮游植物、浮游动物（包含鱼卵仔稚鱼）、底栖生物、潮间带生物、游泳生物等种类与数量等。有放射性核素论证要求的项目应对调查海域重要海洋生物进行遗传变异背景的调查。

叶绿素 a 和初级生产力　调查水体中叶绿素 a 和初级生产力含量的分布及季节变化。

浮游植物　调查内容为浮游植物的种类组成、个体数量、主要优势种及浮游植物种类多样性指数等的分布和季节性变化。

浮游动物　调查内容为浮游动物的种类组成、个体数量、生物量和优势种等的分布和季节性变化。项目用海对浮游动物有特殊要求的应增加特种生物调查，如海水浴场用海应分析有毒水母的分布情况。

潮间带生物　调查内容为潮间带生物种类、栖息密度、生物量和优势种等的分布以及季节变化。项目用海区潮间带有多种底质类型的，每种底质类型均应布设潮间带生物调查断面，调查时间应在大潮期进行。

底栖生物　调查内容主要包括底栖生物种类、栖息密度和生物量等的分布和季节变化。项目用海对底栖生物有特殊要求的，应增加特种底栖生物调查，如养殖用海应进行养殖生物天敌调查（如鲍鱼养殖中对海星的调查），包括天敌种类及分布；滨海浴场用海应进行有毒有害生物，如有毒海胆等调查，分析有毒有害生物种类和分布。

游泳生物　调查内容包括渔获物种类、个体数量及其渔获量组成、优势种、主要经济品种的生物学特征，分析资源密度和资源量等相关内容。项目用海对游泳动物有特殊要求的，应增加特种游泳动物的情况分析。如海水浴场用海应分析有害生物(如鲨鱼)的出现情况。

鱼卵仔鱼　调查内容包括鱼卵、仔稚鱼的种类组成、个体数量和优势种的分布和季节变化。

海洋生态调查方法,应符合《海洋调查规范》和《海洋监测规范》中的相关要求。海洋生物资源的调查方法应符合相关的国家和行业技术标准的要求。需要特别说明的是底栖生物调查应包括定性调查和定量调查,定性(阿氏拖网)调查是分析底栖生物种类组成和海洋生物质量调查的必须调查方法。鱼卵仔鱼调查应包括垂直拖网和水平拖网。

4.3.2　海洋生态状况分析

(1)评价内容

根据用海项目性质,以海域海洋生态和生物资源的环境现状调查为基础,通过特征要素的重要性分析,确定主要生态内容,用列表法等对主要海洋生态和生物资源的生态要素进行筛选、确定,也可按照《海洋调查规范》的相关内容和要求选择。

海洋生态环境现状分析内容应包括:分析和评价叶绿素 a、初级生产力、浮游动植物、底栖生物和潮间带生物的种类组成和时空分布;分析各类海洋生物的生物量、栖息密度(个体数量)、物种多样性、均匀度、丰富度等;分析和评价海域的生物生境现状、珍稀濒危动植物现状、生态敏感区现状、海洋经济生物现状等。

(2)评价方法

生物多样性指数计算:

Margalef 种类丰富度指数:

$$D = \frac{S-1}{\ln N} \tag{4-7}$$

Shannon-Weiner 种类多样性指数:

$$H' = -\sum_{i=1}^{s} P_i \ln P_i \tag{4-8}$$

Pielou 均匀度指数:

$$J' = \frac{H'}{\ln(S)} \tag{4-9}$$

式(4-7)~(4-9)中 S 为种类数, N 为观察到的个体总数, P_i 为种的个体数占群落中总个体数的比例。

4.4　海洋资源概况

　　根据《海洋学术语 海洋资源学》(GB 19834—2005)中对海洋资源分类的定义,即根据海洋资源的不同特点而划分的各种类型,按其属性分为海洋生物资源(包括渔业资源)、海底矿产资源、海水资源、海洋旅游资源、海洋能资源和海洋空间资源;按其有无生命分为海洋生物资源和海洋非生物资源;按其能否再生分为海洋可再生资源和海洋不可再生资源。

　　项目用海是对海洋资源的利用,海域使用论证应依据不同用海类型的资源利用和影响情况,确定海洋资源分析内容。一般项目的海域使用论证内容应包括论证海域的海洋空间资源、海洋渔业资源、海洋旅游资源、海底矿产资源等现状,给出海洋资源的分布特征,分析项目使用海洋资源的科学性和合理性。海洋资源概况主要以资料收集、结合遥感资料进行分析,必要时进行实地补充调查。

4.4.1　海洋渔业资源

　　海洋渔业资源是指海域中具有开发利用价值的动植物,包括海洋鱼类、甲壳类、贝类和大型藻类资源等。渔业资源概况以收集已有资料为主进行分析,主要内容包括:海洋经济动植物区系和分布特征,特别是经济种类种群动态情况;特定海域范围内海洋经济动植物种类、数量、种群在水域中分布的时间和位置,海洋捕捞的季节、品种、捕捞区域分布;海水养殖的种类、产量、面积、产值和养殖的方式;渔场和产卵场的状况。如果收集的资料不能满足论证工作的需要,应开展渔业资源调查。

　　(1)渔业资源调查

　　渔业资源的调查往往与海洋生态调查同步,调查内容主要包括游泳生物和鱼卵仔稚鱼等。其中游泳生物调查内容包括渔获物种类、个体数量及其渔获量组成、优势种、主要经济品种的生物学特征,分析资源密度和资源量等相关内容。项目用海对游泳动物有特殊要求的,应增加特殊游泳动物的情况分析。如海水浴场用海应分析有害生物,如鲨鱼的出现情况。鱼卵仔稚鱼调查内容包括鱼卵、仔稚鱼的种类组成、个体数量和优势种的分布和季节变化。渔业资源的调查方法应符合相关的国家和行业技术标准的要求。鱼卵仔稚鱼调查应包括垂直拖网和水平拖网。

　　(2)渔业资源的评价方法

　　①游泳生物优势种渔获物分析。

　　优势渔获物分析通过 Pinkas 等应用的相对重要性指标(IRI)来确定。

$$IRI = (N + W) \times F \times 10^4 \tag{4-10}$$

式中：N 为某种类的尾数占总渔获尾数的百分比；W 为某种类的质量占总渔获质量的百分比；F 为某种类在调查中被捕获的站位数与总调查站位数之比。

②游泳生物相对资源密度估算。

拖网调查海域的资源密度（尾数和重量）按公式（4-10）计算：

$$D = \frac{C}{q \times A} \tag{4-11}$$

式中：D 为相对资源密度（重量：kg/km^2，尾数：ind/km^2）；C 为每小时取样面积内的渔获量（kg）或尾数（ind）；q 为网具捕获率，其中：底栖鱼类、虾类、蟹类 q 取 0.8，中上层鱼类（鲱形目、鲈形目的鲹科、鲭亚目、鲳亚目）q 取 0.3，底层鱼类 q 取 0.5；A 为网具每小时扫海面积（km^2）。

③鱼卵仔鱼密度计算。

根据网口面积、拖速、拖网持续时间和鉴定的鱼卵、仔稚鱼数量，单位面积或单位体积鱼卵、仔稚鱼分布密度按下式计算：

$$V = \frac{N}{S \times L} \tag{4-12}$$

式中：V 为鱼卵、仔稚鱼分布密度（粒/m^3，尾数：尾/m^3）；N 为每网鱼卵、仔稚鱼数量（粒或尾数）；S 为网口面积（m^2）；L 为拖网距离（m）。

根据调查结果，分析和评价游泳生物和鱼卵仔稚鱼的种类组成和时空分布等。

4.4.2　岸线资源

海岸线是陆地与海洋的交界线，包括大陆海岸线和海岛岸线。海岸线按成因可分为自然岸线和人工岸线。在自然岸线中，根据沉积物类型可分为基岩岸线、砂砾质岸线、淤泥质岸线和生物岸线等类型。海岸线资源概况是在收集和整理现有资料的基础上，结合现场勘查，获得能反映现阶段海岸线自然条件、利用状况与岸线利用需求等数据资料。

岸线资源收集的资料主要包括：省级人民政府批复的海岸线成果、地形图、海图、遥感影像资料以及海岸线变迁调查资料和有关图集等。

海岸线调查的主要内容包括海岸线位置、类型、长度及分布、岸线变迁、利用状况（使用岸线长度、用途、使用方式和主要设施）等。

海岸线调查以实地勘测和遥感调查为主，结合调访和地形图及历史资料进行综合分析。实地勘测时，应进行岸线位置测量，测量点应有代表性，能真实反映海岸线现状。

4.4.3　岛礁资源

岛礁资源一般包括海岛、礁（干礁、暗礁）、沙洲和暗沙。由于岛礁的独特周边环境形成其具有明显的特有海岛生态系统。

岛礁资源收集的资料主要包括：海岛（礁）名录、海岛保护利用规划（国家和地方）、地形图、海图、遥感影像资料、海岛海岸带调查资料和有关图集等。

岛礁资源调查的内容主要包括：基础地理信息（岛礁名称、岛礁类型、位置、面积、岸线长度、距离大陆或主岛的最近距离等）、自然资源与环境和生态状况、开发利用现状（包括海岛旅游、港口、养殖、种植、仓库、开采等开发活动的用途、位置范围、设施和责任情况）。

岛礁资源调查以实地勘测和遥感调查为主，结合调访和地形图及历史资料进行综合分析。实地勘测时，应进行岸线测量，测量点、线应有代表性，能真实反映海岛现状。涉及无居民海岛的用海项目，按照无居民海岛开发有关规定执行。

4.4.4　港口资源

港口资源是指符合一定规格船舶航行与停泊条件，并具有可供某类标准港口修建和使用的筑港与陆域条件以及具备一定的港口腹地条件的海岸、海湾、河岸和岛屿等，是港口赖以建设与发展的天然资源。

港口资源资料以收集为主，并辅以必要的实地勘查。港口资源的调查内容主要包括港口所处的地理位置与自然环境、陆域配备两方面。

（1）港口所处的地理位置与自然环境调查

包括港口的地理位置、港口岸线的成因、码头岸线的长度、港口的范围、航道的情况（如一般水深、最小水深，航道的宽度）、港口的底质条件、水下地形和港口内风浪的特点等。

（2）陆域配备的调查

包括筑港与陆域条件，如港口陆域库、场、装卸设备、后方陆域面积；港口的集疏运条件，如供货物运输的公路、铁路系统等。

（3）港口的建设现状调查

包括航行条件，如进出港口的船舶数量和时间分布；停泊条件，如可供船舶抛锚与系泊等的作业水面面积；腹地经济状况，如直接腹地工业产值、直接腹地城镇人口规模、直接腹地进出口总值、港口距中心距离等。

4.4.5　旅游资源

海洋旅游资源是指在海滨、海岛和海洋中，具有开展观光、游览、休闲、娱乐、度假和体育运动等活动的海洋自然景观和人文景观。海洋旅游资源主要有海滨沙滩、海水浴场、海洋公园等。

海洋旅游资源概况以收集已有资料为主进行分析，主要内容包括：

①旅游资源　旅游资源的种类、数量、质量、地区分布和差异等；

②区位条件　交通、住宿等旅游的配套设施；

③客源分析　包括游客的来源、游客的旅游时间段分布等。

4.4.6　矿产资源

矿产资源按其特点和用途，通常分为金属矿产、非金属矿产和能源矿产三大类。矿产资源以收集已有资料为主，内容主要包括：矿产资源的种类、数量（储量）和质量（品位）、矿产资源的地理分布特点及其相互结合状况、季节分配变率等。

4.5　社会经济概况和海域开发利用现状

社会经济概况和海域开发利用现状是用海项目建设必要性、社会环境适宜性和项目用海协调性分析的重要基础资料和依据。

4.5.1　社会经济概况

4.5.1.1　社会经济状况

社会经济状况资料主要以当地政府发布或政府统计部门为主。

社会经济状况主要包括项目用海所在行政区的社会经济基本状况和海洋产业发展现状以及项目所属行业的发展状况。应详细调查和收集项目用海所在行政区的社会经济状况，海洋产业发展现状，包括海洋产业及相关陆域产业发展状况，海洋资源的社会、经济发展需求等资料，以满足项目用海的论证要求。

4.5.1.2　项目建设社会依托条件

收集项目所在地的社会基础设施和保障条件等资料，包括道路交通运输、电力供应和通信保障等社会公共设施情况，以分析项目所在地社会基础条件能否满足项目建设的要求。

4.5.2　海域开发利用现状

海域使用现状调查是海域开发利用协调分析的基础和前提，全面、详细地了解论证范围内的海域开发利用现状，才能准确地界定利益相关者，并据此给出有针对性的协调方案或建议。

（1）调查内容

海域开发利用现状调查应包括项目用海论证范围内的已确权项目和无权属用海，其中，无权属用海又分为当地居民日常生活生产的习惯性用海和未办理海域使用权属的项目用海两种。

调查内容应包括论证范围内的海域使用现状及海岸线利用情况。海域使用现状的调查应包括各用海活动的名称、位置、用海类型、用海方式和用海规模以及海域开发利用主体的基本情况（包括现有海洋工程和设施的分布状况和用海尺度），对于已确权用海项目应调查用海项目的权属来源、权属内容（包括海域使用权人、用海类型、方式、宗海图、界址点坐标、面积、期限）、目前实际使用情况。特别是对当地居民习惯用海活动及无权属的用海项目，应调查用海性质、涉及人群、活动用海范围和位置、对当地居民的意义或作用等。

海岸线利用情况的调查应以政府公布的现行有效的岸线为主，通过调研了解论证范围内人工岸线长度、自然岸线长度、各用海活动占用岸线情况等，有必要时应开展现状海岸线、标志点等测量，具体调查方法和用海项目界址线确定方法参照《海籍调查规范》（HY/T 124—2009）。

（2）调查方法

海域开发利用现状资料获取方法主要有收集资料和现场勘查等。收集资料主要是调访各级海洋主管部门收集已确权项目的用海位置、用海类型、用海方式、用海面积、用海期限等资料；了解项目用海论证范围的习惯性用海和正在申请用海项目的用海位置、用海类型、用海方式等资料。对于习惯性用海应调访和现场勘查各用海活动的具体用海资料，如传统养殖用海，虽未确权，但现状还在养殖，应走访和调研各养殖户，了解养殖种类、养殖规模、养殖范围和养殖收益等资料。

现场踏勘应填写详细的现场勘查记录（现场勘查记录表见附录5），并对项目所在海域及周边海域的开发利用活动进行拍摄记录。现场勘查记录应包括勘查时间、内容、使用设备、勘查成果等。现场勘查照片应反映在海域开发利用现状图中，即在海域开发利用现状图中给予标示各开发活动的位置及照片拍摄方向等。

（3）调查数据统计处理

调查所得的数据资料可能并不具备统一的数据格式，为了更准确地反应海域使用现状信息，必须对采集到的数据进行数字化、坐标校正、投影变换等后处理工作，将用海单位、用海类型、用海期限等信息要素存储于图层中，形成可叠加、缩放、查询、分析的电子地图系统，绘制全面、准确、清晰的海域开发使用现状平面分布图。

4.5.3　海域使用权属调查

为了准确分析判定拟申请项目用海与相邻的确权项目有无重叠用海，需要特别强调的是相邻确权项目的调查内容，即应了解已确权用海项目的权属来源(确权发证类型、确权发证时间、发证机关)、确权情况(包括海域使用权人、用海类型、方式、宗海图、界址点坐标、面积、期限)、目前实际使用情况。另外，对相邻海域中已申请待批的用海项目，应调查用海项目的权属来源、权属内容(包括海域使用权人、用海类型、方式、宗海图、界址点坐标、面积、期限)、项目的申请进度及审批情况。

海域使用权属调查的方法主要是通过走访各级海洋主管部门和用海单位或个人，了解海域确权发证与实际使用情况，结合现场踏勘进行验证，必要时对用海项目进行权属核查、实际界址测量和面积核算。

第 5 章　项目用海资源环境影响分析

项目用海资源环境影响分析是海域开发协调分析、项目用海与海洋功能区划及相关规划的符合性分析和项目用海合理性分析的基础，是判断项目用海可行性的重要技术依据之一。该部分的主要内容包括项目用海环境影响分析、项目用海生态影响分析、项目用海资源影响分析和项目用海风险分析。

项目用海资源环境影响分析首先应收集用海项目的前期研究成果，并判断其是否满足论证工作的需要。如果可以满足论证工作需要，应该根据前期研究成果阐明项目用海的环境影响、生态影响、资源影响和用海风险的主要结论。否则，应根据 GB/T 19485 和 HJ/T 169 的要求，结合项目用海类型、所在海域特征、海域开发利用现状等，明确项目的污染与生态评价因子和预测因子，识别项目用海风险种类；选择成熟、适用的数值模型，开展资源环境影响预测与评价、用海风险的预测和分析。

项目用海资源环境影响分析方法因受影响的资源环境要素不同而不同。一般分析方法大致包括数学模拟法、物理模型法、类比分析法和定性分析法等。

5.1　项目用海环境影响分析

项目用海环境影响分析主要包括水文动力环境影响分析、地形地貌与冲淤环境影响分析、水质环境影响分析和沉积物环境影响分析等内容，为项目用海生态影响分析和项目用海资源影响分析提供基础依据，为项目用海合理性分析中判断项目用海是否最大程度减少对水文动力和冲淤环境影响提供技术依据。项目用海环境影响分析宜引用项目相关专题的成果，给出项目用海对水文动力环境、地形地貌与冲淤环境、水质环境、沉积物环境影响的评价结论。应根据受影响的环境因素不同给出相应的分析内容和分析结论，具体如下。

水文动力环境应分析预测工程前后流场、潮位的特征与变化；对位于海湾的用海项目还应给出大、小潮的纳潮量及其变化、海湾水交换量等；对位于河口海域的用海项目还应给出河道泄洪、排洪等方面的影响。

地形地貌与冲淤环境应分析预测工程前后地形地貌的形态变化（包括海

岸、海涂、海床等地形地貌），近岸输沙特征和泥沙运移趋势，冲淤变化，极端水文和气象条件下的冲淤特征等。

水质环境应分析预测污染物（含悬浮物）、温（冷）排水等扩散的各标准浓度值的最大外包络线、包络面积及其平面分布，污染物排海混合区的范围、最大面积及空间位置等。

沉积物环境应分析预测各主要污染因子浓度增加的影响范围与程度；给出污染物长期连续排放对排污口、扩散区和周围海域沉积物质量的影响范围和影响程度等。

5.1.1　水动力环境影响分析

5.1.1.1　水动力环境影响分析的一般要求

水动力环境影响分析，需依据论证海域的海洋潮汐、波浪运动规律，通过建立潮流、波浪数值模型，预测和分析项目用海对潮流、波浪场的影响。水动力数值模型是海洋环境影响分析的基础，用海项目引起的潮流场、波浪场、泥沙场的改变，会导致地形地貌和岸滩冲淤发生变化，会引起河口、海湾水体交换能力和环境容量发生改变的变化，进而造成水质和生态环境的变化，影响污染物扩散的时空特征和海湾自净能力。

水动力环境影响分析，需依据工程所处海域特点、工程性质、平面布置和结构特点，选择合适的潮流场数值计算模式，确定适宜的水动力环境影响分析范围，设计适宜的预测网格，结合项目用海海域的现状水深地形，选择合理的边界输入参数、预测时间和预测时段，经精度验证并符合相关技术标准的要求，预测工程附近、邻近海洋开发活动或环境敏感区不同位置的流速流向或波高、波向和周期等，分析论证用海工程前后流场、潮位的特征与变化。波浪场的分析应在潮流场数值模拟分析的基础上，针对项目所在海域特点及工程平面布置特点开展预测。水文动力环境影响分析中应注意位于海湾的用海项目除了进行以上的潮流场和波浪场分析外，还应给出大、小潮的纳潮量及其变化、海湾水交换量等；对位于河口海域的用海项目还应给出河道泄洪、排洪等的影响。

5.1.1.2　潮流场预测

（1）预测基本方程

潮流水动力模型是一个非恒定的水动力学模型，受边界潮汐水位变化控制。潮流模型在近海动力学中是一个基础性的水动力学模型，不仅可以预报潮汐河道、河口、近岸和近海的潮流场，还可以在潮流模型基础上研究泥沙输移、岸滩和海床冲淤变化以及海域水质、污染物扩散等。因此，除建立正确的潮流数学模型外，还要求模型有较大的适应性，可与其他物理过程实施联合模拟。潮流场预测一般采用以下基本方程。

①连续方程：

$$\frac{\partial \xi}{\partial t} + \frac{\partial hu}{\partial x} + \frac{\partial hv}{\partial y} = 0 \tag{5-1}$$

② x 向动量方程：

$$\frac{\partial u}{\partial t} + u\frac{\partial u}{\partial x} + v\frac{\partial u}{\partial y} - fv = -g\frac{\partial \xi}{\partial x} - \frac{gu\sqrt{u^2+v^2}}{c^2 h} + \frac{\partial}{\partial x}\left(N_x\frac{\partial u}{\partial x}\right) + \frac{\partial}{\partial y}\left(N_y\frac{\partial u}{\partial y}\right) \tag{5-2}$$

③ y 向动量方程：

$$\frac{\partial v}{\partial t} + u\frac{\partial v}{\partial x} + v\frac{\partial v}{\partial y} + fu = -g\frac{\partial \xi}{\partial y} - \frac{gv\sqrt{u^2+v^2}}{c^2 h} + \frac{\partial}{\partial x}\left(N_x\frac{\partial v}{\partial x}\right) + \frac{\partial}{\partial y}\left(N_y\frac{\partial v}{\partial y}\right) \tag{5-3}$$

上述式中：t 为时间(s)；x，y 为原点 O 置于某一水平基面的直角坐标系坐标；u，v 为流速矢量 V 沿 x、y 方向的分量(m/s)；ζ 为相对于 xoy 坐标平面的水位(m)；$h = d + \zeta$ 为总水深(m)；d 为相对于 xoy 坐标平面的水深；N_x，N_y 为 x，y 向水流紊动黏性系数(m²/s)；f 为科氏参量；g 为重力加速度(m/s²)；c 为谢才系数，$c = \frac{1}{n}h^{\frac{1}{6}}$，$n$ 为曼宁糙率系数。

（2）计算模式

依据计算海域地形特征和工程方案等具体情况，选择适宜的预测分析模式。

（3）分析范围

水动力环境影响分析范围主要应满足海域使用论证的要求。其数值计算域应能反映工程海域整体流场特征，开边界处的水文要素不受域内工程的影响；开边界宜选在流场比较均匀处；如果工程附近开边界没有适宜的输入参数，可以先计算更大范围海域的水文要素，得出工程计算海域的输入参数。计算域网格应选用能反映工程平面布置特征及工程附近岸界情况的计算网格，在工程附近应适当加密网格，以保证工程海域有足够的模拟精度。图 5-1 为温排水口设在潮汐河口，对狭窄河道进行网格加密，对弯曲和狭窄河道采用矩形网格加密的示例。

为了保证工程前后计算域网格不变，应先设计好工程后计算域网格，然后把工程位置的网格补齐作为工程前计算域网格。如图 5-2 和图 5-3 所示。

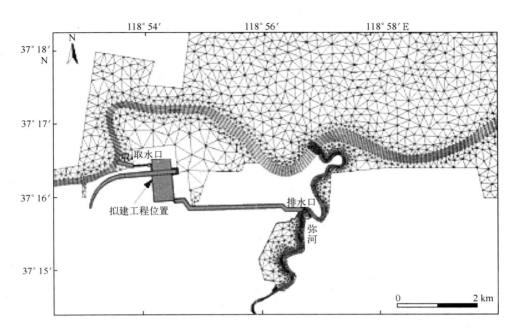

图 5－1　潮流数值模拟网格设置示意图

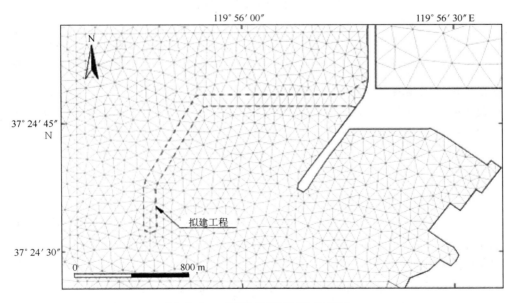

图 5－2　工程前计算域网格示意图

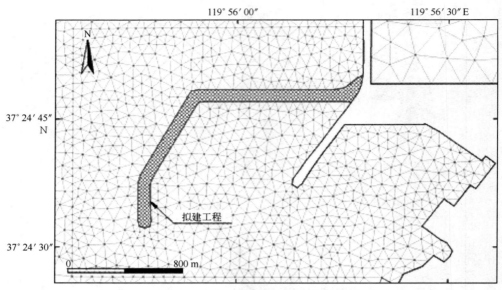

图 5 - 3　工程后计算域网格示意图

（4）边界处理

当计算域内潮差大、存在较宽潮间带和出露滩时，宜采用动边界处理技术。

（5）水深地形

地形图宜尽量选用大比例尺、高精度的水深地形图，将针对工程实测的水深图尽量嵌套到模拟计算的水深数据中；由于海图水深基准为理论深度基准面，应依据理论深度基准面与平均海平面的关系，将水深数据转化为平均海平面水深；对较大的模拟范围，应依据各海域理论深度基准面与平均海平面的关系，分别进行平均海平面水深转化。当采用多幅水深图进行模拟时，应注意不同坐标系的统一化，注意不同投影图件的统一投影，对一般模拟区域，最好采用高斯—克吕格投影。

（6）验证分析与精度控制

潮流场数值数模结果应通过实测潮位、潮流的验证，在满足精度要求的条件下才可以开展海洋环境影响预测。计算结果与实测结果的精度验证应满足《海岸与河口潮流泥沙模拟技术规程》（JTS/T 231—2—2010）的相关要求。

①潮位。高低潮时间的相位偏差小于 ±0.5 h，最高最低潮位值允许偏差为 ±10 cm（潮位验证曲线如图 5 - 4）；潮位验证曲线应标注验证时间、时间和潮位坐标轴、计算和实测值图例。

②流速。憩流时间和最大流速出现的时间允许偏差为 ±0.5 h，流速过程线的形态基本一致。测点涨、落潮段平均流速允许偏差为 ±10%（流速验证曲线

如图5-5）；流速验证曲线须标注验证时间、时间和流速坐标轴、计算和实测值图例。

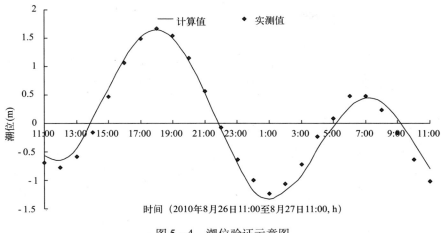

图 5-4 潮位验证示意图

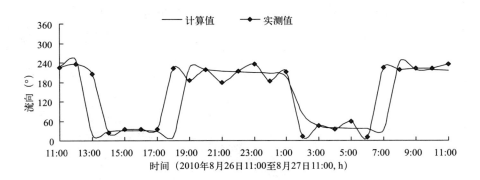

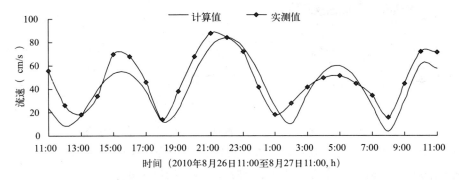

图 5-5 流速流向验证示意图(上为流向验证图，下为流速验证图)

③流向。往复流时测站主流流向允许偏差为 ±10°，平均流向允许偏差为 ±10°；旋转流时测站流向允许偏差为 ±15°（流向验证曲线如图 5-5）；流向验证曲线须标注验证时间、时间和流向坐标轴、计算和实测值图例。

④流路与原型观测资料趋向一致。

⑤断面潮量允许偏差为 ±10%。

⑥当模型验证试验个别测站流速、流向、潮位结果超出允许偏差时，应对比现场实测资料，分析产生偏差的原因，并采取相应的措施。多验证测站时，模型验证超出允许偏差的测站不得超过总验证测站的 20%。

（7）预测结果与分析

潮流数模结果要以流场图的形式给出，模拟区域内各点的流速、流向须采用适宜的比例尺，以箭头形式表示；流场图在标注图框坐标、指北针、工程位置和海陆位置的基础上，还需要标注流场潮位、流速单位、比例尺等图例（图 5-6）。

属于驻波海域可给出涨潮中间时、落潮中间时的流场图，属于前进波海域可给出高潮和低潮时刻的流场图；对于不规则潮型海域，宜给出低潮时、涨潮中间时、高潮时和落潮中间时的流场图（驻波海域流场图如图 5-6 至图 5-7）。

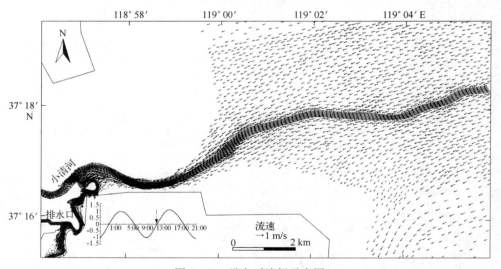

图 5-6　涨急时流场示意图

反映用海对流场的影响，宜采用列表法或对比图法表示流速、流向的变化，给出工程用海前后流速、流向对比点位置图，列表分析距用海不同方向和位置处流速流向的变化值、变化百分比等，如表 5-1 和图 5-8。工程前后流速、流向变化显著的，还可以采用工程前后流场叠置图表示流场变化。

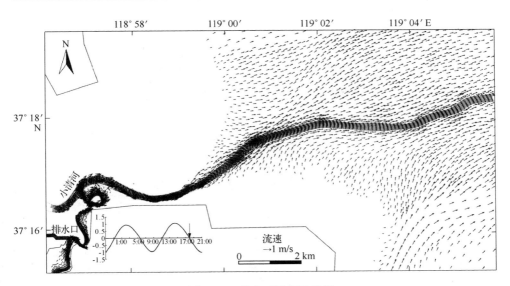

图 5-7　落急时流场示意图

表 5-1　距工程不同距离处最大流速及对应流向统计（示例）

位置	对比点	距离（m）	最大流速（cm/s）				最大流速对应流向（°）		
			工程前	工程后	差值	百分比	工程前	工程后	差值
工程西侧	1	500	66.64	41.40	-25.24	-37.88	282.19	167.54	114.66
	2	1 000	60.86	36.95	-23.91	-39.28	285.22	141.19	144.03
	3	1 500	55.81	49.08	-6.72	-12.05	289.18	313.31	24.13
	……								
工程南侧	6	500	63.74	82.27	18.53	29.07	268.53	100.09	168.44
	7	1 000	61.49	70.40	8.91	14.49	270.11	102.67	167.44
	8	1 500	60.72	60.83	0.11	0.19	270.60	256.90	13.71
	……								
工程东侧	11	500	72.30	49.84	-22.46	-31.06	237.33	210.31	27.03
	12	1 000	61.65	45.13	-16.51	-26.79	235.57	218.32	17.24
	13	1 500	53.35	41.42	-11.93	-22.36	237.99	224.24	13.75
	……								

　　项目用海对流场影响，应分析用海不同方向和距离处流场的变化量和显著影响范围，特别注意港口口门、取排水口、近岸水道等对流场变化敏感位置的流场变化。

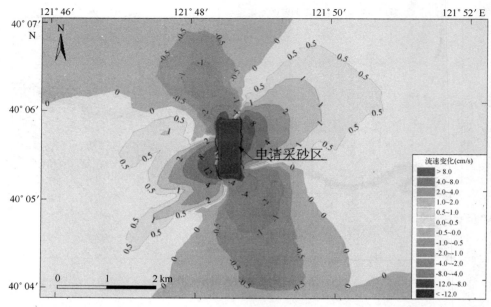

图 5 - 8　工程（采砂）前后流速变化图（正值为流速增大，负值为流速减小）

5.1.1.3　波浪场预测

波浪是发生在海洋中的一种海水波动现象，是在风的作用下产生的小尺度表面重力波，可分为风浪和涌浪。波浪研究的主要内容是波浪的生成、成长、消衰、聚集及传播的规律。通过建立波浪数学模型，依据给定的海面风场，分析、反演和计算波浪场中各点的波浪要素，实现波浪场的模拟、后报与预报。波浪是一种表面波，其影响随深度增加迅速减小，波浪所能影响到的深度大约为半个波长。当波浪传至浅水及近岸时，由于水深越来越浅，海底地形对波浪的影响越大，波浪的波高、波长、波速及传播方向等都会产生一系列的变化。当水深浅至一定数值时，可以发生不同形式的破碎。近岸波浪环境的改变，会造成岸滩冲淤环境发生变化，并且可能由于海岸侵蚀和淤积、骤淤等现象，造成近岸海洋开发活动严重受损。

对于海砂开采、垂直或斜角海滩的防波堤（包括引堤）等非透水构筑物、大规模围填海、工程周边存在沙滩、工程取排水口等对波浪作用响应明显的海洋开发活动，应进行波浪影响的预测分析；对工程建设可能导致周边波浪场改变、引起波浪辐散、辐聚、屏蔽或者影响周边海洋开发活动的，也应开展波浪场预测分析。

（1）波作用守恒方程

波作用守恒方程采用波作用密度谱 $N(\sigma, \theta)$ 来描述波浪，自变量为相对波

频率 σ 和波向 θ。波作用密度与波能谱密度 $E(\sigma, \theta)$ 的关系为：

$$N(\sigma, \theta) = E(\sigma, \theta)/\sigma \qquad (5-4)$$

式中：σ 为相对频率，θ 为波向。

在笛卡尔坐标系下，波作用守恒方程（SW 模型）表示为：

$$\frac{\partial N}{\partial t} + \nabla \cdot (\vec{C}_g N) = \frac{S}{\sigma} \qquad (5-5)$$

式中：$\vec{C}_g$ 为波群速度；$\vec{C}_g = (c_x, c_y, c_\sigma, c_\theta)$，$c_x$，$c_y$ 分别为波作用在地理空间 (x, y) 中传播时的变化，c_σ 表示由于水深和水流变化造成的相对频率的变化；c_θ 表示由水深和水流引起的折射。

S 指能量平衡方程中以谱密度表示的源函数，$S = S_{in} + S_{nl} + S_{ds} + S_{bot} - S_{surf}$ 其中，S_{in} 为风输入的能量；S_{nl} 为波与波之间的非线性作用引起的能量耗散；S_{ds} 为有白帽引起的能量耗散；S_{bot} 为由底摩组引起的能量耗散；S_{surf} 为由于水深变化引起的波浪破碎产生的能量耗散。

（2）分析范围

计算分析范围可与潮流场分析范围相同，也可以根据波浪观测站的位置确定计算分析范围。

（3）波浪资料统计与波要素输入

波浪模拟范围边界输入资料，需使用能代表工程海域波浪特征的连续海浪观测资料，统计分析各向波浪的波高、周期、频率等，给出其设计波要素表（表 5-2）。

表 5-2　水深 15.7m 处 50 年一遇波要素（波高 m、周期 s）

方向	$H_{1\%}$	$H_{4\%}$	$H_{5\%}$	$H_{13\%}$	T
N(NNW)	6.1	5.2	5.0	4.3	10.8
NE(NNE)	6.9	5.9	5.7	4.9	11.6
WSW(SSW)	4.0	3.4	3.3	2.8	6.7
NW(WNW)	5.7	4.9	4.8	4.0	9.3
SSW	3.8	3.2	3.1	2.6	6.4

（4）预测结果与分析

模拟结果输出也需明确计算波浪的位置、水深、波高、波向、周期、水位、重现期等；工程建筑物设计波浪模拟结果输出一般需给出计算点位置图，如图 5-9 所示，还应给出不同重现期、不同水位、不同波向作用下波高分布图和波要素计算表（图 5-10，表 5-3）。

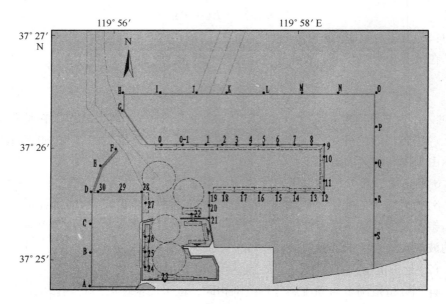

图 5 - 9　波浪计算点位置图

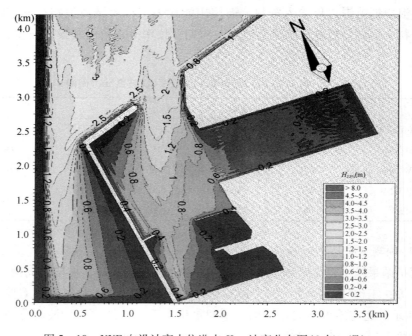

图 5 - 10　NNE 向设计高水位港内 $H_{13\%}$ 波高分布图(2 年一遇)

表 5 – 3　设计高水位 2 年一遇设计波浪要素（港池内）　　　　单位：m

点号	NW				N				NNE				NE			
	$H_{1\%}$	$H_{4\%}$	$H_{5\%}$	$H_{13\%}$	$H_{1\%}$	$H_{4\%}$	$H_{5\%}$	$H_{13\%}$	$H_{1\%}$	$H_{4\%}$	$H_{5\%}$	$H_{13\%}$	$H_{1\%}$	$H_{4\%}$	$H_{5\%}$	$H_{13\%}$
1	0.33	0.28	0.27	0.22	1.17	0.98	0.95	0.78	0.45	0.38	0.36	0.30	0.19	0.16	0.15	0.12
2	0.38	0.32	0.31	0.25	1.60	1.35	1.30	1.08	0.75	0.63	0.61	0.50	0.17	0.14	0.14	0.12
3	0.67	0.56	0.54	0.45	1.60	1.34	1.30	1.08	0.64	0.54	0.52	0.43	0.19	0.16	0.15	0.13
4	0.70	0.59	0.57	0.47	1.27	1.06	1.03	0.85	0.53	0.44	0.42	0.35	0.19	0.16	0.16	0.13
5	0.67	0.56	0.54	0.45	1.05	0.88	0.85	0.70	0.50	0.42	0.41	0.34	0.18	0.15	0.14	0.12
6	0.52	0.43	0.42	0.35	0.95	0.80	0.77	0.64	0.45	0.38	0.37	0.30	0.19	0.16	0.15	0.13
7	0.51	0.43	0.41	0.34	0.91	0.76	0.73	0.61	0.36	0.30	0.29	0.24	0.19	0.16	0.15	0.13

……

5.1.2　地形地貌与冲淤环境影响分析

5.1.2.1　地形地貌与冲淤环境影响分析的一般要求

项目用海对地形地貌与冲淤环境的影响往往是不可逆的。用海平面布置和工程设计不合理，可能造成岸滩的侵蚀或淤积，甚至可能导致工程功能的失效和对周边用海工程损害。地形地貌与冲淤环境影响分析主要内容包括：根据项目用海海域地形地貌与冲淤环境现状，结合项目用海所处的海域特点、工程性质、平面布置和结构特点，确定适宜的地形地貌与冲淤环境影响预测的数值方法和分析范围（包括确定预测域及形成网格），根据底质类型（砂土或黏性土）选择相关输入参数、预测时间和预测时段，开展地形地貌和冲淤环境的预测分析，需经验证符合相关技术标准要求；分析、阐明工程附近、邻近的海洋开发活动或环境敏感区中代表位置的最大冲淤量、冲淤分布特点或规律等，分析论证工程冲淤环境的影响范围和程度。

地形地貌与冲淤环境影响预测分析，需要根据冲淤现状情况开展冲淤预测工作。一般也可采用水深地形对比法、遥感—岸滩地物对比法等进行比对分析。利用数值模拟法开展冲淤预测时，数值模拟法需要建立在正确的水动力数值模拟的基础上，冲淤现状调查结果可用作冲淤预测验证的依据。

地形地貌与冲淤环境影响分析，应根据项目用海对地形地貌与冲淤环境的实际特征，选择地形地貌与冲淤环境影响预测分析的内容。一般情况下，地形地貌与冲淤环境环境影响分析应包括冲淤数值预测模拟分析和冲淤现状对比分析，同时需验证冲淤模拟预测分析的精度。

地形地貌与冲淤环境影响预测分析一般可采用数值预测模拟方法，并进行 2

个以上的测深断面或不同时期地形图的对比验证；同时，针对项目所在海域和工程特点，有针对性地增加冲淤的经验估算、纵向或横向输沙的分析。三级论证项目，可进行地形地貌与冲淤环境影响的定性分析，可以针对工程特点采用冲淤经验估算方法。

用海项目处于冲淤显著的沙质、粉砂质海岸，海砂开采、垂直或斜角海岸的防波堤、引堤等非透水构筑物，大规模围填海和工程周边存在沙滩、取排水口等对地形地貌与冲淤环境影响明显或处于衰退与环境敏感海域时，地形地貌与冲淤环境影响分析中，应考虑增加岸滩演变剖面和岸线演变的数值模拟内容。

5.1.2.2 地形地貌与冲淤环境变化的一般规律

1) 地形地貌与冲淤环境变化的经验分析

海底地形地貌和冲淤状态，一般来说，受地貌形态与水动力的制约。地形地貌与冲淤环境变化的经验的定性分析包括以下内容。

①海底相对低洼带趋于淤积，海底相对凸起带趋于侵蚀；

②海岸的凸出部位波浪辐聚，波能增大，海岸趋于侵蚀；海岸的凹入部位波浪辐散，海岸趋于淤积；

③向外凸出的构筑物具有挑流作用，凸出部位趋于侵蚀；向内凹入的构筑物具有减缓流速、辐散波浪的作用，凹入部位趋于淤积；

④破波带以内的垂直或斜交于海岸的凸堤，一般位于沿岸输沙上游侧淤积、下游侧侵蚀；穿过破波带的垂直或斜交于海岸的凸堤，一般堤根淤积、堤头侵蚀；

⑤离岸构筑物会造成其岸侧水动力能量减弱，形成波影区，波影区发生淤积；当离岸构筑物离岸较近时，存在形成连岛沙坝的可能性。

⑥沙质海岸受波浪作用造成的冲淤变化较为显著，引起沙质海岸淤积或蚀退的因素包括：岸滩地形与走向、波浪特征、沉积物类型和分布、构筑物形态和平面布置特点等方面。沙质岸滩建设构筑物，其平面布局和结构形式需在保持沙质岸滩波浪环境平衡的条件下，才能维持砂质岸滩稳定。不同岸滩构筑物引起的冲淤变化可以通过经验判断和预测，也可以采用冲淤数值预测方法分析估算。

⑦淤泥质海岸凸出部位、垂直或斜交岸滩的构筑物外端部，一般也会发生侵蚀，湾顶部、深槽内一般会发生淤积；港池、航道内一般会发生淤积。

⑧海湾口门建设堤坝或围填海时，堤坝端部和凸向湾内处冲刷，海湾口门处会造成冲刷，湾内（特别是湾顶）会加大淤积。

2) 破波带内外突堤的冲淤变化特点

由于破波带以内构筑物和穿过破波带的构筑物对冲淤变化的影响有很大差别，以下对破波带内外突堤对冲淤变化的特点进行了详细介绍。

（1）破波带以内突堤的冲淤变化特点

破波带以内突堤引起的地貌变化一般是由于沿岸输沙和横向输沙联合作用的结果。

①破波带内短突堤拦截了优势方向的沿岸输沙，在输沙上游一侧将发生泥沙堆积，下游一侧将发生侵蚀，侵蚀范围取决于突堤长度（图 5 – 11）。

②破波带内长突堤在拦截优势方向沿岸输沙的同时，也拦截了次要方向沿岸输沙，在输沙上游一侧将发生泥沙堆积，下游一侧近堤根部将发生淤积，离堤部位将发生侵蚀（图 5 – 12）。

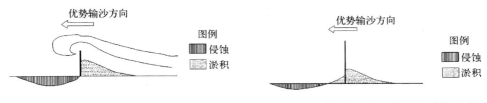

图 5 – 11　破波带内短突堤岸滩冲淤示意图　　图 5 – 12　破波带内长突堤岸滩冲淤示意图

③突堤位于长而凹入的海滩中部，则在突堤两侧易发生堆积（图 5 – 13）。

④岸线凸出处的凸堤，当突堤上游堆积到一定程度时，输沙绕过突堤，易在下游侧大致平行岸线的堆积，而沿输沙下游侵蚀易向沿岸扩展（图 5 – 14）。

图 5 – 13　突堤位于长而凹入的海滩中部　　图 5 – 14　岸线凸出处的凸堤滩冲淤示意图
　　　　　　冲淤示意图

⑤L 形防波堤掩蔽的阴影区的根部易淤积，靠下游侧易发生侵蚀（图5 – 15）。

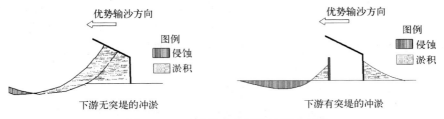

下游无突堤的冲淤　　　　　　　　　下游有突堤的冲淤

图 5 – 15　破波带内 L 形防波堤示意图

⑥岛式防波堤背风面将发育三角形沙嘴，形成连岛坝后起着突堤作用，引起海岸侵蚀(图5-16)。

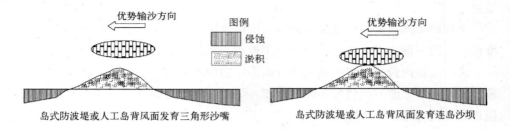

图5-16　岛式防波堤背风面的冲淤示意图

⑦防波堤的最大冲刷部位位于堤头和转弯处(图5-17)。

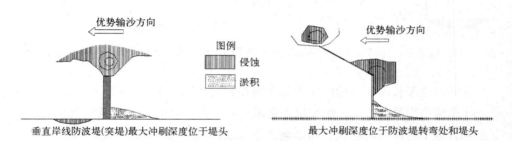

图5-17　防波堤的最大冲刷部位示意图

(2)破波带以上短堤附近岸滩的冲淤判别

一般而言，沿岸输沙的主要方向上游淤积、下游冲刷；但是，破波带以内，次要输沙方向的沿岸输沙受大风过程的影响，大风过后会形成与沿岸输沙主方向相反的冲淤(骤淤)结果。例如，某渔港防波堤兼码头，此处沿岸输沙的主方向为由北东向南西输运，底质为中粗砂。工程完工后，连续2天的8级西北风(工程附近西北风大风频率较少)造成了防波堤兼码头西侧港池由岸向海淤出50 m，最大淤积厚度约1 m。同时，向西邻近海岸发生冲刷蚀退(图5-18)。随后，建设了垂直岸线的西防波堤，减弱了港池内的淤积，原近渔港海岸侵蚀转为淤积，侵蚀岸段西移(图5-19)。因此，沙质海岸港口建成的环抱式港池，即使在次要风向侧开敞，遇大风也会造成大的冲淤变化。破波带内短堤基本符合沿岸输沙上游淤积、下游冲刷的一般规律。

(3)穿过破波带的长堤附近的冲淤判别

对于砂质岸滩，穿过破波带的长堤附近基本符合堤头冲刷、根部淤积的一般规律(如图5-18所示的港口西侧淤积)。对粉砂质岸滩，穿越破波带的长堤会形成沿堤流，沿堤流的强弱与波浪和流的强度成正比，强沿堤流作用的结果导致岸

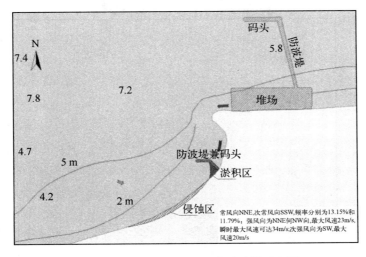

图 5 - 18　次强风浪引起的岸滩冲淤示意图

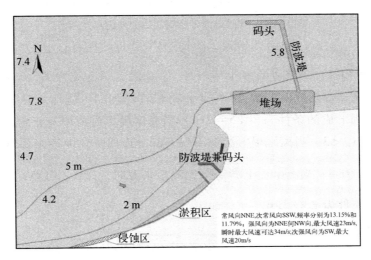

图 5 - 19　渔港西防波堤建成后岸滩冲淤变化示意图

边堤根发生冲刷。如某引堤、防波堤常在北东风作用下形成较强的沿堤流，造成东侧海岸近堤段显著蚀退，2 年内最大蚀退量近 100 m。沿堤流输运泥沙会淤积在引堤、防波堤端部附近，并且在涨潮流、特别是北东大风作用下回淤港外航道（图 5 - 20），其防波堤（导沙堤）需延伸到 - 9 m 水深附近（防波堤端部为 - 7 m 水深，已穿过破波带）方能起到防护作用。

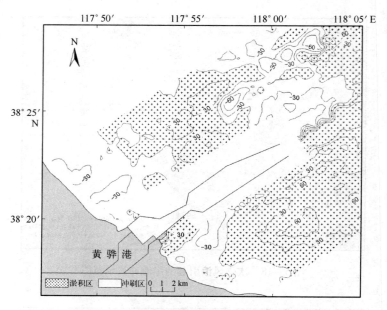

图 5 - 20　穿越破波带长堤周边的冲淤示意图

[2004—2007 年研究区水深对比(单位：cm/a)]

（3）离岸堤连岛坝形成的条件

当设置离岸堤坝或人工岛时，应考虑形成连岛坝的可能性。根据有关试验，离岸堤连岛坝形成的条件为(图 5 - 21)：当离岸堤上游海岸有正常的沿岸输沙来源时，$y_B/x_B < 3$；当离岸堤上游海岸只有部分岸段提供泥沙来源时，$y_B/x_B < 0.42\dfrac{H_0}{\alpha T} \times 0.091\,8$；当离岸堤上游海岸无泥沙来源时，$y_B/x_B > 1/3$；离岸堤不起防护作用的条件为 $y_B/x_B > 6$。

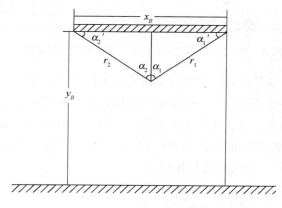

图 5 - 21　离岸堤连岛砂坝形成判别示意图

5.1.2.3　地形地貌与冲淤环境演变分析方法

地形地貌与冲淤环境影响预测分析需要根据冲淤现状情况开展，而冲淤现状可以通过分析地形地貌与冲淤环境演变特征获取，一般采用水深地形对比法、遥感—岸滩地物对比法等进行对比分析。

（1）地形对比判断法

①利用用海项目海域两年以上不同年份的实测地形图，在同一坐标系和投影方式的前提下叠置，获得两个实测时间内地形地貌的变化位置与变化量（图 5 – 22）。

②在已有的历史地形图的基础上，利用地形断面测量分析某海域地形地貌的冲淤变化（图 5 – 23）。

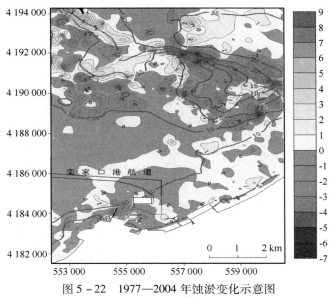

图 5 – 22　1977—2004 年蚀淤变化示意图

（图中色斑正值为淤积，负值为侵蚀，单位：m）

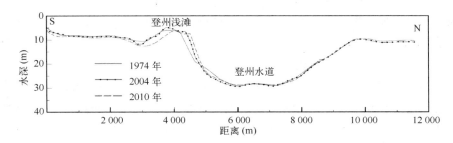

图 5 – 23　1974 年、2004 年、2010 年水深地形对比断面示意图

（2）遥感—岸滩地物对比判断法

利用多年的同一海域的遥感数据影像或海岸地形图、地物记录资料，经坐标系和投影的同一化处理，可进行岸滩岸线的冲淤变化对比（图5-24）分析。

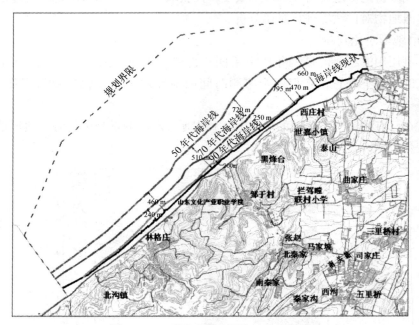

图5-24　不同时期海岸线对比示意图

5.1.2.4　地形地貌与冲淤环境影响预测计算方法

地形地貌与冲淤环境影响预测计算方法主要有经验公式计算法、数值模拟法和物理模型法。本节主要介绍经验公式计算法和数值模拟法。

1）经验公式计算法

（1）沿岸输沙与海岸蚀淤变化分析

泥沙作顺岸输移运动称为沿岸输沙。沿岸输沙是沿岸带重要的输沙方式，输沙强度用沿岸输沙率表示，它是指单位时间内通过某垂直于岸线的整个横断面的总泥沙量（包括底沙和悬沙）。在沙质海岸上，沿岸输沙主要发生在破波带内，主要动力是破波及破波产生的沿岸流。

影响沿岸输沙最基本的因素是泥沙来源和动力条件，其中波浪能量的沿岸分量对沿岸输沙率起决定作用。另外，波浪与岸线的夹角，波陡的大小，泥沙的粒径及其组分、海滩坡度、破波形式等因素也是重要的影响因素。

沿岸输沙率基本公式：

$$I_L = 0.70P_L \qquad\qquad (5-6)$$

$$P_L = k_r^2 (Ec_n)_0 \sin\alpha_b \cos\alpha_b \tag{5-7}$$

$$k_r = \frac{\cos\alpha_0}{\cos\alpha_b} \tag{5-8}$$

$$(Ec_n)_0 = (c_n)_0 E_0 \tag{5-9}$$

$$(c_n)_0 = \frac{gT}{4\pi} \tag{5-10}$$

$$E_0 = \frac{1}{8}\gamma H_{rms}^2 = \frac{1}{8}\rho g H_{rms}^2 \tag{5-11}$$

$$H_{rms} = 1.13\overline{H} \tag{5-12}$$

式中：I_L 为沿岸输沙率；P_L 为波能流沿岸分量；k_r 为折射系数，由图表查得；$(Ec_n)_0$ 为深水波能流，α_b 破波入射角，由图表查得；$(c_n)_0$ 为波能传播速度；T 为周期；ρ 为海水密度；H_{rms} 为均方根波高；$\overline{H}$ 为平均波高。

具体计算方法：将工程区附近海岸按照弯曲方向一致的部位分段（图 5-25），根据附近波浪资料进行沿岸输沙量计算。计算时，波向按 16 个方位划分，将周期和波高作适当分级，统计一年时间内各方位的不同周期和波高的出现次数（离岸浪不计入），算出每级波浪在此期间内的出现频率 P，剔除对沿岸输沙不起作用方向的波浪。

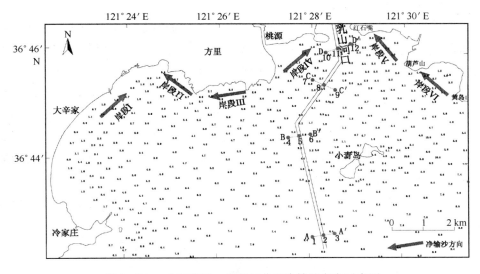

图 5-25　水深地形、岸段划分及净输沙方向示意图

用上述公式计算各向波浪和不同周期的波浪沿岸输沙率，各向波浪输沙量（表 5-4），主要输沙方向为正，次要输沙方向为负。沿岸输沙公式表现的是不同岸段的输沙能力，对于海滩泥沙不丰富的岸段，计算输沙量应大于实际输沙量。沿岸输沙量净输入的岸段将发生淤积，沿岸输沙量净输出的岸段将发生

侵蚀。

表 5 − 4   工区附近沿岸输沙计算成果表（示例）　　　　　单位：×10⁴ m³

波浪方向	岸段 I	岸段 II	岸段 III	岸段 IV	岸段 V	岸段 VI
ENE	5					
E	11					
ESE	9		12	26		
SE	2	44	141	37		27
SSE	80	141	105	132		120
S	83	88	17	95	50	101
SSW	28	6	20	10	28	15
SW	3		75		52	15
WSW						6
总输沙量	222	280	370	299	130	284
净输沙量	140	280	283	248	130	243
净输沙方向	NE	NW	W	NE	NW	NW

（2）横向输沙与海岸冲淤变化分析

近岸带的泥沙垂直于海岸方向的运动称为横向输沙，主要是波浪轨迹运动产生的，泥沙横向运动影响着海滩的短期变化。单位时间通过单位断面向岸—向海的输沙量即横向输沙率。影响海滩横向泥沙运动的主要因素有：①泥沙自重沿斜坡方向的分力；②浅水波浪的非线性性质及破浪的紊动作用；③泥沙的运动形式。这三种因素几乎同时存在。泥沙的自重趋于使泥沙做离岸运动；波浪的非线性效应—质量输送流使泥沙做向岸运动；当泥沙悬浮时趋向于做离岸运动；在破波带内，破波引起的紊动也使泥沙悬移并趋于离岸运动。这些因素的总和是造成泥沙最终向岸或向海运动的原因。

①输沙方向。根据赖克特对海滩变形的实验研究，横向输沙方向判别式如下：

$$D/L_0 < 0.014\ 6(H_0/L_0)^{1.2} \qquad 向海$$

$$D/L_0 > 0.014\ 6(H_0/L_0)^{1.2} \qquad 向岸$$

式中：D 为泥沙粒径；H_0、L_0 分别为深水波高和波长。

②横向输沙基本公式。砂村近岸带内横向输沙率的公式

$$\frac{q_{净}}{\omega_D} = -1.15 \times 10^{-7} U_r^{0.2} \phi'(\phi'' - 0.13U_r) \qquad (5-13)$$

式中：$q_{净}$ 为净输沙率一个波周期的平均值，在对称往复流条件下，$q_{净} = 0$。U_r

是 Ursell 参数，$\phi'(d_0\sigma)^{0.2}/(sgD)$ 是泥沙可动性因子（类似于 Shields 参数，但不含摩擦系数），H、L 分别为波高和波长，$d_0 = H/\mathrm{sh}(2\pi h/L)$，$\sigma = 2\pi/T$。

③计算结果与分析。根据波浪资料对波浪按周期和波高进行分级计算，结果如表 5 – 5 所示。

表 5 – 5　各级波浪横向输沙计算成果表

T/s	H/m	$q_{净}[\mathrm{m^3/(m \cdot s)}]$	$\dfrac{D/L_0}{0.014\,6(H_0/L_0)^{1.2}}$
2.5	0.2	1.51×10^{-14}	0.014 7
	0.5	1.63×10^{-12}	0.004 9
	0.8	1.75×10^{-11}	0.002 8
3.5	0.2	4.54×10^{-9}	0.017 2
	0.5	4.44×10^{-7}	0.005 7
	0.8	4.66×10^{-6}	0.003 3
	1.2	3.54×10^{-5}	0.002 0
	1.6	1.49×10^{-4}	0.001 4
4.5	0.2	1.14×10^{-7}	0.018 6
	0.5	1.12×10^{-5}	0.006 2
	0.8	1.17×10^{-4}	0.003 5
	1.2	8.91×10^{-4}	0.002 2
	1.6	3.75×10^{-3}	0.001 5
	2	1.15×10^{-2}	0.001 2
5.5	0.5	6.78×10^{-5}	0.006 6
	0.8	7.11×10^{-4}	0.003 7
	1.2	5.40×10^{-3}	0.002 3
	1.6	2.27×10^{-2}	0.001 6
	2	6.94×10^{-2}	0.001 2
	2.6	2.58×10^{-1}	0.000 9
6.5	0.8	1.97×10^{-3}	0.003 9
	1.2	1.50×10^{-2}	0.002 4
	1.6	6.31×10^{-2}	0.001 7
	2	1.93×10^{-1}	0.001 3
	2.6	7.15×10^{-1}	0.001 0
	3.6	7.45	0.000 7

该海域绝大部分波高在 2 m 以下，其出现频率为 98%，超过 2 m 以上的大浪集中在 N、NNE 和 NE 三个方向上，其出现频率为 2%。

由表 5 – 5 可知，$(D/L_0)/[0.0146(H_0/L_0)^{1.2}]$ 均小于 1，说明工程附近海域横向净向海输沙。计算结果表明，在周期一定的情况下，净输沙率随波高的增大呈几何级数递增；同样，在波高相同时，周期变长，则净输沙率也急剧增大。如周期为 4.5 s、波高为 0.2 m 时，$q_{净}$ 为 1.14×10^{-7} m³/(m·s)，而波高增加到 2 m 时，$q_{净}$ 可达 1.15×10^{-2} m³/(m·s)，$q_{净}$ 增加了五个数量级。虽然工程附近海域 2 m 以上的大浪出现频率仅占 2%，由表可知，这些大浪对横向输沙起决定作用，一次大风浪后可对海岸造成严重的侵蚀或淤积。

（3）波流共同作用下推移质的航道淤积计算

贝克尔模型为一般航道回淤计算经常采用的方法，计算公式如下：

$$q_b = 5D_{50}\frac{V_c}{C_h}g^{1/2}\exp\left[-\frac{0.27(\rho_s - \rho)gD_{50}}{\mu\tau_{wc}}\right] \qquad (5-14)$$

式中：q_b 为推移质单宽输沙率，单位为 m³/(m·s)；τ_{wc} 为波流共同作用下的时平均剪应力；$\tau_{wc} = \tau_c\left[1 + \frac{1}{2}\left(\xi\frac{\mu_m}{V_c}\right)\right]$；$\tau_c = \frac{\rho g}{C_h^2}V_c^2$；$\xi = \left(\frac{f_w}{2g}\right)^{1/2}$；$\tau_c$ 为水流中床面剪切应力；V_c 为沿水深平均的水流流速；f_w 为波浪摩阻力系数（其范围在 0.005 ~ 0.1 之间）；U_m 为波浪水质点近底流速最大值。

$$U_m = \frac{\pi H}{T\dfrac{2\pi h}{L}} = \frac{HL}{2hT} \qquad (5-15)$$

式中：H 为波高，T 为周期；L 为波长；C_h 为考虑床面粗糙度为 r 的谢才系数；$C_h = 18\lg\dfrac{12h}{r}$，$r$ 为表面粗糙度；μ 为沙纹因子；$\mu = \left(\dfrac{C_h}{C_{90}}\right)^{1.5}$；$C_{90}$ 为考虑 $r = D_{90}$ 的谢才系数。

将每年划分为 12 个月进行叠代计算，计算时段的水深 h，是前一时段的航道水深减去前一段的淤积强度；计算使用的流速是流场数值模拟获得的不同部位的流速值。

贝克尔模型计算航道淤积需考虑航道与周边海底的水深地形变化、海底沉积物类型、重度、中值粒经等，关键需确定航道内流速与航道两侧的流速变化。由于航道尚未开挖，无法获得实测流速变化，通常采用流场数学模型结果或物理模型结果求取航道内流速与航道两侧的流速值。为此针对航道开挖以及不同的开挖方案进行流场的数值模拟，用来获取计算所需的航道内流速与航道两侧的流速数据。

（4）航道回淤计算

可采用《海港水文规范》推荐的公式计算。

航道回淤强度按下式预测：

$$P = \frac{S_1 \omega t}{\gamma_0} \left\{ K_1 \left[1 - \left(\frac{h_1}{h_2} \right)^3 \right] \sin\theta + K_2 \left[1 - \frac{h_1}{2h_2} \left(1 + \frac{h_1}{h_2} \right) \right] \cos\theta \right\} \quad (5-16)$$

式中：γ_0 为淤积体的干容重（kg/m³）；ω 为黏性淤泥质泥沙的絮凝沉降速度（m/s）；S_1 为对应于航道附近浅水海域平均水深为 h_1 的平均含沙量（kg/m³）；h_1 和 h_2 分别为浅滩平均水深和航道开挖水深（m）；θ 为水流与航道轴线所交之锐角（°）；K_1、K_2 为经验系数。

（5）港池回淤计算

①有掩护港域的泥沙淤积计算。采用《海港水文规范》推荐的公式计算：

$$P_B = \frac{K_1 S_1 \omega t}{\gamma_0} \left[1 - \left(\frac{h_1}{h_2} \right)^3 \right] \exp \left[\frac{1}{2} \left(\frac{A}{A_0} \right)^{1/3} \right] \quad (5-17)$$

式中：K_1 为经验系数；h_1、h_2 分别为开挖前后浅滩平均水深和港池开挖水深（m）；ω 为黏性淤泥质泥沙的絮凝沉降速度（m/s）；t 为淤积历时（s）；γ_0 为淤积体的干容重（kg/m³）；A 为港内浅滩水域面积（km²）；A_0 为港内总的水域面积（含港池和浅滩水域）（km²）；S_1 为浅滩区的平均含沙量（kg/m³）。

②开敞式港池回淤计算。开敞式港池回淤强度按下式预测

$$P_B = \frac{k_1 S_1 \omega t}{\gamma_0} \left[1 - \left(\frac{h_1}{h_2} \right)^3 \right] \quad (5-18)$$

式中：γ_0 为淤积体的干容重（kg/m³）；ω 为黏性淤泥质泥沙的絮凝沉降速度（m/s）；S_1 为对应于航道附近浅水海域平均水深为 h_1 的平均含沙量（kg/m³）；h_1 和 h_2 分别为浅滩平均水深和港池开挖水深（m）；K_1 为经验系数。

（6）海洋构筑物的冲刷分析

①桩柱周围的冲刷深度计算。

参考方法一：

A. 波流作用下的冲刷机理及冲刷深度计算。按照物理模型试验结果，流场作用下桩柱周围流的运动和局部冲刷存在如下特性：

a. 在圆柱桩周围出现马蹄形涡流并向下游移动；b. 桩柱两侧水流速度增大；c. 桩柱前产生反射并形成一股下降流；d. 桩柱后面形成不同程度的掩护区；随着桩柱尺寸以及水深流速的改变，对流的影响也不同；e. 两倍桩径以外（包括桩）的区域，流场变化很小。

B. 冲刷形状。海洋中的潮流引起的桩柱（墩）周围的局部冲刷是由于桩柱阻水，水流由桩柱侧绕流，加剧了水流和床沙的相互作用而形成的。桩柱周围水流的主要特征是小尺度漩涡体系的发生和发展，这些漩涡是桩前绕流的马蹄形漩涡、桩柱侧和桩柱后的尾流漩涡、拖曳漩涡三种。冲刷是从桩上游两侧绕流流速最大处开始出现的，冲刷坑从两侧向桩前发展，形成环柱绕桩的冲刷坑。冲刷坑

的形状及深度与桩结构尺度、流速大小密切关联。根据有关模型试验的结果，不同流速下单桩周围冲刷凹坑的形状也不同。当流速较小时，冲刷凹坑形状为马蹄形；流速较大时，冲刷坑形状近似圆形；流速很大时，冲刷凹坑形状为梨形。其冲刷影响范围为桩直径的(2~4)倍(包括桩在内)。

C. 波浪作用下桩柱周围的局部冲刷。在波浪作用下，波浪底部的水速度较小时，冲刷发生在桩柱壁的四周，呈梨形，其冲刷形态与恒定流作用下的冲刷形态相似，这是由马蹄形涡漩引起的。当桩的相对尺寸较小($D/L < 0.15$)时，桩柱对波浪场的影响很小，可以忽略不计。

D. 波流共同作用下桩柱周围的冲刷深度计算：

$$Z_{mwc}/D = aKZ_{mc} = 0.131\left[1 + 0.041\, 3\left(\frac{gHT}{L\nu_c}\lg 200h\right)^2\right]\nu_c^{0.388\,9} \qquad (5-19)$$

式中：H 为波浪有效波高(m)；ν_c 为近底最大可能流速(m/s)；D 为桩柱直径(m)。

参考方法二：

波流作用下的冲刷机理及冲刷深度也可采用下式分析：

$$Z_m/h = 0.001\, 3\, P^{0.406}$$

$$P = \frac{V_c^5 H^5 LD}{\dfrac{\rho_s - \rho}{\rho}g^2 d_{50} h^4 \nu} \qquad (5-20)$$

式中：Z_m 为桩柱周围局部冲刷深度(m)；V_c 为波流共同作用下的流速(m/s)。

②堤防工程的冲刷深度计算。

参考公式一：

根据堤防工程设计规范(GB 50286—98)，非淹没丁坝的冲刷深度可按下式计算：

$$h_s = 27K_1 \cdot K_2 \cdot \tan\frac{\alpha}{2} \cdot \frac{V^2}{g} - 30d \qquad (5-21)$$

$$K_1 = e^{-5.1\sqrt{V^2/gb}}$$

$$K_2 = e^{-0.2m} \qquad (5-22)$$

式中：h_s 为冲刷深度(m)；V 为丁坝的顺坝流速(m/s)；K_1 为与丁坝长度 b 有关的系数；K_2 为与丁坝边坡坡率 m 有关的系数；α 为水流轴线与丁坝轴线的交角。

参考公式二：

交通部公路科研所计算式

$$hs = 2.15k_m \frac{(V_s + V_w) - V'_c}{V_c}h_1 \qquad (5-23)$$

式中：V_c 为床沙起动流速(m/s)，采用张瑞谨公式计算：

$$V_c = \left(\frac{h}{d}\right)^{0.14}\left(29d_{50} + 0.000\ 000\ 605\ \frac{10 + h}{d^{0.72}}\right)^{1/2} \qquad (5-24)$$

式中：k_m 为边坡 m 的影响系数，V_c' 为床沙起冲流速。

$$k_m = e^{-0.2m}, \quad V_c' = 0.75\left(\frac{d_{50}}{h_1}\right)^{0.1}V_c \qquad (5-25)$$

2）数值模拟方法

（1）海域冲淤预测

地形地貌冲淤数值预测需在潮流场数值模拟基础上开展，模拟的潮流场需经验证合格后，才能用于地形地貌冲淤的预测。地形地貌冲淤数值模型介绍如下。

①泥沙控制方程：

$$\frac{\partial c}{\partial t} + u\frac{\partial c}{\partial x} + v\frac{\partial c}{\partial y} = \frac{1}{h}\frac{\partial}{\partial x}\left(hD_x\frac{\partial c}{\partial x}\right) + \frac{1}{h}\frac{\partial}{\partial y}\left(hD_y\frac{\partial c}{\partial y}\right) + Q_L C_L\frac{1}{h} - S$$

$$(5-26)$$

式中：c 为水深平均悬浮泥沙浓度（kg/m³）；c_S 为沉积/侵蚀源汇项（kg/m³/s）；Q_L 为单位水平区域内点源排放量[m³/（s/m²）]；C_L 为点源排放浓度（kg/m³）。

②参数确定。

A. 黏性土沉积和侵蚀。沉积速率根据 Krone（1962）等提出的方法计算黏性土沉积，公式如下：

$$S_D = ac_b p_d \qquad (5-27)$$

式中：S_D 为沉积速率；a 为沉降速度（m/s）；c_b 为底层悬浮泥沙浓度（kg/m³）；p_d 为沉降概率。

B. 非黏性土沉积和侵蚀。根据 Van Rijn（1984）等提出的方法计算非黏性土再悬浮，确定无量纲颗粒参数公式如下：

$$d^* = d_{50}\left[\frac{(s-1)g}{v^2}\right]^{\frac{1}{3}} \qquad (5-28)$$

式中：S 为颗粒比重；g 为重力加速度；v 为黏滞系数；d_{50} 为中值粒径。

沉积物类型、粒度特征参数根据表层沉积物调查和粒度分析资料确定。

风的资料输入根据工程附近海域风资料的统计结果，模拟时宜按照全年不同风向、不同风速和频率，按时间顺序逐步加风，预测工程前后的年冲淤量，加风的年冲淤量远大于无风条件下的年冲淤量（如图 5-26 和图 5-27）。

③冲淤预测的精度要求和影响因素。分析预测的冲刷位置和淤积部位应按照一般规律校核，不应出现悖论现象，例如，堤头、基岩岬角等挑流和波浪辐聚的位置一般应冲刷；湾顶、障壁内侧、流速降低和波浪辐散处一般应淤积。

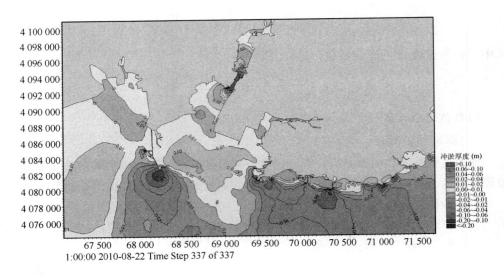

图 5 - 26 工程前预测年冲淤效果示意图（全年加风条件下）

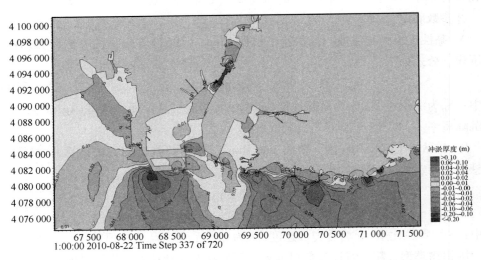

图 5 - 27 工程后预测年冲淤效果示意图（全年加风条件下）

冲刷和淤积的量级应准确。沿岸输沙造成砂岸的冲淤量较大时，利用实际观测的冲淤变化，结合经验验证计算预测的可信性。在缺少实际观测资料的情况下，破波带内砂质岸滩的数值模拟可结合经验计算确定；破波带以外深水域的数值模拟，在准确确定参数的条件下，可利用历史水深地形对比，验证模拟结果量级的准确性。

影响冲淤预测精度的因素。大比例尺、高精度的水深地形图是流场预测精度最重要的因素，宜尽量采用大比例尺海图，把工程实测的水深图应尽量嵌套到模拟计算的水深数据中；水深地形不准确，会出现冲淤预测结果颠倒、失真等后果。

准确的底质类型、中值粒径，特别是工程附近研究区的底质类型、中值粒径对冲淤预测的结果影响很大。

流场反演的准确性对冲淤模拟结果的影响很大，因此，流场应在冲淤预测前先通过验证。床面冲淤验证应满足冲淤部位和冲淤趋势相似的要求，预测计算与实测的平均冲淤厚度允许偏差应为 ±30%（参照海岸与河口潮流泥沙模拟技术规程）。

工程及其附近、地形变化复杂处应加密预测网格，保证主要研究区冲淤预测结果的精度；工程附近存在冲淤环境影响敏感区时，该区域应作为预测重点区域，预测网格密度和水深地形精度应满足研究冲淤环境影响敏感区的需要。

根据研究区冲淤现状和冲淤可能造成骤淤、连岛砂体等时，如航道可能快速回淤、离岸人工岛围填海可能形成连岛砂体、水道回淤造成生态环境变化等，应针对不利的海洋自然条件组合，预测冲淤发生的后果。

（2）海滩剖面演化模拟

模拟和预测波浪事件下垂直海岸的海滩剖面随时间的变化特征，包括离岸堤、潜堤、防波堤等水工构筑物等的影响，模拟海滩剖面对各种外界环境的响应，海滩养护物质随时间的变化和运移趋势等。相关控制方程如下。

①波浪的传播和破碎。波浪包括规则波和不规则波两种，其沿海滩剖面的波高变化由以下公式求得：

$$\frac{\mathrm{d}}{\mathrm{d}x}(E_f \cos\alpha) = D_{br} + D_{bf} \qquad (5-29)$$

式中：E_f 为波能流；α 为波浪入射角度；x 为海滩剖面的位置坐标；D_{br} 为波浪破碎导致的能量消耗；D_{bf} 为底床摩擦导致的波浪能量消耗。

②沿岸流。波浪与海岸斜交时会产生沿岸流，沿岸流主要由波浪和表面浪滚共同作用，其流量可由下式求得：

$$\frac{\mathrm{d}S_{xy}}{\mathrm{d}x} = \frac{\mathrm{d}}{\mathrm{d}x}\left(\frac{1}{c}E_f \sin\alpha\right) + \frac{1}{T}\frac{\mathrm{d}}{\mathrm{d}x}(\rho_r A \sin\alpha\cos\alpha) \qquad (5-30)$$

$$E = h\sqrt{gh}\frac{(H_{rms}/h)^3}{4\alpha_0^2\sqrt{gT^2/h}} \qquad (5-31)$$

式中：S_{xy} 为沿岸流量；E 为海滩剖面动量交换因子；α_0 为波浪运动和表面浪滚之间产生的水体表面坡度。

③剪切力分布。剪切力随时间在垂向上的变化由下式求得：

$$\bar{\tau}_{c,z} = -\left[\frac{1}{c}\frac{\partial E_f}{\partial x} + \frac{\partial}{\partial x}\left(\frac{\rho_r Ac\cos\alpha}{T}\right)\right]\cos\alpha - \rho g S_x(h-z) \qquad (5-32)$$

$$\bar{\tau}_{l,z} = -\left[\frac{1}{c}\frac{\partial E_f}{\partial x} + \frac{\partial}{\partial x}\left(\frac{\rho_r Ac\cos\alpha}{T}\right)\right]\sin\alpha - \rho g S_y(h-z) \qquad (5-33)$$

式中：S_x 和 S_y 分别为海滩剖面方向和沿岸方向梯度；z 为计算点与底床之间的垂向距离。

④地形模式。海底底床地形的连续方程由下式求得：

$$\frac{\partial z_b}{\partial t} = -\frac{1}{1-n}\cdot\frac{\partial q_{s,x}}{\partial x} \qquad (5-34)$$

式中：z_b 为底床高程；n 为孔隙度；$q_{s,x}$ 为海滩剖面泥沙输移比率。

（3）海岸线演变模拟

海岸线演变主要模拟由于自然地形坡降和建筑物造成的不同的沿岸输沙力以及由于水工建筑物影响下的海岸线的演变方式。

模块中对海岸线的坐标通过位于其后方的一条基线进行界定，垂直基线方向为 y，平行基线方向为 x，见图 5－28。

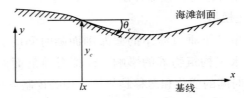

图 5－28　海岸线坐标系统分布图

①泥沙总量控制方程。泥沙总量通过以下连续方程进行控制：

$$\frac{\partial y_c(x)}{\partial t} = -\frac{1}{h_{act}(x)}\frac{\partial Q(x)}{\partial x} + \frac{Q_{sou}(x)}{h_{act}(x)\Delta x} \qquad (5-35)$$

式中：$y_c(x)$ 为海岸线至基线的距离；t 为时间；$h_{act}(x)$ 为有效海滩剖面高程；$Q(x)$ 为沿岸泥沙运移量；x 为沿岸位置；Δx 为沿岸离散步长；$Q_{sou}(x)$ 为源/汇项。

②波浪状况。模型中对波浪环境的界定包括波高、波向、周期、水位、流速等，并充分考虑了浅水破波作用对海岸线及海滩剖面的影响。

③地形时间步长。对于随时间步长变化的地形数据通过一个库朗数进行定义：

$$Cou_{max} = \frac{\left|\dfrac{\partial y}{\partial t}\right|_{max}\cdot\Delta t}{\Delta y} = \frac{\left(\dfrac{\Delta Q_{max}}{\Delta x\cdot h_{act}}\right)\cdot\Delta t}{\Delta y} \qquad (5-36)$$

库朗数为模型输入参数，取为 1，地形随时间变化的计算可通过以下公式求得：

$$\Delta t = \frac{Cou_{max} \cdot \Delta y \cdot \Delta x \cdot h_{act}}{\Delta Q_{max}} \tag{5-37}$$

式中：$\Delta Q_{max} = | Q(i) - Q(i-1) |_{max}$。

④输入参数。输入参数包括波浪参数，水深地形参数，设计岸线及海滩滩肩宽度、长度、延伸方向等相关参数，流场数值模拟流速、流向和潮位，海滩沉积物粒度等。

海滩剖面演化和海岸线演变模拟结果如图 5-29 至图 5-32 所示。

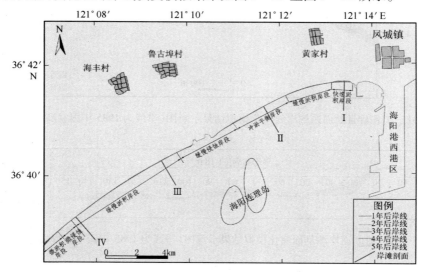

图 5-29　岸滩冲淤演化示意图（现状条件下）

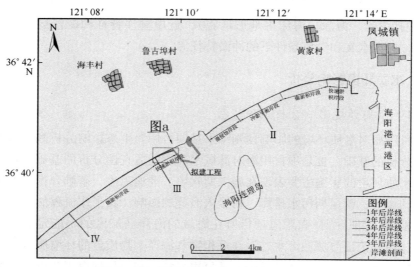

图 5-30　海滩剖面变化示意图（工程后）

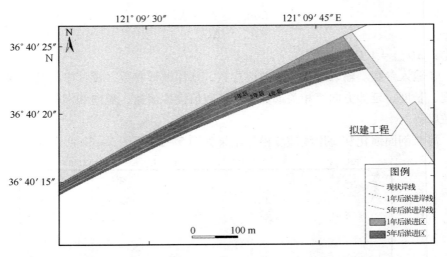

图 5 – 31　工程后Ⅲ断面东侧岸线演化模拟结果示意图(岸线为 1985 年国家高程的 0 m 线)

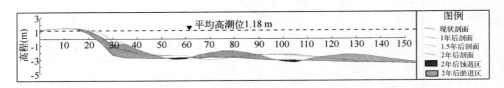

图 5 – 32　Ⅲ断面岸滩剖面演化模拟结果示意图(岸线为 1985 年国家高程的 0 m 线)

5.1.2.5　地形地貌与冲淤环境影响结果分析

根据地形地貌与冲淤环境影响预测分析结果,给出工程前后地形地貌的形态变化(包括海岸、海涂、海床等地形地貌),近岸输沙特征和泥沙运移趋势,冲淤变化,极端水文和气象条件下的冲淤特征等。

5.1.3　水质环境影响分析

5.1.3.1　水质环境影响分析工作流程

项目用海对水质环境的影响预测结果是项目用海生态影响分析和项目用海资源影响分析的基础,也是项目用海对海域水环境的适宜性分析的基础。项目用海对海水水质环境的影响主要表现在施工期吹填、港池疏浚、基础开挖等产生的悬浮泥沙的影响;营运期污水排海、粉尘入海等的影响。其工作流程如下。

①根据《论证导则》和用海项目所在海域的海洋功能区的功能定位、海域管理要求,明确论证海域的海水、海洋沉积物和海洋生物质量的环境质量目标。

②根据项目用海所在海域特征、项目用海特征和项目涉海工程施工工艺,分析项目用海可能产生的环境影响。根据排污控制标准和环境质量标准,结合项目

用海类型和海域特征，确定项目用海可能产生的特征污染物和污染源强。

③在潮流场数值模拟分析的基础上，针对项目所在海域特征及项目用海特征，选择成熟、适用的数值模型，根据项目施工期和营运期排放的污染因子和污染源强，预测分析特征污染物和重要影响因子的影响范围和程度。

④建立污染源与海洋环境质量目标及与周围海洋开发活动间的关系，根据各种工况下不同的污染特征和污染源强，分析用海项目的各类污染、非污染(即生态和资源)的影响范围和影响程度，并采用最大外包络线图等方法，分析项目用海对水质环境的影响范围和程度。

项目用海对海水水质环境的影响一般采用环评报告或数值模拟等项目用海前期研究成果进行分析和论证，需要开展污染物排放影响预测的，应给出影响范围、影响程度等预测结果。一级、二级论证项目的水质环境影响预测分析应采用数模模拟方法，三级论证项目的水质环境影响预测分析可以采用类比分析方法或其他成熟的预测方法。

5.1.3.2　海水水质数值模型的选择原则

海水水质数值模型需要建立在流场数值模拟的基础上，通过添加水质预测模块(平面二维非恒定的对流—扩散模型)进行水质预测。海水水质数值模型的选择首先根据用海项目施工和营运期产生污染物性质，筛选出污染物要素并明确排放量，如悬浮泥沙排放、粉尘排放入海、温升水排海、水下炸礁冲击波、生活污水排放、工业废水排放等。工业废水中污染物类型繁多，包括温排水、余氯和低放射性废水、溶解于水和不溶于水的有机或无机污染物等，可以根据污染物是否溶解于水选择数值模型。一般溶解于水的污染物可以按照平面二维非恒定的对流—扩散模型开展模拟预测，模拟预测的准确性取决于网格设定的合理性、潮流场模型的准确性、污染物排放条件和源强确定、污染物在海水中的衰减系数确定等因素；对于不溶于水且漂浮扩散的污染物(如石油类，苯类、烯类等液体散货)，可按照基于拉格朗日体系的油粒子模型，首先计算各个油粒子的位置变化、组分变化、含水率变化，然后统计各网格上的油粒子数和各组分含量可以模拟出油膜的浓度时空分布和组分变化，再通过热量平衡计算模拟出油膜温度的变化，最后根据油膜的组分变化和温度变化计算出油膜物理化学性质的变化，预测不同溢油时刻、溢油量在某个时刻的扩散范围、残油量等。

5.1.3.3　污染因子和源强确定

(1)悬浮泥沙污染源分析及源强的确定

根据工程施工工艺和过程分析各施工环节悬浮泥沙源强，计算可参照以下方法确定：

①抛石产生的悬浮泥沙源强：抛石一方面由于将细颗粒泥沙带入水中增加水

体悬浮物浓度；另一方面抛石挤出的泥沙过程也产生颗粒悬浮物。抛石形成的颗粒物悬浮源强按下式计算：

$$S_1 = (1 - \theta_1)\rho_1\alpha_1 P \qquad (5-38)$$

式中：S_1 为抛石挤淤的悬浮物源强（kg/s），θ_1 为海底沉积物天然含水率（%），ρ_1 为海底泥沙中颗粒物的天然干密度（kg/m³），α_1 为泥沙中悬浮物颗粒所占百分率（%），P 为平均挤淤强度（m³/s）。

例如：$\theta_1 = 40\%$，$\rho_1 = 1\,400$ kg/m³，$\alpha_1 = 45\%$，$P = 0.007\,5$（m³/s），则：

$$S_1 = (1 - 0.4) \times 1\,400 \times 0.45 \times 0.007\,5 \approx 2.8（kg/s）$$

②基槽开挖产生的悬浮泥沙源强：根据抓斗容量（m³）、每小时按挖泥抓斗数算出工作速率 V（m³/h），泥水比按 2∶3 计，算出挖泥速率（m³/h），泥沙干容重度按 1\,500 kg/m³（按挖方计）；悬浮泥沙发生量 k 一般为抓泥量的 3%～5%，求出悬浮物发生量 S（kg/s）。

例如：$V = 120$ m³/h，$k = 0.03$，则：$S = 120 \times 2/3 \times 0.03 \times 1\,500/3\,600 = 1$（kg/s）

③绞吸船疏浚产生的悬浮泥沙源强：如某绞吸式挖泥船，配 2 台 4\,000 m³/h 的吸泥泵，输泥管内充泥系数为 0.2，则挖泥速率 V 1\,600 m³/h，根据底质情况，挖泥点产生悬浮泥沙 k 一般为 3～5 kg/m³（绞刀附近悬浮泥沙浓度 260～500 mg/L），可获得悬浮物发生率 S（kg/s）。

例如：$V = 1\,600$ m³/h，$k = 5$ kg/m³，则：$S = 1\,600 \times 5/3\,600 \approx 2.2$（kg/s）

④耙吸船疏浚产生的悬浮泥沙源强：自航耙吸式挖泥船挖泥，耙吸式挖泥船挖泥过程搅动水体产生的悬浮泥沙量与挖泥船类型、大小、耙头种类、水力吸入能力、作业现场的波浪与水流、底质粒径分布等有关。采用自航耙吸式挖泥船疏浚时，如采用满舱溢流，则入海泥沙源强较大，一般耙头产生的悬浮泥沙包含在溢流悬沙的扩散范围，因此，泥沙入海源强主要考虑疏浚满舱溢流。

例如：耙吸船疏浚吸泥速度为 $Q = 3\,000$ m³/h，满舱溢流的泥浆水比重为 1.05～1.07 t/m³，满舱溢流泥沙源强 S 为：

$$S = 3\,000/3\,600 \times 60 \approx 50（kg/s）$$

⑤吹填（推填）溢流产生的悬浮泥沙源强：回填区的泥浆水流一般经分隔围堰、多道防污屏沉隔、布设土工布，最后经排水口排出。根据吹填或推填的速率，计算溢流口泥沙溢流速度 V（m³/h），溢流浓度 k 可达 1\,000～2\,500 mg/L，算得吹填（推填）溢流悬浮泥沙源强 S（kg/s）。

例如：$V = 1\,200$ m³/h，$k = 2\,500$ mg/L = 2.5 kg/m³，则：$S = 1\,200 \times 2.5/3\,600 \approx 0.83$（kg/s）

⑥爆破挤淤产生的悬浮泥沙源强：确定每次爆破挤淤产生的泥量 V（m³），由

于沉积的淤泥颗粒与相对应的水动力条件是相匹配的，在强外力作用下起悬泥沙比例约为 $P(10\% \sim 20\%)$，计算每次爆破悬沙量 (m^3)，悬浮泥沙干容重 γ 按照实测资料确定（约为 $1.4 \sim 1.7 \ t/m^3$），由此算得每次爆破悬沙量 (kg)。预测计算中以每次爆破悬沙量作为瞬时悬浮物扩散源强 (kg/s)。

例如，$V = 50 \ m^3$，$P = 15\%$，$\gamma = 1.5 \ t/m^3$，每次爆破泥沙起悬在 2 s 内完成，则：

$S = V \times P \times \gamma/2 = 50 \times 15\% \times 1\ 500/2 = 5\ 625(kg/s)$，此源强连续发生 2 s。

⑦水下炸礁产生的悬浮泥沙源强：码头基槽开挖、港池、航道疏浚等常需要进行水下炸礁，炸礁会产生悬浮物扩散，水下炸礁一般需要挖除表层泥沙后进行，所以泥沙起悬量与项目用海区岩石地层组成有关。一般说来泥质胶结的沉积岩、变质岩起悬泥沙较多，完整的火成岩起悬泥沙较少。为了减小对生态环境和生物资源影响，要求水下炸礁采用小药量和延迟爆破技术，爆破起悬岩块、岩渣量减小，而且起悬的粗粒岩块和岩渣很快沉降到起爆点附近海底，细颗粒起悬比例不超过炸礁量 $V(m^3)$ 的 $P(1\% \sim 5\%)$。预测计算中可将其作为瞬时悬浮物扩散源强 S。

例如，某基槽开挖需炸礁 5 000 m^3，一次性起爆量为 500 m^3，每次爆破泥沙起悬在 5 s 内完成，基岩为花岗片麻岩，结构较疏松，计算每次炸礁时悬浮泥沙扩散源强，则：

$S = V \times P = 500/5 \times 2\ 500 \times 4\% = 10\ 000(kg/s)$，此源强连续发生 5 s。

⑧采砂产生的悬浮泥沙源强：采砂过程中高压射流作业和洗砂溢流过程均产生悬浮泥沙，悬浮泥沙源强应采用高压射流作业和洗砂溢流产生悬浮泥沙之和。

例如，采用吸砂泵效率为 1 800 m^3/h（沙水比为 1:3，吸砂效率 450 m^3/h）的采砂船，砂的干密度为 1.5 t/m^3。

450 m^3 松砂的干重量为：$450 \times 1.5 = 675(t)$。

砂层中，粉砂含量在 $6.1\% \sim 13.4\%$ 之间，黏土含量在 $1.1\% \sim 6.0\%$ 之间。高压射流产生的悬浮泥沙以黏土颗粒为主，扰动砂层产生悬浮泥沙约为 5% 左右。射流产生的悬浮物源强约为：

$$675 \times 5\% \times 1\ 000/3\ 600 \approx 9.4(kg/s)。$$

根据砂层粒度资料，粉砂和黏土含量之和平均为 11.91%，按照粉砂和黏土全部溢流计算，溢流产生的悬浮物源强为：

$$675 \times 11.91\% \times 1\ 000/3\ 600 \approx 22.3(kg/s)。$$

因此，射流采砂再悬浮和溢流产生的悬浮泥沙源强合计为：

$$9.4 + 22.3 = 31.7(kg/s)。$$

（2）污水排放污染源分析及源强的确定

①项目用海海域水质调查获得的具有代表性的污染物的含量（mg/L），作为污染物排放模拟的背景值。

②生活污水：确定污水排放量（t/d），分别确定排放的污染物类型及浓度（mg/L），例如：COD 60 mg/L、悬浮物 20 mg/L、氨氮 8 mg/L 等。

③工业废水：工业废水中污染物类型繁多，可以根据污染物是否溶解于水选择数值模型。一般溶解于水的污染物需确定污水排放量（t/d），分别确定排放的污染物类型及浓度（mg/L）；对于不溶于水且漂浮水面扩散的污染物（如石油类，苯类、烯类等液体散货），需要确定实际排放量。污水排放的扩散模拟结果应给出污染物排海的混合区范围、各浓度的最大影响面积及空间位置等。

④温排水、余氯排放、低放废水排放等：温排水污染源强要确定温排水量、温排水与海水温度的温差；余氯排放要确定排放量和排放浓度；低放废水排放要明确排放量、排放的放射性核素种类和排放浓度。

5.1.3.4　水质环境影响预测

水质环境影响预测主要是项目施工期和营运期产生的污染物的扩散预测。污染物扩散影响预测是利用海洋动力作用和水体交换规律，主要考虑污染物在海水中的迁移、扩散、稀释等物理自净特征，建立数学模型，模拟预测污染物在海洋里的扩散路径、扩散影响范围、影响面积和影响程度。

用海项目建设过程中一般可能存在抛石与爆破挤淤、基槽开挖与炸礁、爆破挤淤与爆夯、疏浚与吹填溢流、污水排海、温排水、余氯排放、低放射性废水排放等污染影响。

污染物扩散影响预测内容主要包括依据排放的特征污染物和环境背景的特征污染物，筛选预测的主要评价因子及特征评价因子，明确排放源强、排放方式、排放点位置、排放时间和排放方式，合理选择海洋环境因子的背景值，确定影响区域的海水水质标准和海洋功能要求，明确项目周边海域和环境敏感区的海水水质要求。

选择适宜的预测方法，预测污染物扩散的影响范围、面积、程度、时段和频率；针对不同的预测因子和预测点位，开展建设阶段（施工期、营运期、废弃期）、不同工况（正常、非正常）下的影响预测。海水水温影响分析，采用水温变化预测值与背景值以及海洋环境所要求的最高或最低水温控制值进行对比分析。

一般海域使用论证中的污染物扩散预测主要是悬浮泥沙扩散、电厂温排水扩散、余氯和低放射性废水扩散等的预测，以下主要介绍这几种污染物扩散预测方法。

（1）悬浮泥沙扩散数值模拟

悬浮泥沙扩散数值模拟需要建立在流场数值模拟的基础上。通过添加水质预测模块（平面二维非恒定的对流—扩散模型），开展水质预测计算。

①二维污染物对流扩散控制方程。

$$\frac{\partial}{\partial t}(hc) + \frac{\partial}{\partial x}(uhc) + \frac{\partial}{\partial y}(vhc) = \frac{\partial}{\partial x}\left(hD_x\frac{\partial c}{\partial x}\right) + \frac{\partial}{\partial y}\left(hD_y\frac{\partial c}{\partial y}\right) - Fc + s$$

$$(5-39)$$

式中：c 为污染物浓度（kg/m^3）；u、v 分别为 x、y 向流速分量；D_x、D_y 为 x、y 向分散系数；s 为污染物排放源强，$s = Q_sC_s$，其中 Q_s 为单位面积内点源排放量 $[m^3/(s/m^2)]$，C_s 为污染物排放浓度（kg/m^3）；

上式用于悬浮物扩散预测时，c 为悬浮泥沙浓度（kg/m^3）；F 为衰减系数，$F = pa$，其中 p 为沉降概率（无量纲），a 为沉降速度（m/s）；

上式用于污染物扩散预测时，c 为污染物浓度（kg/m^3），F 为衰减系数。

②边界条件。

岸边界条件：浓度通量为零；

开边界条件：入流：$c\mid_\Gamma = c_0$，式中：Γ 为水边界，c_0 为边界浓度，模型仅计算增量影响，取 $c_0 = 0$。

出流：$\frac{\partial c}{\partial t} + V_n\frac{\partial c}{\partial n} = 0$，式中：$V_n$ 为边界法向流速，n 为法向。

③初始条件。$c(x, y)\mid_{t=0} = 0$

④悬沙扩散验证应满足相关技术标准的要求。

⑤输入参数。根据工程施工工艺、过程和各施工环节的产污分析，计算悬浮泥沙源强。

⑥预测结果。抛石、基槽开挖、疏浚等悬浮物泥沙发生点位置应包括工程平面布置图中的所有典型控制点，即平面开挖位置图中的外侧点、拐点等特征点（例如流速小、不易扩散、距环境敏感目标近的点），悬浮泥沙扩散影响范围预测应先分析预测每个预测控制点在定点源强条件下的典型大、中、小潮（代表全潮时）的扩散平面特征，分别给出超过第一类、第二类、第三类和第四类水质悬浮物浓度等值线，按照预测结果绘制悬浮物扩散的等值线图；然后连接各浓度等值线，绘制悬浮泥沙扩散影响范围的最大外包络线图，明确悬浮泥沙扩散超第一类至第二类海水水质标准（人为增量 10 mg/L）、第三类水质标准（浓度 > 100 mg/L）和第四类水质标准（浓度 > 150 mg/L）的影响面积（如图 5-33）。列出悬浮泥沙不同增量浓度下的扩散影响面积表。

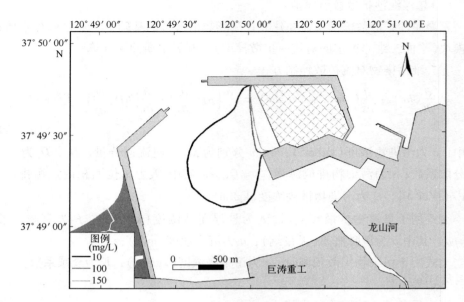

图 5 – 33　施工悬浮泥沙最大扩散范围包络线示意图

（2）温排水扩散数值模拟

①基本方程及边界条件。

A. 温升方程：

$$\frac{\partial(hT)}{\partial t} + \frac{\partial(hTu)}{\partial x} + \frac{\partial(hTv)}{\partial y} = \frac{\partial}{\partial x}\left(\left(hD_x\frac{\partial T}{\partial x}\right)\right) + \frac{\partial}{\partial y}\left(hD_y\frac{\partial T}{\partial y}\right) - \frac{K_sT}{C_p\rho} + Q_0$$

$$(5-40)$$

式中：ρ 为海水密度；T 为温排水温升；D_x、D_y 为 x、y 方向上的热扩散系数（$\mathrm{m^2/s}$）；C_p 为海水定压比热；Q_0 为源项；K_s 为散热系数（$\mathrm{W/m^2,\,^{\circ}\!C}$）。

　　B. 边界条件：开边界水流计算均以潮位过程线作为其边界条件，温度场计算入流边界给定水温，出流边界采用 $\dfrac{\partial T}{\partial t} + V_n\dfrac{\partial T}{\partial n} = 0$，（$n$ 为出流边界法向单位矢量）。

　　②计算条件选取。计算中应考虑夏季和冬季，典型大、中、小潮期（或者采用半月潮期）等计算潮型和组次，并应满足预测结果可反映各个季节的各种潮期的温升面积最大的要求。如果排放口位于河口附近，还需要考虑径流量变化的组合情况。

　　③计算结果的输出：如表 5 – 6 和图 5 – 34 至图 5 – 35 所示。

表 5 - 6　温排水数值模拟结果

季节	潮期	径流量 (m³/s)	温升值 (℃)	最大包络 面积(km²)	河道最远 上溯距离 (距河口, km)	河道最远 上溯距离 (距排水口, km)	向海最远 外扩距离 (距河口, km)
夏季	大潮	0	1	32.141	22.2	11.8	11.8
			2	20.223	20.2	10.7	10.5
			3	12.658	18.8	10.0	8.3
			4	7.777	16.9	9.4	5.4
	小潮	0	1	25.538	21.2	11.1	9.9
			2	16.940	19.4	10.4	8.6
			3	11.878	18.0	9.9	6.8
			4	9.324	16.2	9.4	6.1
	大潮	28.8	1	39.744	17.2	11.8	12.8
			2	24.706	15.9	10.7	11.4
			3	16.151	15.0	9.9	9.3
			4	9.955	13.9	9.4	7.7
	小潮	28.8	1	33.952	16.2	11.1	11
			2	21.112	15.1	10.4	9.4
			3	15.179	14.2	9.9	8.3
			4	10.298	13.5	9.4	7.0
冬季	大潮	0	1	29.675	21.5	11.4	11.7
			2	18.428	19.6	10.4	9.9
			3	11.224	18	9.7	7.9
			4	7.039	15.5	9.1	4.3
	小潮	0	1	23.136	20.5	10.9	9.6
			2	15.327	18.8	10.2	8.4
			3	10.982	17.2	9.7	6.6
			4	8.523	15.3	9.2	5.9

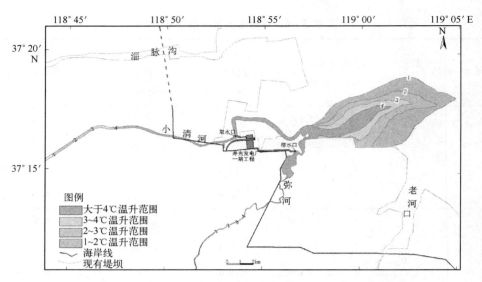

图 5 - 34　夏季大、小潮叠加最大温升分布示意图
（2 × 1 000 MW，排水量 57 m³/s，取排水温升 9.7℃）

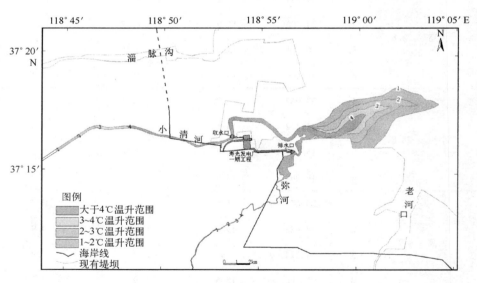

图 5 - 35　冬季大、小潮叠加最大温升分布示意图
（2 × 1 000 MW，排水量 57 m³/s，取排水温升 9.7℃）

（3）余氯、低放射性废水排放预测

余氯排放数值模拟可采用污水排放模型，但扩散系数 D_x、D_y 需要按照经验取值（m²/s），衰减系数 $k = L_{n2}/T_{1/2}$，（T 为半衰期并取 $T_{1/2} = 1.5$ h），$k = 0.462$/h，确定排水量（m³/s）和余氯排放速率（kg/s）。

低放射性废水排放的模拟预测,其数值模型与温排水模型相似,相对浓度计算方程如下。

$$\frac{\partial c_i}{\partial t} + u\frac{\partial c_i}{\partial x} + v\frac{\partial c_i}{\partial y} = \frac{1}{h}\frac{\partial}{\partial x}\left(hD_x\frac{\partial c_i}{\partial x}\right) + \frac{1}{h}\frac{\partial}{\partial y}\left(hD_y\frac{\partial c_i}{\partial y}\right) - \lambda_i c_i - S_v C_s$$

$$(5-41)$$

式中:C_i 为水体中第 i 种放射性物质相对浓度;λ_i 为第 i 种放射性物质浓度衰变系数;S_v 为海水中悬移质的沉降速率(m/s);C_s 为悬浮物中核素的浓度。

其中悬移质沉降速率 S_v 定义为:

$$S_v = \frac{g}{18}\frac{d_i^2(\gamma_\lambda,\gamma_w)}{\mu_w}$$

$$(5-42)$$

式中:d_i 为悬移质粒径(m);γ_w,γ_s 为水、沙容重(kg/m³);μ_w 为水黏性系数(Pas);

悬移质吸附的浓度 C_s 定义为:

$$C_s = EC_{pi},\ E = k_p c_i$$

$$(5-43)$$

式中:E 为悬浮颗粒对核素的吸附率;k_p 为悬浮颗粒上核素的吸附解吸平衡系数,C_{pi} 为悬浮物的含量(kg/m³)。

低放射性废水排放的模拟需要考虑放射性核素及其半衰期、放射性核素的相对浓度、排水量、流场特征等主导因素。选择有依据、合理的放射性本底调查获得的本项目区海域的核素浓度作为背景值;同时应考虑核素半衰期越长,取排水口附近海域的沉积物、生物体内的核素浓度累计越多的特性。模拟结果应包括放射性核素扩散的浓度全潮最大浓度外包络线(表 5 - 7)。

表 5 - 7　低放废水全潮最大相对浓度等值线包络面积(km²)

序号	计算潮型	装机容量(取排水流量)	半衰期	0.4	0.3	0.2	0.1	0.05	0.02	0.01	0.005	0.001
1	夏季典型大潮	2×1 000 MW (113 m³/s)	8 d	—	—	—	3.2	25.3	127.1	280.7	437.0	1 275.4
2			70 d	—	—	—	4.2	78.1	312.4	750.6	991.7	3096.4
3			250 d	—	—	—	4.4	90.2	537.1	804.7	1 053.5	3 471.0
4			5 a	—	—	—	4.4	93.4	584.6	813.1	1 084.2	3 584.3
5		6×1 000 MW (339 m³/s)	8 d	—	2.2	5.2	36.9	126.2	304.4	568.6	1 022.2	2 192.9
6			70 d	1.0	3.0	14.0	118.4	307.2	834.6	1 167.5	1 712.6	4 488.4
7			250 d	1.0	3.4	17.3	126.6	519.6	880.2	1 256.0	1 938.9	4 648.9
8			5 a	1.0	3.4	18.9	127.3	565.4	886.0	1 293.9	2 024.0	4 736.2

（续表）

序号	计算潮型	装机容量 （取排水流量）	半衰期	0.4	0.3	0.2	0.1	0.05	0.02	0.01	0.005	0.001
9			8 d	—	—	—	3.6	27.5	127.5	276.7	428.6	1 229.1
10		2×1 000 MW	70 d	—	—	—	5.0	88.6	403.1	727.7	979.7	3 071.3
11	夏季典型中潮	（113 m³/s）	250 d	—	—	—	5.6	95.5	609.7	793.3	1 090.0	3 427.2
12			5 a	—	—	0.9	6.4	98.1	629.4	803.5	1 134.8	3 585.5
13			8 d	0.9	2.6	6.6	43.3	126.5	303.2	563.6	966.5	2 029.0
14		6×1 000 MW	70 d	1.0	3.8	21.5	120.5	367.6	817.4	1 162.9	1 778.0	4 430.4
15		（339 m³/s）	250 d	1.0	3.8	27.5	127.9	599.7	857.7	1 279.8	1 932.3	4 600.2
16			5 a	1.0	3.8	30.1	129.3	624.8	880.0	1 321.4	2 038.0	4 677.4
17			8 d	—	—	0.9	5.5	29.3	118.4	256.0	328.6	1 017.6
18		2×1 000 MW	70 d	—	—	1.2	8.7	117.9	347.7	730.3	996.0	2 771.4
19	夏季典型小潮	（113 m³/s）	250 d	—	—	1.2	10.1	122.5	623.4	766.8	1 107.7	2 913.4
20			5 a	—	—	1.2	10.1	123.9	643.0	813.6	1 146.6	2 957.6
21			8 d	1.6	3.2	10.6	56.4	120.8	281.5	379.2	641.8	1 667.7
22		6×1 000 MW	70 d	2.0	6.8	27.9	120.8	282.3	805.3	1 103.1	1 682.5	3 343.2
23		（339 m³/s）	250 d	2.2	8.2	32.7	124.9	562.8	837.9	1 249.6	2 281.2	3 440.7
24			5 a	2.4	8.6	36.5	126.0	607.3	851.9	1 321.6	2 360.3	3 483.2

5.1.3.5　预测结果分析

依据数模预测或类比分析方法获得的污染物扩散的距离、范围、浓度及其最大外包络线等数据，分析排放点附近受影响的海水水质的质量要求和污染物排放对海水水质环境可能造成的损害或损害程度。

①悬浮泥沙排放的海洋环境影响分析：除溢流排放外，疏浚、吹填、回填、基槽开挖、爆破挤淤、水下炸礁等施工产生的悬浮泥沙排放多为无组织排放，应阐明悬浮泥沙扩散外包络线的面积、各方向的扩散距离等特征。

②电厂温（冷）排水排放的海洋环境影响分析：给出夏冬季节典型大、中、小潮期的温升面积，并绘制温（冷）排水扩散的各标准浓度值的最大外包络线、包络面积及其平面分布。

③生活污水、工业废水等排放的海洋环境影响分析：生活污水、工业废水等排放一般属于定点排放。预测中应合理考虑预测因子的背景值；预测结果应阐明各单因子污染物各浓度的外包络线（按照第一类、第二类、第三类和第四类海水水质标准值），明确污染物排海混合区的范围、最大面积及空间位置等。

④对海水水质标准未作规定的评价因子的影响分析，应包括该因子在某时段内的扩散距离、扩散后不同浓度的外包络线等特征。

⑤如果排放口附近的模拟结果中最大浓度很小，则说明排放点附近预测网格过大，应在排放点附近加密网格重新分析。

5.1.4　沉积物环境影响分析

5.1.4.1　沉积物环境影响产生的环节

项目用海沉积物环境影响产生的环节一般包括：施工搅动导致的沉积物层次结构的变化、回填溢流产生的悬浮泥沙的扩散沉积、工程基础开挖造成沉积物结构或成分发生重新分选、污水排海时的污染物沉淀、溢油时重油或沥青等油污沉淀、钻井岩屑或泥浆（包括含油岩屑、泥浆）扩散沉积、海洋工程防腐牺牲阳极法的重金属析出至沉积物、倾倒区倾倒物的扩散沉降等。

5.1.4.2　沉积物环境影响预测分析方法

目前，项目用海沉积物环境影响预测尚未有成熟、公认的定量预测方法，海域使用论证工作中均采用定性预测方法。

项目用海沉积物环境影响分析应依据项目所在海域的环境特征、工程规模及工程特点，结合海域沉积物环境质量现状评价结果、地形地貌与冲淤环境影响预测分析结果和水质环境影响预测结果，阐明该论证范围及其周边海域沉积物环境质量主要问题，开展沉积物环境影响预测的分析论证。

5.1.4.3　沉积物环境影响预测分析内容和重点

（1）沉积物环境影响预测分析内容

沉积物环境应分析预测各主要污染因子浓度增加的影响范围与程度；给出污染物长期连续排放对排污口、扩散区和周围海域沉积物质量的影响范围和影响程度等。

（2）沉积物环境影响预测重点

沉积物环境影响预测分析也应关注与冲淤环境影响预测分析的相关关系。生活污水或各类工业废水排污点宜选择在流速大、扩散快的区域。如果排污点附近水动力作用弱，则悬浮物、附着在悬浮物内的污染物会快速沉积在排污点附近海域，沉积物环境造成污染，质量下降。因此，沉积物环境质量调查应注重项目用海区域附近的泥质沉积区的沉积物环境质量，关注项目用海区附近表层沉积物类型。水动力作用强的海滩、砂坝或砂嘴、潮流砂脊等主要沉积粗粒沉积物，海底侵蚀区或残留沉积区缺失现状沉积物，这些沉积物区一般不会受项目用海影响造成沉积物环境大的改变；细粒沉积物区（如淤泥、黏土、黏土质粉砂、粉砂质黏土)一般水动力相对较弱,会接受来自项目用海产生的污染物。如果一个区域受项目用海水动力条件改变,地形地貌环境由冲刷变为淤积,则其沉积物环境质量有可能随之降低。

悬浮物扩散沉降的数值模拟可采用与冲淤模拟类似的数值模型。为了确定悬浮物沉积增量,可以把海底定义为硬底,确定悬浮物源强或其他污染物排放沉淀源强,模拟出悬浮物扩散距离排放点不同距离的沉积厚度、影响范围等。

5.2　项目用海生态影响分析

项目用海生态影响主要是项目用海对海洋生物(包括浮游生物、底栖生物、潮间带生物、游泳生物和珍稀濒危生物等)及其栖息环境的影响。海洋生态环境影响分析内容主要包括项目用海引起的海洋生物栖息环境变化或丧失,项目用海对海洋生物的损害以及项目用海产生的污染对海洋生物的伤害。当项目用海处于珊瑚礁、海草床和红树林等重要海洋生态系所在海域时,还应分析项目用海对以上重要海洋生态系的影响。具体要求包括分析评价海洋生物、生境及其生产能力是否因工程的建设和营运受到了损害或潜在损害,是否可引起其他重大生态问题;重点分析海岸线变化、栖息地被占用、海床(滩涂)冲刷与淤积、污染物排放等对海洋生物(包括底栖生物、游泳生物、浮游生物和珍稀濒危动植物等)产生的影响;分析建设项目建设阶段对海洋生态的影响,主要包括施工活动使海洋生境变化的情况以及由此导致环境要素的变化而使生物受到的影响范围和影响程度;分析建设项目营运阶段对海洋生态的影响,主要包括生产运行改变了的生态环境和水体污染影响生物生长的影响范围和程度。

本章节主要针对项目用海生态影响的范围和程度做定性或定量分析,对于生物资源损失的评估分析,该章节不涉及,而是纳入了项目用海资源影响分析内。

5.2.1　项目用海对海洋生物的影响分析

不同岸线类型其海岸带生态系统不同,项目用海使用部分岸线并形成人工岸线,改变了海岸带生物的栖息环境,海岸类型变化会引起海岸带(包括潮间带和潮下带)生物群落结构的变化。根据海域使用现场勘查获得的项目用海使用岸线类型及其通过现场调查获得的海岸带生物状况,结合项目用海引起岸线类型变化情况,分析项目用海对海岸带海洋生物影响的范围、程度等。

项目用海可能引起原海域海洋生物的栖息环境的变化,进而影响海洋生物的种类数量、生物多样性和群落结构等变化。不同的用海方式对海洋生物栖息环境的影响不同，有的使生物的栖息空间完全丧失并且是不可逆的，比如填海用海；有的使生物的栖息空间完全丧失，但可以逐渐重新建立新的栖息环境，比如港池用海的疏浚工程；还有的仅使原有的栖息环境发生稍微改变，比如透水构筑物用海。根据项目的用海方式和施工方式，结合项目用海对栖息环境的影响程度，分析项目用海引起栖息环境发生变化对海洋生物生存量、生物多样性等的影响。如填海用海将使海洋生物的栖息空间完全丧失，原有的底栖生物被淹没，游泳生物可能游离填海区。因填海完全改变海域自然属性，项目用海填海区内将不会再有海洋生物存在，其存活量已为零。但是填海区围堤向海侧，将逐渐建立新的生物群落。

项目用海施工期和营运期污染物的排放将影响项目所在海域及其周边海域的水质环境，进而影响海洋生态环境。污染物排放对海洋生物的影响主要是根据污染物排放扩散预测分析结果，结合项目用海所在海域海洋生物现状，分析污染物排放对海洋生物的影响范围及其对海洋生物多样性、生存量等的影响程度等。

分析海洋水动力变化、岸线变化、海底冲淤变化等造成海洋生物栖息地变化，分析造成影响的性质、范围、程度、时段，分析造成海洋生物生长环境的减少和海洋生物损失；分析污染物排放等对海洋生物、水产养殖、渔业捕捞、生态群落与结构等产生的影响。

5.2.2 项目用海对珍稀濒危生物的影响分析

根据项目用海所在海域珍稀濒危生物的分布特征、生活习性，结合项目用海引起的海岸线变化、栖息环境变化和污染物排放扩散预测结果，分析项目用海对海域珍稀濒危生物的种类数量、分布范围以及栖息面积等的影响。

5.2.3 项目用海对重要海洋生态系的影响分析

通过调查项目用海所在海域重要海洋生态系如珊瑚礁、海草床和红树林等生态系的种类数量、分布特征、环境现状和所受威胁等，了解重要海洋生态系的现状特征及其存在问题。根据项目用海引起的海岸线变化、栖息环境变化和污染物扩散预测结果，分析项目用海是否导致重要海洋生态系中现存问题的恶化，是否影响重要生态系的生态效益的发挥等。

5.3 项目用海资源影响分析

项目用海资源影响分析是项目用海资源环境影响分析中的主要问题，主要是分析项目用海占用的空间资源情况，项目用海对海洋生物资源（包括渔业资源）

和其他资源的影响情况等，为项目用海选址合理性、占用岸线合理性、面积合理性等提供基础。

5.3.1　项目用海对海洋空间资源的影响分析

根据用海项目占用海岸线、海涂、海岛等海洋空间资源的情况，从海域、滩涂、海岸线、岛礁资源的稀缺性、不可再生性等特点，分析论证项目用海对海洋空间资源的影响范围和影响程度。

根据项目用海占用海岸线的自然属性、位置、长度，分析占用海岸线对邻近产业发展的影响，包括相关港口码头岸线的综合开发利用，是否浪费深水岸线，岸线是否深水深用等；根据项目用海占用岸线位置与尺度，分析其是否过度侵占渔业生产岸线，是否破坏岸线景观，是否影响海岸旅游资源等；根据项目用海占用岸线是否合理利用河口、海湾资源，是否影响防洪排涝系统等，分析项目用海占用岸线或河口、海湾资源的比例，是否影响所在海域整体功能的发挥。

根据项目用海占用海涂、海岛等海洋空间资源的性质和数量，分析占用海涂、海岛对生态环境、渔业资源、水产养殖、盐业、旅游景观资源的影响程度及其与海洋空间资源可持续开发利用的关系等。

项目用海占用海洋空间资源的影响分析应根据海洋空间资源的自然属性、分布特点和资源属性，阐述海洋资源开发利用的科学性、合理性和可行性。

5.3.2　项目用海对海洋生物资源的影响分析

根据《建设项目对海洋生物资源影响评价技术规程》（SC/T 9110—2007）的要求分析计算海洋生物资源和渔业资源损失量，包括项目用海占用水域造成的海洋生物资源损失、施工或营运悬浮泥沙（包括污染物排放）造成的生物资源损失、水下炸礁引起的海洋生物资源损失等，所以海洋生物资源量损害评估按照用海类型和方式分别分析。

5.3.2.1　占用水域造成的海洋生物资源损失计算

建设填海造地和非透水构筑物占用海域，使海洋生物资源栖息地丧失。各种类生物资源损害量评估按下式计算：

$$W_i = D_i \times S_i \qquad\qquad (5-44)$$

式中：W_i 为第 i 种类生物资源受损量，（尾、个、kg）；D_i 为评估区域内第 i 种类生物资源密度，[尾（个）/km^2、尾（个）/km^3、kg/km^2]；S_i 为第 i 种类生物占用的渔业水域面积或体积，（km^2 或 km^3）。

5.3.2.2　悬浮泥沙(污染物)造成的生物资源损失计算

悬浮泥沙对海洋生物资源的损害评估一般按一次性损害计算,固定排污口的海洋排污对海洋生物资源的损害评估一般按持续性损害计算。

悬浮泥沙对海洋生物资源损害,按下式计算:

$$W_i = \sum_{j=1}^{n} D_{ij} \times S_j \times K_{ij} \qquad (5-45)$$

式中:W_i 为第 i 种类生物资源一次性平均损失量,(个、尾、kg);D_{ij} 为某一污染物第 j 类浓度增量区第 i 种类生物资源密度,(尾/km²、个/km²、kg/km²);S_j 为某一污染物第 j 类浓度增量区面积,(km²);K_{ij} 为某一污染物第 j 类浓度增量区第 i 种类生物资源损失率,(%);生物资源损失率取值参见表 5-8;n 为某一污染物浓度增量分区总数。

表 5-8　不同污染物浓度的各类生物损失率

污染物 i 的超标	各类生物损失率(%)			
倍数(B_i)	鱼卵和仔稚鱼	成体	浮游动物	浮游植物
$B_i \leqslant 1$ 倍	5	<1	5	5
1 倍 <$B_i \leqslant 4$ 倍	5~30	1~10	10~30	10~30
4 倍 <$B_i \leqslant 9$ 倍	30~50	10~20	30~50	30~50
$B_i \geqslant 9$ 倍	≥50	≥20	≥50	≥50

注:①本表列出污染物 i 的超标倍数(B_i),指超《渔业水质标准》或超Ⅱ类《海水水质标准》的倍数,对标准中未列的污染物,可参考相关标准或按实际污染物种类的毒性试验数据确定;当多种污染物同时存在,以超标准倍数最大的污染物为评价依据。

②损失率是指考虑污染物对生物繁殖、生长或造成死亡以及生物质量下降等影响因素的综合系数。

③本表列出的对各类生物损失率作为工程对海洋生物损害评估的参考值。工程产生各类污染物对海洋生物的损失率可按实际污染物种类,毒性试验数据作相应调整。

④本表对 pH、溶解氧参数不适用。

5.3.2.3　水下炸礁海洋生物资源损失计算

(1)冲击波峰值压力计算

$$P = 287.3 \left(\frac{Q^{\frac{1}{3}}}{R} \right)^{1.33} \qquad (5-46)$$

式中:P 为冲击波峰值压力,(kg/cm²);Q 为一次起爆药量,$Q < 250$ kg;R 为爆破点距测点距离,(m),$R < 700$ m。

根据冲击波峰值压力值推算渔业生物致死率,参见表 5-9。

表 5 – 9　最大峰值压力与受试生物的致死率的关系

距爆破中心(m)	100	300	500	700
最大峰压值(kg/cm²)	7.27	1.69	0.745	0.577
鱼类(石首科除外)致死率(%)	100	20	10	3
石首科鱼类致死率(%)	100	100	50	15
虾类致死率(%)	100	20	6.6	0

注：①本表参数是根据炸药采用 ML – 1 型岩石乳化炸药(每节 0.8 m，直径 0.1 m，净重 7.5 kg)，炸药爆速≥3 200 m/s，猛度≥12 mm，殉爆距离≥3 cm，作功能力≥260 mL；雷管采用 8 号非电毫秒延期导爆管雷管，单段一次起爆药量为 250 kg 得出的。

②本表引自《建设项目对海洋生物资源影响评价技术规程》(SCT9110—2007)。

（2）炸礁的生物资源损害评估计算

$$W_i = \sum_{j=1}^{n} D_{ij} \times S_i \times K_{ij} \times T \times N \qquad (5-47)$$

式中：W_i 为第 i 种类生物资源累计损失量(尾、个、kg)；D_{ij} 为第 j 类影响区中第 i 种类生物的资源密度(尾/km²、个/km²、kg/km²)；S_j 为第 j 类影响区面积(km²)；K_{ij} 为第 j 类影响区第 i 种类生物致死率(%)；T 为第 j 类影响区的爆破影响周期数(以 15 天为一个周期)；N 为 15 天为一个周期内爆破次数累积系数，爆破 1 次，取 1，每增加一次增加 0.2；n 为冲击波峰值压力值分区总数。

5.3.2.4　生物资源损害赔偿计算

（1）损害赔偿和补偿年限(倍数)的确定

各类工程施工对水域生态系统造成不可逆影响的，其生物资源损害的补偿年限均按不低于 20 年计算。

占用渔业水域的生物资源损害补偿，占用年限低于 3 年的，按 3 年补偿；占用年限 3 ~ 20 年的，按实际占用年限补偿；占用年限 20 年以上的，按不低于 20 年补偿。

一次性生物资源的损害补偿为一次性损害额的 3 倍。

持续性生物资源损害的补偿分 3 种情形：实际影响年限低于 3 年的，按 3 年补偿；实际影响年限为 3 ~ 20 年的，按实际影响年限补偿；影响持续时间 20 年以上的，补偿计算时间不应低于 20 年。

（2）计算结果表

应分别给出项目建设造成各类海洋生物的损失量，包括：建设填海造地(包括非透水构筑物)造成的海洋生物资源损失量见表 5 – 10(悬浮泥沙影响按照表 5 – 11 单独计算)；悬浮泥沙造成的海洋生物资源损失量(表 5 – 11)；港池(航道)疏浚、海砂开采、管线明挖造成底栖生物资源损失量见表 5 – 12(悬浮泥沙影响按照表 5 – 11 单独计算)。水下炸礁生物资源损失量如表 5 – 13 所示。

表 5 – 10 建设填海造地(非透水构筑物)造成海洋生物资源损失价值估算

生物类型	生物资源密度 D	占用面积 $S(hm^2)$	水深 $H(m)$	成活率 $P(\%)$	补偿年限 Y(年)	损失量 (kg)	备注
鱼卵(个/m³)							
仔稚鱼(尾/m³)							
底栖动物(潮间带生物)(kg/m²)							

表 5 – 11 悬浮泥沙造成海洋生物资源损失价值估算

生物类型	生物资源密度 D	超标面积 $S(hm^2)$	水深 $H(m)$	污染物超标倍数分区数 m	超标倍数对应生物损失率 $K(\%)$	一次性损失量 W(个、尾、kg)	成活率 $P(\%)$	补偿倍数(或持续周期数)T	损失量(个、尾、kg)	备注
鱼卵(个/m³)										悬浮泥沙损害补偿考虑补偿倍数(一次性损害额的 3 倍);持续性损害污染物考虑持续周期数
仔稚鱼(尾/m³)										
浮游动物(kg/m³)										

表 5 – 12 港池(航道)疏浚、海砂开采、管线明挖造成底栖生物资源损失价值估算

建设项目类型	生物类型	生物资源密度 D	开挖或疏浚面积 $S(hm^2)$	一次性损失量 $T(kg)$	补偿倍数	损失量(kg)	备注
疏浚、采砂、开挖等	底栖动物(kg/m²)			$W = D \times S \times 10^4$			悬浮泥沙造成生物资源损失单独计算
总计							

表 5 – 13　水下炸礁造成的生态损失量

类别	密度 （kg/hm²）	致死率(%)	影响面积 （hm²）	一次损失量 （kg）	补偿 倍数	价格 （元/kg）	补偿金额 （万元）
鱼类							
虾类							
合计							

5.3.3　项目用海对其他资源的影响分析

根据项目用海所在海域的其他资源分布特征、开发现状等基本情况，从当地对港口资源、旅游资源等的开发需求、开发方向等，分析论证项目用海对其他资源的影响范围和影响程度。以围填海用海为例阐述项目用海对港口资源、旅游资源等的影响。

（1）港口资源

围填海用海改变了局部海域的地形地貌，进而改变了围填海区的潮流运动特性，造成泥沙冲淤以及污染物迁移规律的变化，并且可能导致港口航道淤积。另外，围填海用海引起的水文及潮汐状况的改变、占用潮间带海域以及阻塞海水的自由流动等可能影响到船舶的航行，尤其是在航道比较狭窄的河口区，泥沙冲淤环境比较敏感，围填海用海造成冲淤的变化，可能会影响通航及附近船只的靠泊等。这些都影响到港口资源的功能发挥和开发利用。

（2）旅游资源

围填海用海对旅游资源的影响主要是围填海用海对自然景观资源的破坏，主要体现在：

①对自然岸线的破坏和造成岸滩冲淤变化使海岸线资源日趋短缺；

②围填海用海造成滩涂湿地景观减少，景观的自然属性下降，景观的破碎化程度加剧，影响海洋旅游资源的品质和开发利用；

③红树林海岸和珊瑚礁海岸，不仅是珍贵、特殊的海洋生态系统，也是重要的海洋自然景观，围填海用海将使天然红树林面积降低，使其海洋自然景观价值受到损害或者消失；

④海滩是沿海旅游的重点，也是旅游开发的主要收益来源，不合理的工程实施给海滩带来了严重的损害，进而对海滩旅游资源品质造成负面影响，甚至给海滩造成毁灭性的破坏；

⑤围填海用海特别是房地产、港口和工业区建设工程实施后，固体废弃物和污水的排放会造成工程附近海域水质下降，进而影响海洋旅游环境；

⑥有些围填海用海需要大量的土石方及填土，就近开山取石会破坏山体植被，造成景观影响。

第6章 海域开发利用协调分析

海域开发利用协调分析是海域使用论证报告的核心内容之一，是海域使用论证的重要内容，是项目用海是否合理及具备可行性的主要判别指标，是体现科学用海、和谐用海的关键，也是海域使用权属确定的重要依据。

根据海域开发利用现状和用海权属调查资料，结合项目用海资源环境影响分析结果，绘制资源环境影响范围与开发利用现状的叠置图，分析项目用海对海域开发活动的影响；依据项目用海对海域开发活动影响分析结论，界定项目用海直接影响的利益相关者，分析对利益相关者的影响方式、影响时间、影响程度和范围等；根据界定的利益相关者及其受影响特征，提出具体的协调方案或建议，明确协调内容和协调要求等。本章主要介绍了项目用海对海域开发活动影响分析的内容、步骤和方法，明确项目用海利益相关者界定和相关利益协调分析的原则、内容和方法等基本要求。

6.1 项目用海对海域开发活动的影响

6.1.1 对海域开发活动的影响分析

依据项目类型和所在海域开发利用现状及资源环境影响预测结果，分析项目用海对所在海域开发活动的影响，主要内容包括：

①分析项目用海对所在海域开发活动的影响因素、影响方式、影响时间、影响程度和范围等；

②依据上述分析，筛分出受影响的开发活动；

③对于分阶段实施的项目用海，须按照项目用海的主要实施阶段，分别分析论证对海域开发活动的影响，并给出具体影响的分析结论。

项目用海对周边海洋开发活动的影响主要体现为三个方面：

①拟建项目对原海域开发活动空间的直接占用。如在原滩涂或围海养殖用海区开发建设港口码头或滨海电厂，将原围海或开放式用海方式，建设成港口堆场、码头或电厂厂区、储灰场等使其变为填海造地或构筑物用海方式；

②拟建项目在施工期或运营期，因项目实施导致某些海域环境条件发生改变，影响了周边的海域开发活动。如填海造地施工期的悬浮物、滨海电厂运营期的温排水扩散对周边养殖用海产生的影响等；

③因项目的建设改变了某些项目活动和发展的空间，对项目的运营产生影响。如跨海大桥建设对船舶通航的影响，海底电缆管道建设对可预期(规划)的航道、锚地改扩建的影响等。

拟建项目对海域开发活动空间的直接占用，可通过相关遥感影像和权属现状等资料收集、现场调查测量及相关图件的编绘予以判定；因拟建项目实施引起周边海域环境条件改变对海域开发活动的影响，可采用编绘影响预测范围与海域开发利用现状叠置图，表示出影响的范围与程度；对开发活动运营产生的影响，则需通过海域开发、权属现状及其用海需求以及拟建用海项目施工期、运营期海域空间资源和自然环境条件开发利用特征与改变的综合分析予以判定和给出。

项目用海对海域开发活动影响的全面、科学、准确的分析，依赖于本教材前述章节中海域使用现状、海域使用权属现状等全面、准确的调查和分析，以及拟建项目用海海域环境影响的科学预测与分析。

案例 6 - 1：某海砂开采用海项目。在分析论证海砂开采对周边海域开发活动影响时，依据项目的采砂方式、强度等，预测并绘制了在拟申请采砂区采砂悬浮泥沙扩散影响包络线与开发利用现状叠加图，定量分析悬浮泥沙扩散对采砂区周边海洋开发活动的影响范围与程度。

据叠置分析图 6 - 1 可清晰辨识，拟申请采砂区的开采作业将对其北侧分布的 2 块养殖区产生影响，这 2 个养殖区与拟申请采砂区距离分别为 3.8 km 和 3.2 km，养殖用海面积分别为 13.5 km^2 和 4.3 km^2，养殖品种主要为蚝。项目实施约使 0.88 km^2 的养殖用海区受浓度值超过 10 mg/L 的悬浮泥沙扩散影响。

根据《养殖海区悬浮物对近江牡蛎生长影响的研究》(湛江市海洋与渔业环境监测站，林尤通等)中对大、小两种不同规格的近江牡蛎致死效应的实验结果，在 7 d 内，悬浮物对大规格近江牡蛎的影响不明显，悬浮物浓度不大于 270 mg/L 时，小规格近江牡蛎的死亡率低于 30%，悬浮物浓度大于 810 mg/L 时，小规格近江牡蛎死亡率明显增加，达 60%。通过采用概率单位法计算，小规格近江牡蛎的 96 h 半致死浓度为 627.17 mg/L。依据某单位在项目海区海洋环境现状调查结果，该海域悬浮物浓度范围为 0.4 ~ 63.2 mg/L，悬浮物本底值较高，结合预测结果，即将影响该养殖海域 10 mg/L 的悬浮泥沙增量，叠加至

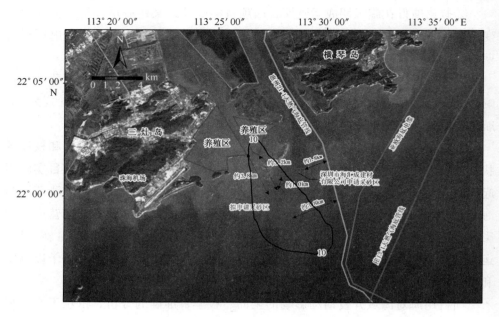

图 6 - 1　悬浮泥沙扩散对海洋开发活动影响叠置分析图

该海域悬浮泥沙背景值，得到 10.4～73.2 mg/L 悬浮物浓度范围，该悬浮物浓度范围对本区的蚝养殖不会产生影响。且该扩散范围为全潮影响的扩散范围，实际的悬浮物影响随涨落潮是间断的，对养殖活动产生的影响就会更小。

从本案例可见，叠置分析图综合反映了拟申请采砂用海与周边海域开发利用现状的位置关系，以及采砂产生的悬浮泥沙扩散对其周边养殖用海的影响范围和程度等，再辅以必要的文字说明，便可清楚阐明项目申请用海对周边海洋开发活动（养殖区）的影响方式、程度和范围等基本信息。

6.1.2　典型用海类型项目对海域开发活动的影响

海洋开发利用活动用海类型与用海方式多样，某些用海项目与周边开发活动间存在着权属及用海方式转换等错综复杂的关系；一些项目的实施，因引起局部海域水动力、冲淤及水质、沉积物和生态等环境条件的改变，对周边海域开发活动产生影响。因此，在进行项目用海论证时，应依据项目用海类型、用海方式及不同海域自然环境特征等，有针对性地进行分析，辨识出不同用海项目类型，在不同海域环境条件下，对不同开发活动的影响因子，分析其影响范围、方式和程度等。

下述综合分析了典型用海类型项目对海域开发活动可能产生的主要影响，

有利于帮助合理判断和界定不同类型的项目用海可能的利益相关情况。

（1）填海造地用海

规模较大的围填海用海，将改变海岸走势和形态，会导致周边海域潮流和泥沙运移及岸滩冲淤等环境变化，会对周边港口、码头水深条件、优质沙滩海岸旅游资源等产生影响；护岸形成、吹填溢流、海底疏浚等将造成海水悬浮泥沙的浓度增高，影响周边海域水质、沉积和海洋生物等海洋环境质量，会对周边旅游资源开发、渔业生产等产生影响；海湾内围填海将会降低海湾的水体交换能力并减少其纳潮量，从而降低海湾污染物的稀释能力，海湾环境质量趋劣，并加速海湾淤积，从而对海湾内其他开发活动产生影响；河口区的围填海会对行洪排涝产生影响；一些就近取材的围填海，会造成海滩资源消失或沙滩泥化，对海岸景观和岸滩稳定产生影响。

（2）港口码头建设

港口码头建设一般包括堆场、码头、港池、航道和防波堤等的填海造地、港池航道疏浚、基槽开挖和炸礁等工程内容。填海造地将改变局部海域水动力环境与冲淤环境，港池航道疏浚等造成悬浮泥沙浓度增高，影响周边海域水质、沉积物和海洋生物等海洋环境质量。

港口码头建设，应重点关注填海造地与非透水构筑物建设引起的冲淤环境改变，是否会影响周边泊位及航道的水深条件；港池航道疏浚和炸礁等引起的悬浮泥沙浓度增高，是否会影响渔业生产；项目建设是否占用了其他项目的开发利用空间；项目的建成和运营，增加了船舶进出港口和航道的密集度，部分需占用公用水域进行调头作业，需与海事部门沟通协调。

案例 6－2：某油品码头建设项目。拟建用海项目位于马鞭洲港口作业区南部的芒洲岛，与北侧马鞭洲上已建大亚湾华德石化有限公司港口区相邻（图6－2）。

拟申请项目用海，虽然不与其北侧马鞭洲的大亚湾华德石化有限公司码头产生重叠，但由于距离较近，且双方公用马鞭洲航道，在项目施工和运营期，增加了马鞭洲港区和航道的通航密度，对大亚湾华德石化有限公司码头正常运营将不可避免地带来影响。施工作业期间若发生施工船舶火灾、爆炸、沉船、主机舵机故障、船舶失控漂航等事故，将对通过施工水域附近的油船以及靠泊上述码头的船舶航行安全产生较大影响。加之马鞭洲航道实行单向通航，码头投入营运后，会使马鞭洲港区港口调度船舶进出港难度增大。

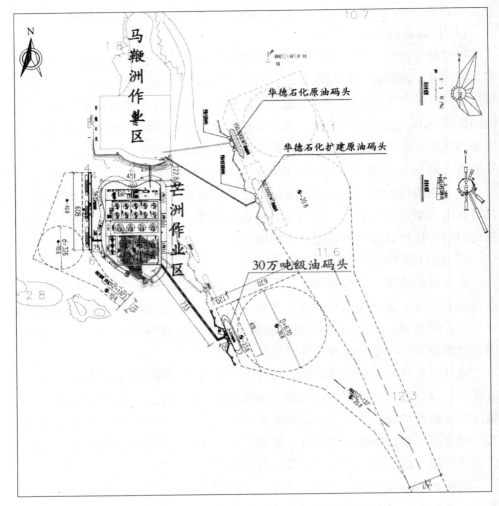

图 6-2　工程与马鞭洲港口作业区的关系图

（3）海砂开采

海砂既是一种矿产和建材资源，又是一类重要的海洋生态环境要素。一些海域的海砂开采可能引发百公里甚至千公里外海岸或海域砂体的平衡失调，导致沿岸海砂资源流失和海岸侵蚀，同时采砂过程产生的悬浮物，降低了海水水质和生态环境质量，从而影响周边其他海洋开发活动。不合理的海砂开采项目对海洋生态环境危害极大，可能产生巨大的经济损失，并引发一系列的社会问题。

对海砂开采项目用海，特别是近岸海砂开采项目，应重点关注其对局部海域潮流场及沿岸输沙的影响和改变，造成海岸侵蚀，影响滨海沙滩资源质量和旅游价值；采砂、洗砂过程造成悬浮泥沙浓度大幅度增加，影响周边渔业生产；采砂产生的采砂坑在波浪和采砂作业的扰动下，造成采砂区周边海底地形地貌的不稳定，甚至发生塌陷，应通过冲淤环境影响预测，量化分析边坡塌陷对周边海洋开发活动，如是否会对海底电缆、管道等的安全构成影响。

　　案例 6 - 3：某海砂开采用海项目。采砂区周边分布某天然气海底管线（西向约 3.0 km）和某海底电缆（西向约 7.1 km）。预测海砂开采后（图 6 - 3）边坡塌陷影响范围，考虑到采砂区的表层沉积物以粉砂为主，短期（采砂结束时）边坡系数取值 1:30，长期（大体上十年后）取值 1:50。据此计算出采砂区边坡塌陷的短期影响范围，东面为 315 m（采砂区边界向外），南面为 330 m、西面 350 m，北面 340 m；长期影响范围，东面为 525 m，南面为 550 m、西面 585 m，北面 565 m，见图 6 - 4。依据预测结果，可通过采取在申请的采砂区范围内按年控制采砂量的方式，避免对西侧约 3.0 km 的天然气海底管线和海底电缆产生影响。

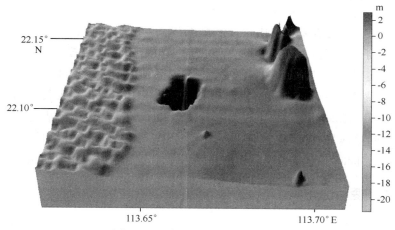

图 6 - 3　采砂区挖深后水下地形

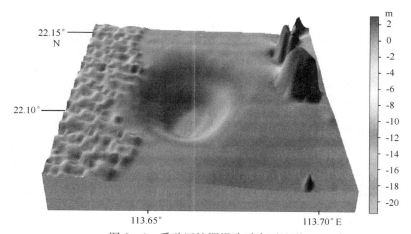

图 6 - 4　采砂区挖深塌陷后水下地形

（4）滨海电厂

滨海电厂项目用海方式多样，用海内容包括了厂区、施工场地、贮灰场等填海造地，大（重）件及煤炭运输码头、取排水用海设施和温排水等，用海方式包括填海造地、透水或非透水构筑物、围海、开放式和其他方式等。

滨海电厂通常需进行浅海滩涂的填海造地用于建设厂区与储灰场，因此，会引发周边海域水动力、泥沙运移和冲淤环境的改变，同时，还应重点关注电厂运营期温排水、余氯等的排放对周边开发活动的影响；对于核电站的建设还应关注低放废水排放对周边渔业、旅游等开发活动的影响。

6.2　利益相关者界定

从一般概念来说，利益相关者是指"受一件事的原因或者结果影响的任何人、集团或者组织"。随着海域使用论证制度的建立，利益相关者概念被海域管理工作使用并赋予了特定的内涵。2008 年颁布的《海域使用论证技术导则（试行）》将利益相关者定义为："利益相关者是指与用海项目有直接或者间接连带关系或者受到项目用海影响的开发、利用者。"《论证导则》中，对利益相关者的定义调整为："受到项目用海影响而产生直接利益关系的单位和个人。"二者主要的区别在于后者将"间接连带关系"予以删除，在论证中只需要考虑项目用海直接影响的单位和个人。同时，定义中明确界定了项目用海利益相关的对象所指。

6.2.1　海域使用论证中利益相关者分析的意义

海洋开发是一项复杂的系统工程，由于多种资源共生于一个立体的、开放流动的环境中，一种资源的开发可能影响到另外一种或多种海洋开发活动。其次，由于工程项目的建设需求，新建项目可能需要部分占用已有项目的空间，导致已建项目布局或开发方式的调整与改变。再者，随着科学技术的不断进步，人类对海洋的认识和开发能力不断提高，为不断满足社会经济发展的需求，时常会产生以更高开发利用海域资源价值的项目取代原用海项目，从而引起新的用海项目与周边原有和已经规划的海域开发利用活动之间直接利益关系的产生。通过海域使用论证工作，进行新建项目对其周边海域开发活动可能的影响分析，界定出利益相关者和利益相关的协调对象，提出可操作性的客观、公正的协调方案和协调结果要求，使拟建用海项目共融于区域海洋资源综合开发活动中，在生态用海的同时，实现和谐用海、安全用海，为项目用海确权审批及海域权属管理提供依据和支撑。

6.2.2　利益相关者的界定原则

项目用海利益相关者的界定与协调，是海域使用权属确定的主要依据之一。利益相关者的界定是否合理、准确，是协调方案确定的基础，并直接关系到项目用海审批的合理性与可行性以及社会的稳定与和谐。项目用海利益相关者的界定可按下述基本原则进行：

①所有受拟申请用海项目直接影响的其他用海单位和个人均应界定为该项目用海的利益相关者；

②依据项目对资源环境的最大影响范围确定利益相关者；

③项目用海过程中涉及对航道、锚地、渔业、防洪等公共利益的影响，应将上述公共利益的相关管理机构界定为协调对象并进行协调。

应注意的是：利益相关者应为受影响的用海单位或个人，如受拟建项目直接影响的养殖户、港口码头与滨海电厂业主等；对于在项目用海过程中涉及航道通航、锚地、渔业、防洪等公共利益影响的，应将受影响的公共利益管理机构界定为协调对象进行协调，征询其对拟建项目的实施能否满足其管理要求的意见建议，提出协调解决的方案措施。

6.2.3　利益相关者的界定

依据《论证导则》中利益相关者的定义，利益相关者界定的首要任务为明确拟建项目对海域开发活动的影响，包括影响方式、影响时间、影响程度和范围等。根据前文的分析，项目用海对周边开发活动的影响主要可从三方面把握：空间的直接占用；因引起周边海域水质、水动力、冲淤等环境条件的改变，而使周边开发活动受到影响；因对其运营或发展空间等的改变，而使周边开发活动受限。

同时，《论证导则》对于海域使用论证工作中利益相关者分析的内容也做了明确规定，包括：重点分析利益相关内容（利益冲突内容）、涉及范围等；根据项目用海的特点、平面布置和施工工艺等产生的影响，分析利益相关者的损失程度，包括范围、面积、损失量等。

综上，海域使用论证工作中利益相关者的界定大致可分为 4 个步骤：

①针对拟申请项目的用海类型和周边海域环境条件与海域开发活动的特点，分析项目用海的影响因素，判别项目用海利益相关者涉及的范围和利益相关内容等；

②根据拟建项目周边海域开发利用现状和项目建设对周边海域资源与环境影响的预测分析结果，无遗漏地将施工期和运营期受到直接影响的单位和个人确定

为用海项目的利益相关者，明确对公共利益产生影响的协调部门；

③根据项目用海的特点和施工工艺产生的影响等，分析利益相关者的损失程度，包括范围、面积、损失量等；

④针对上述分析采用一览表的方式对项目用海的利益相关者进行列示。

利益相关者一览表一般包括与拟建项目可能利益相关的涉海开发项目（表中简称涉海项目）名称、与本申请用海项目的相对位置关系、涉海开发项目所属单位或个人名称、影响因素以及经分析论证后明确是否构成本用海项目的利益相关者（表6-1）。

表6-1　利益相关者一览表

序号	涉海项目	单位或个人名称	相对位置关系	利益相关内容	损失程度	是否为利益相关者	备注

论证报告同时还应明确利益相关者与项目用海之间的空间位置关系，并以图、表及文字的方式对确定的利益相关者及其类别明确标示，包括权属人、权属范围、权属年限和用海类型等信息。

项目用海对航道、渔业、锚地、防洪等公共利益产生影响的，将公共利益的相关管理机构作为协调对象，若项目用海需要协调的部门较多，应列出需要协调部门一览表（表6-2）。

表6-2　需要协调的部门一览表

序号	涉海项目	具体位置	协调部门	影响因素	是否为需要协调的部门	备注

选择合理有效的利益相关者分析方法，对于全面、客观的界定和分析利益相关者至关重要。从提高工作效率，并考虑可操作性，利益相关者调查宜采取现场调访、遥感影像等数据资料分析、当地海洋主管部门权属数据收集、项目公示、利益相关者走访和与利益相关群体座谈讨论等方法，在此基础上，通过科学的预测分析，明确利益相关内容和损失程度。不同的用海项目、不同的海域资源与社会环境条件，应选择不同的分析与调查方法，并且采取的方法应适合于项目的开

发建设环境，这点非常重要。总体应有利于利益相关者全面、清楚的界定，有利于当地社会的稳定，有利于建设项目的顺利实施。

6.3　相关利益协调分析

如果说界定利益相关者及其项目用海对利益相关者的影响分析是在探索和发现问题的话，那么相关利益协调分析则是试图解决问题，这也是项目用海利益协调分析的最终目的，只有前期利益相关者调查、界定清楚，提出的协调和解决方案合理、可行，才能保证项目用海的顺利实施，减少和避免因项目用海引发的矛盾。

相关利益协调分析的内容包括：根据已界定的利益相关者及其受影响特征，分析项目用海与各利益相关者的矛盾是否具备协调途径和机制，分别提出具体的协调方案，明确协调内容、协调方法和协调责任等，并分析引发重大利益冲突的可能性。

若项目用海影响到邻近其他权属海域使用方，当事双方可结合项目特点并根据影响预测分析结果，定性或定量确定影响程度和范围，形成协调意见并明确补偿方式。形成的书面协调意见应不得危及国家利益和损害第三方利益。

利益相关者的协调一般可采用下列几种方式。

（1）以货币或物质的形式进行补偿

对项目直接占用或因项目影响造成的损失易于评估的，可在相关管理部门的协调下，或直接由当事双方协商，达成补偿协议，直接以货币或物质形式进行补偿。

案例 6-4：某区域建设用海项目用海区及周围分布有大面积养殖区，区域建设用海规划实施后将无法继续进行养殖生产活动，养殖户利益受到损失。为配合用海规划的实施，同时保护养殖业主的利益，当地开发区管委会从 2011 年 5 月开始，会同当地海洋与渔业环境监测站开展现场调查，包括对渔业设施和养殖场进行定位、测量、登记、抽样调查等，并根据调查结果签订渔业设施及养殖物清理补偿协议，通过采取经济补偿的方式，于 2012 年 10 月，完成海域滩涂底播增养殖及渔业基础设施的清理工作，实现了本区域建设用海利益相关者的协调。

（2）通过调整项目选址、优化工程方案、平面布置、施工组织等方面消除或降低影响

对于因项目建设无法避开，且不易于直接用货币或物质进行赔偿（补偿）的，可采用调整和优化拟建项目选址、平面布置、施工组织等措施，消除或降低对利益相关者（或需协调的部门）的影响。

案例6-5：某海湾修造船厂拟进行滑道水下段及水域申请确权工作。用海范围北侧为当地渔村拟建渔业码头（图6-5），船舶上下滑道时进出渔业码头的渔船可能占用下水滑道及公共水域，从而影响船厂船舶下水安全。当地海洋与渔业局会同海事局组织双方单位和专家召开听证会，最后达成协调方案。

①听证会确认了以下两点事实。

A 船厂一年维修或造船共2~4艘，船舶上下滑道仅需几小时，其他时间渔船在滑道前方公共水域活动不会影响船厂正常生产。

B 拟建码头附近水域（包括船厂滑道前方水域）长期以来一直为邻近渔船停泊活动海域。

②协调方案。

A 拟建渔业码头申请确权海域限于码头前缘2倍船宽的停泊水域；停泊水域外侧海域为公共水域，不确权。

B 船厂和渔业码头业主签订协调方案，在船厂船舶需要上下滑道作业时，应提前2天把船舶上下水时段通知渔业码头业主，渔业码头业主应及时将船舶驶离滑道前方水域，保证船厂船舶下水时段滑道前方公共水域没有其他障碍物，保障船舶上下水安全；同时船厂应将作业方案上报当地海洋与渔业局和海事局，由当地海洋行政管理部门和海事管理部门负责协调、监督公共水域安全。本项目用海通过具体作业方案的合理规划设计，消除了船舶通航安全等影响因素，完成了利益相关者协调工作。

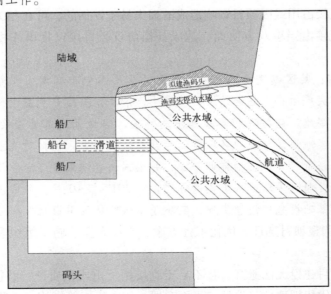

图6-5　船厂与拟建渔业码头关系示意图

（3）通过沟通协商利益相关者调整用海方案

一些项目也可通过由申请项目用海业主提供一定的资金支持，对受影响的用海项目进行调整，使用海双方互不影响共同和谐开发利用海域资源。

（4）其他方式

除上述协调方式外，还可根据项目用海的类型、用海方式、海域资源的环境特征等，选择其他合理可行的协调方案。

协调意见签订应符合有关法律法规的要求，充分体现利益相关双方的真实意愿，并具公平、合理和可操作性。论证报告给出的协调内容、协调要求或协调方案建议，应明确协调责任人、具体协调内容和协调结果的要求。已达成的协调意见应作为论证报告附件。

如项目用海涉及利益相关者较多，协调文字篇幅较大时，可采取列示利益相关者协调方案一览表的方式。利益相关者协调方案一览表一般宜包括：利益相关者、协调方案、协调结果要求、协调状态、备注等内容（表6-3）。

表6-3　利益相关者协调方案一览表

序号	涉海项目	利益相关者	协调方案	协调结果要求	协调状态	备注

对于项目用海需要与航道、锚地、通航、防洪、渔业等涉海管理机构进行协调的，也需明确给出协调方案（含协调方式、协调内容等）、协调内容、协调结果要求和协调状态等，并列示需要协调的部门协调方案一览表（表6-4）。

表6-4　需要协调的部门协调方案一览表

序号	涉海项目	需要协调的部门	协调方案	协调结果要求	协调状态	备注

案例6-6：某污水排海管线用海项目的海管路由穿越大亚湾水产资源自然保护区的北部实验区、中部缓冲区和南部实验区，污水排海口最终位于保护区最南界外。

根据利益相关者界定原则，结合工程水质环境的影响预测结果和海域开发利用现状图的叠加图(如图6-6),分析界定项目用海利益相关者和需要协调的部门见表6-5和表6-6。

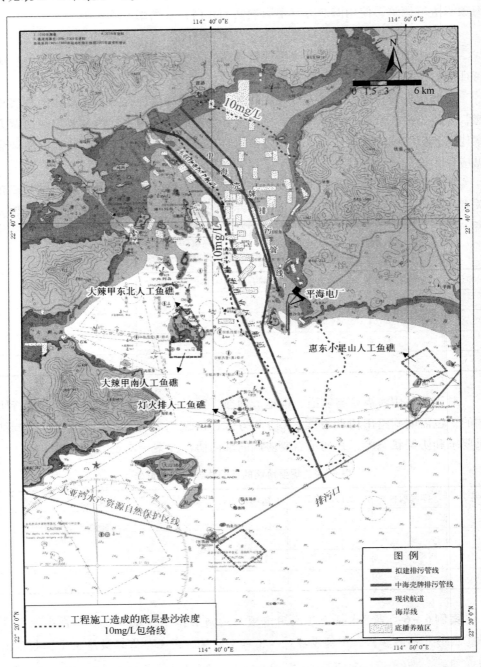

图6-6 底层悬浮泥沙增量超过10 mg/L包络线与海域开发利用现状叠加分析图

表 6-5　利益相关者一览表

序号	涉海项目	相对位置	所属单位或个人	影响因素	是否为利益相关者	备注
1	中海壳牌排污管线	交越	中海壳牌石油化工有限公司	施工期管道安全	是	
2	底播养殖区	部分占用	养殖户	渔业生产	是	
3	广东平海发电厂一期工程	隔桑洲岛，东向约 1.8 km	广东惠州平海发电厂有限公司	施工期通航安全，营运期海管安全	否	

表 6-6　需要协调的部门一览表

序号	涉海项目	相对位置	协调部门	影响因素	是否为需要协调的部门	备注
1	大亚湾水产资源自然保护区	项目占用	大亚湾水产资源省级自然保护区管理处	生态环境影响和海洋资源损失	是	
2	大辣甲东北礁区	西向约 5.3 km	渔业主管部门	无	否	
3	大辣甲南礁区	西向约 5.5 km	渔业主管部门	无	否	
4	灯火排礁区	西向约 3.8 km	渔业主管部门	无	否	
5	小星山礁区	东向约 8.2 km	渔业主管部门	无	否	
6	马鞭洲作业区航道	西向约 0.75 km	航道主管部门	施工期通航安全，营运期海管安全	是	
7	东联作业区航道	西向约 2.0 km	航道主管部门	施工期通航安全，营运期海管安全	是	

根据表 6-5 和表 6-6，确定本项目利益相关者为中海壳牌石油化工有限公司和底播养殖的养殖户，需要协调的部门为大亚湾水产资源省级自然保护区管理处和航道主管部门。

（1）与中海壳牌石油化工有限公司的协调分析

拟建项目与中海壳牌排污管道存在一个交越点，且在部分路段与中海壳牌管线距离较近，针对与中海壳牌管线交越问题，本项目业主与中海壳牌石油化工有限公司进行了多次沟通协调，已形成协调意见，详见表 6-7。

（2）与底播养殖户的协调分析

拟建项目占用部分底播养殖区，且施工产生的悬浮泥沙对周围海域的底播养殖区的养殖产品也将产生一定的不利影响，使项目较近海域的养殖户的利益受到损害。

目前，项目用海申请单位已在惠东县海洋与渔业局的协调下对项目穿越及施工悬浮物可能影响到的底播养殖区养殖户进行协调，并签订了补偿协议。

（3）与大亚湾水产资源省级自然保护区管理处的协调分析

拟建项目用海部分占用大亚湾水产资源自然保护区，并穿越中部缓冲区，且施工产生的悬浮泥沙扩散对自然保护区产生一定不利影响。

目前拟建项目已获得大亚湾水产资源省级自然保护区管理处《关于征求〈大亚湾石化区第二条污水排海管线海底路由及排污口预选方案〉意见的函》，原则同意推荐路由方案及排污口预选方案的函。

针对拟建项目对大亚湾水产资源自然保护区造成的影响，用海单位应按照环境影响报告的计算结果，在当地海洋行政主管部门的协调下对受损的海洋生态环境作出补偿。并在当地渔业行政主管部门的指导下，采取人工增殖放流、底播放养等生态补偿措施，促进海洋生态环境的恢复。

（4）与航道管理部门的协调分析

随着马鞭洲作业区中海油30万吨级原油码头和华德石化30万吨级原油码头建成投产，原有25万吨级航道已不能满足使用要求，因此马鞭洲港区管理部门拟启动马鞭洲航道的扩建工程。

待马鞭洲航道扩建后，其进口浮标将往外移约5.2 km，大致与排污口处于同一纬线上，排污口扩散器安装施工及管线施工会对航行于该航道的船舶造成一定的影响。

同时，从通航安全角度看，拟建管线路由距规划6号锚地距离较近，存在锚害风险；且海管敷设海域通航航路较多，船舶交通流较复杂，通航密度较大，海管的施工需精心组织。

因此，用海单位应按照《大亚湾石化区第二条污水排海管线项目通航安全影响论证报告》中的相关要求，在管线路由沿线及排污口设置警示标志，落实通航安全影响论证报告中提出的各项安全保障措施和建议，据此该管道施工及附近水域航道船舶通航安全是有保障的。

同时由于周边航运事业发达，项目还应注意过往船舶临时抛锚对海管的损害。海管建成后，海管的拐点坐标应及时上报交通管理部门，通过及时发布航行通告等方式，降低船舶紧急抛锚对海管安全产生的风险。利益相关者协调方案一览表和需要协调的部门协调方案一览表分别见表6-7和表6-8。

表 6 - 7 利益相关者协调方案一览表

序号	利益相关者	协调方案	协调结果要求	协调状态
1	中海壳牌石油化工有限公司	形成协调意见: ①制定详细保护方案,并经中海壳牌审核确定满足相关保护要求后方可实施; ②管线交叉点两侧,建议设计法兰连接,便于维修作业; ③平行距离和最近距离均应符合国内规范要求; ④以排放口为圆心,800 m 为半径的扩散区内不能有建筑影响污水扩散; ⑤拟建管线应有独立的防腐保护方案,不能对现有的中海壳牌排水管线的阴极保护系统产生干扰; ⑥建设单位应严格按照有关法律法规办理规划、建设施工、海域使用、完善验收等各项手续	①项目设计时,应充分采纳中海壳牌石油化工有限公司提出的意见; ②本工程建设已针对交越点进行了充分论证,且已采取的专门保护措施;本管道工程距中海壳牌排污口最近距离约 806 m,满足中海壳牌要求 800 m 内不能有建筑影响污水扩散的要求	项目设计和施工方案已经获得中海壳牌石油化工有限公司书面同意的回复
2	底播养殖户	根据项目占用和影响程度对养殖业主进行货币形式补偿,并签订补偿协议	在项目施工前,应对养殖户补偿到户	项目业主已在惠东县海洋与渔业局的协调下,签订补偿协议

表 6 - 8 需要协调的部门协调方案一览表

序号	需要协调的部门	协调方案	协调结果要求	协调状态
1	大亚湾水产资源省级自然保护区管理处	①《关于征求<大亚湾石化区第二条污水排海管线海底路由及排污口预选方案>意见的函》已原则同意推荐路由方案及排污口预选方案; ②针对路由对大亚湾水产资源自然保护区造成的影响,业主应按照环境影响报告的计算结果,在当地海洋行政主管部门的协调下,对受损的海洋生态环境作出补偿。并在当地渔业行政主管部门的指导下,采取人工增殖放流、底播放养等生态修复措施,促进海洋生态环境的恢复	①项目施工前应对海洋生态环境做出补偿; ②施工结束后应采取生态修复措施	①海洋生态补偿已完成; ②在施工结束后落实生态修复措施

（续表）

序号	需要协调的部门	协调方案	协调结果要求	协调状态
2	航道管理部门	业主应按照《大亚湾石化区第二条污水排海管线项目通航安全影响论证报告》中的相关要求，在管线及排污口设置警示标志，落实通航安全影响论证报告中提出的各项安全保障措施和建议	项目施工和结束后应设置警示标示，并落实安保措施和建议	在施工和结束后落实安保措施

6.4　项目用海对国防安全和国家海洋权益的影响分析

项目用海是否构成国防安全和国家海洋权益的影响，是海域使用论证报告应重点关注内容，是保障项目用海过程中国防安全和军事活动不受影响、国家海洋权益不受侵害的重要环节。

国防安全和国家海洋权益的影响分析，主要通过征求军事及相关部门意见的方式，结合项目用海工程特点，明确项目用海对国防安全、军事活动、国家秘密和国家海洋权益的影响内容和影响程度，结合军事及相关部门的意见，提出具体的项目用海协调或调整方案。论证报告在对该部分内容的分析中，应注意相关信息的保密规定。

6.4.1　对国防安全和军事活动的影响分析

分析项目用海对国防安全、军事活动是否存在不利影响，明确项目用海是否涉及军事用海。对于有碍国防安全和军事活动开展的用海项目，应结合军事及相关部门的意见提出调整或取消项目用海的建议。

由于涉及国防安全和军事活动用海项目的调查，可能涉及军事或国家秘密或机密，通常采用由业主单位出具正式函件向军事部门征求意见的形式，通过在函件中详细说明项目建设的内容、目的，使用海域的类型、方式，界址点坐标、面积等内容，提请军队及相关部门核查项目用海的实施，是否对军事设施和军事用海活动等构成影响。

论证报告应对军事部门提出的意见和建议进行认真分析，提出调整或取消对国防安全和军事活动有影响的项目用海的意见或建议。

6.4.2　对国家海洋权益的影响分析

分析项目用海与国家海洋权益之间的关系，明确项目用海是否涉及领海基点，是否涉及国家秘密等。对于有碍维护国家海洋权益的用海项目，应提出调整或取消项目用海的建议。

项目建设与国家秘密的分析可参考 6.3.1 节的相关内容，通过正式函件的方式征求军事及相关部门的意见。

领海基点是计算领海、毗连区和专属经济区的起始点，是维护我国海洋权益和宣誓主权的重要标志。领海基点的保护，对于维护我国海洋权益、巩固海防建设、加强海洋管理等具有长远的战略意义和重大的现实意义。禁止任何单位和个人在领海基点及附近进行一切可能对领海基点造成危害或不良影响的活动。因此，对于沿海岸外缘的用海项目应按照国家公布的领海基点进行核实，明确项目用海是否占用领海基点或对领海基点的保护构成影响。对于占用领海基点和有碍领海基点保护的用海项目，论证报告应提出调整或取消项目用海的意见或建议。

需特别注意的是，由于国防军事设施涉及国家秘密或军事秘密，论证单位及论证项目组成员应根据《中华人民共和国保守国家秘密法》和《中国人民解放军保密条例》对密级、保密期限和知悉范围的要求实行分级保护。对属于国家秘密或军事秘密的具体信息的制作、收发、传递、使用、复制、保存、维修和销毁，应当符合并严格执行国家相关保密规定。

第7章 项目用海与海洋功能区划及相关规划的符合性分析

对项目用海而言，规划、区划的符合性可理解为两个方面，一是用海需符合海洋功能区划；二是项目建设需符合相关规划。海域使用必须符合海洋功能区划，这是《海域使用管理法》明确的制度要求。各级政府在审批项目用海时，都将是否符合海洋功能区划作为首要审核条件，对不符合海洋功能区划的项目用海不予批准。同时，用海项目本身的产业方向、发展定位、布局、规模以及项目在经济、技术、环保和减灾防灾等方面的设计方案与指标，也应符合所在区域相关发展战略、政策、综合或专项规划。为此，《海域使用论证管理规定》明确要求海域使用论证报告应当科学、客观地分析项目用海与海洋功能区划、规划的符合性。《论证导则》也将"项目用海与海洋功能区划和相关规划符合性分析"设为专门一章。本章将在总结海洋功能区划和相关规划背景知识的基础上，分别介绍项目用海与海洋功能区划符合性、项目用海与相关规划符合性的分析思路与论证方法。

7.1 海洋功能区划的形式与内容

7.1.1 海洋功能区划的分级体系

海洋功能区划按照行政层级分为国家级、省级、市级和县级4个层次。国家海洋局会同国务院有关部门和沿海省、自治区、直辖市人民政府，编制全国海洋功能区划。沿海县级以上地方人民政府海洋行政主管部门会同本级人民政府有关部门，编制地方海洋功能区划。全国和沿海省级海洋功能区划，由国务院批准。沿海市、县级海洋功能区划，由所在地的省级人民政府批准。海洋功能区划的修改，由原编制机关会同同级有关部门提出修改方案，由原批准机关批准。

全国海洋功能区划以中华人民共和国内水、领海、海岛、大陆架、专属经济区为划分对象，为政策性宏观区划，其主要任务是：科学确定各海区的战略定位和海洋开发保护方向；明确海洋基本功能区的空间布局和管理措施；以地理区域（包括必要的依托陆域）为划分单元，划定重点海域，明确各区域的开发保护重点和管理要求。全国海洋功能区划对国家重要海洋资源的开发利用方向和开发保护格局做出战略性安排，但不为具体海域确定功能区类型。

省级海洋功能区划以本级人民政府所辖海域及海岛为划分对象，其范围自海岸线（平均大潮高潮时水陆分界的痕迹线）至领海的外部界限，可根据实际情况向陆地适当延伸。其主要任务是根据全国海洋功能区划的要求，科学划定本地区一级类海洋功能区，明确每个一级类海洋功能区的范围、开发保护重点和管理要求，为具体审批用海项目，编制市、县级海洋功能区划，编制海洋环境保护规划和海岛保护规划等提供依据。

市、县级海洋功能区划以本级人民政府所辖海域为划分对象，其主要任务是在省级区划确定的一级类海洋基本功能区的基础上，科学划定二级类海洋基本功能区，明确每个功能区的范围和管理要求，为具体审批用海项目、编制和协调相关规划提供依据。

7.1.2　海洋功能区划分类体系

《全国海洋功能区划（2011—2020）》在《海洋功能区划技术导则》（GB/T 17108—2006）的基础上，结合海洋开发保护活动的现实特征，对海洋功能区划分类体系做了重新审视和进一步的优化调整。调整后的海洋功能区划分类体系将海洋基本功能区分为 8 个一级类型和 22 个二级类（表 7 – 1），海洋基本功能区类型定义如下：

（1）农渔业区

农渔业区是指适于拓展农业发展空间和开发海洋生物资源，可供农业围垦，渔港和育苗场等渔业基础设施建设，海水增养殖和捕捞生产以及重要渔业品种养护的海域，包括农业围垦区、渔业基础设施区、养殖区、增殖区、捕捞区和水产种质资源保护区。

（2）港口航运区

港口航运区是指适于开发利用港口航运资源，可供港口、航道和锚地建设的海域，包括港口区、航道区和锚地区。

（3）工业与城镇用海区

工业与城镇用海区是指适于发展临海工业与滨海城镇的海域，包括工业用海区和城镇用海区。

（4）矿产与能源区

矿产与能源区是指适于开发利用矿产资源与海上能源，可供油气和固体矿产等勘探、开采作业以及盐田和可再生能源等开发利用的海域，包括油气区、固体矿产区、盐田区和可再生能源区。

表 7 – 1　　海洋功能区划分类体系表

一级类海洋基本功能区		二级类海洋基本功能区	
代码	名称	代码	名称
1	农渔业区	1.1	农业围垦区
		1.2	养殖区
		1.3	增殖区
		1.4	捕捞区
		1.5	水产种质资源保护区
		1.6	渔业基础设施区
2	港口航运区	2.1	港口区
		2.2	航道区
		2.3	锚地区
3	工业与城镇用海区	3.1	工业用海区
		3.2	城镇用海区
4	矿产与能源区	4.1	油气区
		4.2	固体矿产区
		4.3	盐田区
		4.4	可再生能源区
5	旅游休闲娱乐区	5.1	风景旅游区
		5.2	文体休闲娱乐区
6	海洋保护区	6.1	海洋自然保护区
		6.2	海洋特别保护区
7	特殊利用区	7.1	军事区
		7.2	其他特殊利用区
8	保留区	8.1	保留区

（5）旅游休闲娱乐区

旅游休闲娱乐区是指适于开发利用滨海和海上旅游资源，可供旅游景区开发和海上文体娱乐活动场所建设的海域，包括风景旅游区和文体休闲娱乐区。

（6）海洋保护区

海洋保护区是指专供海洋资源、环境和生态保护的海域，包括海洋自然保护区、海洋特别保护区。

（7）特殊利用区

特殊利用区是指供其他特殊用途排他使用的海域。包括用于海底管线铺设、路桥建设、污水达标排放、倾倒等的特殊利用区。

（8）保留区

保留区是指为保留海域后备空间资源、专门划定的在区划期限内限制开发的海域。保留区主要包括由于经济社会因素暂时尚未开发利用或不宜明确基本功能的海域，限于科技手段等因素目前难以利用或不能利用的海域以及从长远发展角度应当予以保留的海域。

7.1.3　海洋功能区划主要成果

海洋功能区划成果包括：文本、登记表、图件、编制说明、区划报告、专题研究材料、信息系统等。省级和市级海洋功能区划包含上述全套成果，全国海洋功能区划因为不划定具体的海洋基本功能区，其成果中没有登记表和信息系统，区划图件也仅是反映重点海域分布及其中主要功能的示意图。海洋功能区划的登记表、图件与文本具有同等的法律效率，其中明确的功能区范围和管理要求为必须严格执行的强制性内容。

7.1.3.1　区划文本

海洋功能区划文本是以法律条文形式编制的海洋功能区划文件。海洋功能区划文本主要阐明海域资源环境和社会经济条件，海域的开发利用现状，海洋开发与保护中存在的问题，面临的形势，海洋功能区划的原则和目标，管理海域内的区域功能定位，海洋基本功能区划分，海洋基本功能区分类管理要求以及海洋功能区划实施措施等。海洋功能区划文本不具体罗列针对每一个海洋基本功能区的管理要求。

7.1.3.2　区划图件

海洋功能区划图件是与海洋功能区划文本配套使用的文件，它以专题图的形式，对海洋功能区划文本中确定的海洋基本功能区进行逐一图示，明确每一个海洋基本功能区的地理位置、分布范围，并用规定的图例反映功能区的类型，用规定的注记样式标注功能区的名称和代码。海洋功能区划图件中图示的海洋基本功能区单元与海洋功能区划登记表中记载的海洋基本功能区记录一一对应。

7.1.3.3　登记表

海洋功能区划登记表是与海洋功能区划文本配套使用的文件，它以表格形式，对海洋功能区划文本中确定的海洋基本功能区进行逐一登记，明确每一个海洋基本功能区的名称、代码、功能类型、所在位置与行政隶属、边界范围、面积和占用岸线长度、功能区管理要求等。

功能区管理要求中还会具体明确以下几方面内容：

①用途管制要求。明确与海洋基本功能相适宜的用海类型及对重点用海需求

的保障要求，可兼容的或在基本功能未利用时适宜开展的用海类型以及禁止的用海类型。

②用海方式控制要求。明确各个功能区的用海方式控制要求，如禁止、限制及允许的用海方式，对海域自然属性的允许改变程度以及对原始岸线保留要求和围填海平面设计要求等。

③海域整治要求。明确功能区关于整顿用海秩序、治理海域环境、修复生态系统等整治要求以及具体的整治目标、内容和措施要求。

④生态保护重点目标。明确功能区内需要采取措施实施重点保护的对象。

⑤环境保护要求。明确功能区生态保护措施要求及应该执行的环境质量标准。生态保护措施是指功能区开发利用过程中应该避免的不利方式和要求采取的保护措施。功能区内应执行的环境质量标准包括海水水质标准、海洋沉积物质量标准和海洋生物质量标准。

7.2　项目用海与海洋功能区划符合性分析

应根据现行的全国、省、市(县)海洋功能区划(文本、登记表和图件)，阐述项目所在海域的海洋基本功能；分析项目对海洋功能的利用情况和对海洋功能区的影响；分析项目用海能否满足海洋功能区的管理要求，是否对海洋基本功能造成不可逆转的改变；给出项目用海是否符合海洋功能区划的结论。

7.2.1　项目所在海域海洋功能区划介绍

根据《论证导则》的要求，论证报告应阐述项目所在海域及其周边海域(论证范围内)的基本功能区，为项目用海与功能区划相符性分析提供基础资料。论证报告原则上应依据全国和省级海洋功能区划进行比较分析，其他级别海洋功能区划作为参考。依据的海洋功能区划应为现行有效的版本。

在阐述项目所在海域海洋功能区划时，应：

①引述海洋功能区划文本中对所在海域的发展战略、开发利用和保护方向、功能定位、管理政策等的描述内容。

②给出论证范围内的海洋功能区划图，并将项目用海平面布置方案与海洋功能区划图进行叠置(图7－1)。

③给出论证范围内海洋功能区的登记表，列表阐述海洋功能区名称、代码、基本功能类型、位置范围和管理要求等内容。

④列表阐述论证范围内与项目用海有关的各功能区的名称、距项目用海区的距离、使用现状等(表7－2和表7－3)。

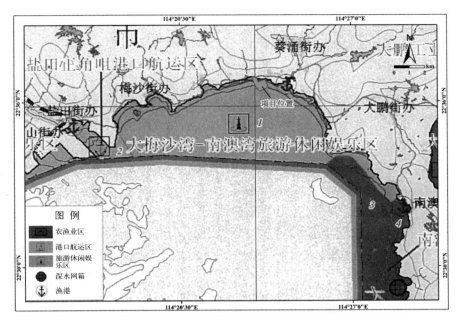

图 7 − 1　某用海项目周边海域海洋功能区划图(示例)

摘自《广东省海洋功能区划(2011—2020 年)》

表 7 − 2　某用海项目周边海域海洋功能区分布情况表(示例)

序号	功能区名称	方位	与项目最近距离(km)	使用现状
1	大梅沙湾 − 南澳湾旅游休闲娱乐区	所在海域	项目占用	部分已开发为港区、航道用海
2	沙头角 − 盐田正角嘴港口航运区	西南向	9.3	现为国际深水港区
3	珠海 − 潮州近海农渔业区	东南向	6.4	部分海域为渔港、养殖用海
4	南澳湾 − 大鹿湾农渔业区	东南向	11.2	部分海域为养殖用海

以文字、表格和图件的方式进行表述时，文字描述应简洁明确，不产生矛盾或歧义；图件需比例尺适宜、图面清晰、图例等图件要素齐全。应引用正式颁布的功能区划图和功能区划登记表。

表7-3 某用海项目周边海域海洋功能区划登记表（示例）

序号	代码	功能区名称	地区	地理范围（东经，北纬）	功能区类型	面积（hm²）岸段长度（m）	管理要求	
							海域使用管理	海洋环境保护
1	A5-17	大梅沙湾-南澳湾旅游休闲娱乐区	深圳市	东至:114°28'47" 西至:114°17'57" 南至:22°32'19" 北至:22°36'54"	旅游休闲娱乐区	面积6 349 岸段长度34 055	①相适宜的海域使用类型为旅游娱乐用海；②适当保障港口航运、口岸区用海需求；③保护环境的质海岸、基岩海岸；④依据生态环境的承载力，合理控制旅游开发强度；⑤围填海必须严格论证，优化围填海平面布局，节约集约利用海域资源	①生产废水、生活污水须达标排海；②加强海域生态环境监测；③执行海水水质二类标准，海洋沉积物质量一类标准和海洋生物质量一类标准
2	A2-21	沙头角-盐田正角嘴港口航运区	深圳市	东至:114°18'43" 西至:114°14'17" 南至:22°33'09" 北至:22°35'21"	港口航运区	面积825 岸段长度17 894	①相适宜的海域使用类型为交通运输用海；②适当保障盐田港用海需求；③改善水动力条件和泥沙冲淤环境；④围填海须严格论证，优化围填海平面布局，节约集约利用海域资源	①加强港区环境污染治理，生产废水、生活污水须达标排海，避免对大小沙旅游区造成污染；②执行海水水质三类标准，海洋沉积物质量三类标准和海洋生物质量二类标准
3	B1-2	珠海-潮州近海农渔业区	珠海市 深圳市 惠州市 汕尾市 揭阳市 汕头市 潮州市	东至:117°31'36" 西至:114°26'02" 南至:21°49'34" 北至:23°35'10"	农渔业区	面积1 272 845	①相适宜的海域使用类型为渔业用海；②禁止炸岛炸礁等破坏性活动；③40 m等深线向岸一侧实行伏季休渔制度，保障持渔业生产秩序；④经过严格论证，保障交通运输、核电、海洋能、矿产、倾废、海底管线及保护区等用海需求；⑤优化海洋环境用海需求，化保障军事用海需求	①保护重要渔业品种的产卵场、索饵场、越冬场和洄游通道；②执行海水水质一类标准，海洋沉积物质量一类标准和海洋生物质量一类标准

（续表）

序号	代码	功能区名称	地区	地理范围 (东经、北纬)	功能区类型	面积(hm²) 岸段长度(m)	管理要求	
							海域使用管理	海洋环境保护
4	A1－11	南澳湾—大鹏湾农渔业区	深圳市	东至:114°29′48″ 西至:114°28′02″ 南至:22°26′56″ 北至:22°32′26″	农渔业区	面积 1 258 岸段长度 15 229	①相适宜的海域使用类型为渔业用海;②适当保障旅游娱乐用海需求;③合理控制养殖规模和密度;④近岸水口或其他污染源置排污口,工业排水口或其他污染源	①保护沙丁鱼等重要渔业资源及其生境;②严格控制养殖自身污染和水体富营养化,防止外来物种入侵;③加强海域生态环境监测,对区内投放的人工鱼礁进行定期评估;④执行海水水质二类标准,海洋沉积物质量一类标准和海洋生物质量一类标准

注:摘自《广东省海洋功能区划(2011—2020 年)》

7.2.2　项目用海对海洋功能区的影响分析

应在明确项目所在位置及周边海域海洋功能区划基本情况的基础上，根据论证报告中项目用海基本情况和对资源环境的影响分析结果，分析该项目对海洋功能的利用情况以及对周边海域海洋功能区的影响，为海洋功能区划的符合性分析提供依据。

7.2.2.1　项目对海洋功能的利用情况

根据项目用海基本情况，结合项目建设内容、平面布置、用海方式、施工工艺和方法，分析项目利用的海洋资源类型和利用方式。据此分析项目利用的海洋功能类型、利用方式、程度。若项目在利用海洋功能的过程中，可能造成该功能区的资源损耗、环境污染或生态破坏，则需提出拟采用的生态与环境保护措施，并分析其可行性及效益。

项目对海洋功能区利用情况分析的重点在于明确项目利用的海洋功能类型、利用方式和对海洋功能的影响。

7.2.2.2　项目用海对周边海域海洋功能区的影响

根据项目用海资源环境影响分析结果，分析项目用海对周边海域海洋功能区的影响，说明受影响的功能类型、影响范围、影响程度和时段，并提出减缓或避免影响的措施。若项目用海可能影响功能区生态保护重点目标，需分析影响方式、程度和范围，并提出生态保护或修复措施。

7.2.2.3　主要分析方法

项目用海对周边海域海洋功能区影响的分析方法主要有列举法、叠图法和矩阵法。

（1）列举法

针对论证范围内项目周边的每个海洋功能区，根据项目用海基本情况和对资源环境的影响分析结果，用文字描述的方式逐一分析、说明项目用海对每个海洋功能区的影响方式、影响程度和影响范围。例如：

①项目用海对大丰麋鹿国家级自然保护区的影响。江苏大丰麋鹿国家级自然保护区位于条子泥垦区北侧 16.6 km，其主要保护对象是麋鹿及其生境。麋鹿目前的保护方式以圈养为主，另有少量麋鹿野生放养，野生放养的麋鹿活动范围基本在保护区内。本项目对该功能区主要的影响因子是施工期悬浮泥沙和营运期养殖废水排放。根据数模计算结果，施工期悬浮泥沙和营运期养殖废水排放对大丰麋鹿保护区的影响均很小。因此条子泥垦区建设对北侧 16.6 km 的大丰麋鹿保护区基本没有影响，不会影响到麋鹿及其生境。

②项目用海对大丰港口区、洋口港区的影响。本项目用海区北侧 39 km 西洋深槽附近为大丰港所在海域，分布着大丰港码头区、西洋深槽航道区、大丰港锚地区。本项目用海区南侧约 42.6 km 的烂沙洋附近为洋口港所在海域，分布着南通港长沙港口区、南通港洋口航道区、南通港洋口锚地区。根据本项目用海潮流数值模拟计算结果，大丰港、洋口港远离条子泥垦区一期项目用海区距离较远，项目基本不会对大丰港和洋口港所在海域的港口功能造成不利影响。但鉴于辐射沙洲区潮滩系统的复杂性和条子泥围垦规模，在工程实施中及实施后应加强对港口影响的监测，依据影响范围和程度，优化或调整条子泥后续围垦规划。

（2）叠图法

根据项目用海基本情况和对资源环境的影响分析结果，将某影响因子的影响范围叠加到海洋功能区划图上，以图示的形式说明项目用海对周围海洋功能区的影响如图 7-2。将对海水环境质量扩散影响范围叠加在海洋功能区划图上，显示某两个采砂活动引起的悬浮物扩散影响的范围。

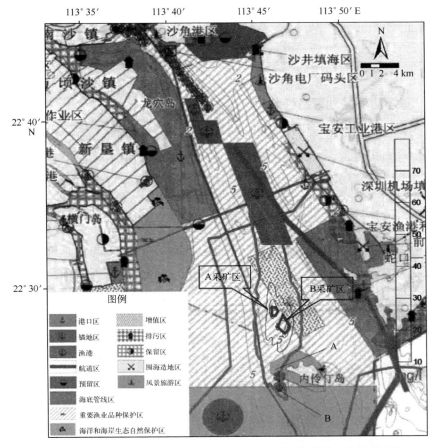

图 7-2　某两个采砂项目同时施工悬沙扩散总包络线影响范围示意图

（3）矩阵法

利用资源环境分析结果，以因子分析方式，列举受影响的功能。具体方法是，以影响因子为列，以论证范围内功能区为行，如表 7 - 4，通过矩阵列表的方法逐一找出每个影响因子对各功能区的影响，分析项目用海对功能区影响的范围、影响的程度和时段，为提出减缓或避免措施提供支撑。

表 7 - 4　不同影响因子对各功能区影响分析表

影响因子	功能区 1	功能区 2	功能区 3	……
水文动力环境影响因子				
地形地貌与冲淤环境影响因子				
水质环境影响因子				
沉积物环境影响因子				
生态影响因子				
资源影响因子				
风险影响因子				
……				

7.2.3　海洋功能区划符合性分析

在海域使用论证报告中，关于海洋功能区划符合性分析的论证结论应简洁、明了，即项目用海符合海洋功能区划，或不符合海洋功能区划。但结论的得出，应建立在对海域使用活动各项指标与海洋功能区划具体管理要求的对照分析基础上。

7.2.3.1　基本内涵

当前，海洋功能区划构建了一套"以维护海洋基本功能为核心思想，以海域用途管制为表现形式，以功能区管理要求为执行依据"的区划体系，规定各个特定海域适宜干什么，不适宜干什么以及应该保证怎样的环境条件，采取怎样的管理措施。海洋功能区划提出了海洋基本功能的概念，即依据海域自然属性和社会需求程度，以使海域的经济、社会和生态效益最大化为目标所确定的海洋功能，要求一切开发利用活动均不能对海域的基本功能造成不可逆转的改变。海洋基本功能是最根本的、稳定的、最值得维护的海洋功能，要求一切开发利用活动均不能对海域的基本功能造成不可逆转的改变，这也意味着，海洋功能区内还会有兼容功能，在基本功能未被利用时，或在不对基本功能利用造成不利影响的前提下，可以合理利用海域兼容功能。

概括地说，海洋功能区符合性就是指海域使用活动各项指标与海洋功能区规定的政策措施、海域基本功能和功能区管理要求等各项内容的符合程度。项目用海符合海洋功能区划的大前提是不能对海域基本功能造成不可逆转改变，在海域基本功能未开发利用前，可在保证不对海域基本功能造成不可逆转改变的前提下，进行其他类型开发利用活动。项目用海符合海洋功能区划的具体条件是严格执行所在功能区的管理要求。

7.2.3.2　判断基本原则

海洋功能区划既是海域使用管理的依据，也是海洋环境保护的依据。从海域使用角度，项目用海是否符合海洋功能区划需从"是否维护海洋基本功能、符合海域用途管制和执行功能区管理要求"几个方面加以判断，主要把握以下原则：

①一切开发利用活动均不能对海域的基本功能造成不可逆转的改变。

②功能区开发利用必须符合所在海域功能区的用途管制要求、用海方式控制要求、海域整治要求以及生态保护要求。

③在海域的基本功能未开发利用之前，可以在保证不对海域基本功能造成不可逆转的改变的前提下，进行其他类型的开发利用活动。海域基本功能已经被开发利用的，只能按照功能区管理要求，安排与基本功能相适宜或兼容的用海活动。

④至于海域使用是否满足功能区执行的环境质量标准，需要根据项目用海的海洋环境影响分析结论来判断。但在海域的基本功能未开发利用之前安排其他类型的开发利用活动时，也要考察其执行的环境质量标准是否达到功能区管理要求中规定执行的环境质量标准。

7.2.3.3　功能区管理要求符合性分析

分析用海项目是否符合海洋功能区划，首先应对照海洋功能区规定的基本功能、管理要求等各项内容，逐条分析海域使用活动各项指标的符合情况。

第一步，分析项目海域使用类型与用途管制要求是否符合。海洋功能区划在用途管制要求中，明确了与海洋基本功能相适宜的用海类型及对重点用海需求的保障要求，可兼容的或在基本功能未利用时适宜开展的用海类型以及禁止的用海类型。海域使用分类体系和海洋功能区划分类体系都是以海域用途为主要分类依据，并采用二级分类体系，总体而言，两者容易建立对应关系。如渔业基础设施用海对应渔业基础设施区，港口用海对应港口区，固体矿产开采用海对应固体矿产区等。

但有一部分需要通过专门的分析论证来选择，且大多以点、线状分布的用海类型，未完全纳入海洋功能区划的用途管制要求中。如对于海底管线、跨海桥梁、海岸防护工程、排污区和倾倒区等用海，原则上未设专门的功能区，只有对那些确实排他使用海域、需要设立专门功能区的，才设立"其他特殊利用区"。还有个别用海类型，如海上风电场用海，海洋功能区划允许通过科学论证，选择合适海域进行海上风电场建设，不对海上风电场划定专门的海洋基本功能区。

此外，海洋功能区划允许"在海域的基本功能未开发利用之前，可以在保证不对海域基本功能造成不可逆转的改变的前提下，进行其他类型的开发利用活动"，可以理解为海洋功能区可以兼容对海域自然属性改变较低，且水质、沉积物、生物质量要求一致或更高的开发类型。这一思想解决了海域资源多宜性与以往海洋功能区划中海域功能单一性的矛盾，从而扩大了海洋功能区划的适应面。但前提是只有在基本功能未开发前可进行该用途的适度开发，且不能建立固定设施，海域使用年限应依据实际情况确定，不宜过长。如风景旅游区，其水质目标为不劣于第三类，海洋沉积物质量不劣于第二类。海洋生物质量不劣于第二类，根据《海洋功能区划技术导则》的海洋功能区环境保护要求，养殖区、增殖区、捕捞区环境保护要求更高，因此，在风景旅游这一基本功能未开发之前，该处海域可以在不改变海域自然属性的前提下，安排开放式养殖、捕捞等开发活动。这样既可以有效地利用海域资源，避免海域闲置，又不会对海域基本功能的发挥产生不可逆的影响。

基于以上认识，项目海域使用类型与功能区用途管制要求的符合性分析应分两种情况区别对待：

（1）项目用海属于功能区管理要求已经有明确规定的用海类型

若功能区用途管制要求中列出的海域用途、海域使用类型涵盖了本项目用海的用途、海域使用类型名称，可通过两者之间的对应关系，直接判别：

①若项目用海属于功能区管理要求中明确的"与海洋基本功能相适宜的用海类型"、"可兼容的用海类型"，则判定项目用海符合功能区用途管制要求。

②若项目用海属于功能区管理要求中"基本功能未利用时适宜开展的用海类型"，则判定项目用海在基本功能未被利用的前提条件下，符合功能区用途管制要求。

③若项目用海属于功能区管理要求中"禁止的用海类型"，则判定项目用海不符合功能区用途管制要求。

（2）项目用海属于功能区管理要求未做明确规定的用海类型

若本项目用海的用途、海域使用类型名称不在功能区用途管制要求中列出的海域用途、海域使用类型范围内，则需区分3种情形再分别判别：

①对于海底管线、跨海桥梁、海岸防护工程、海上风电场用海、排污区和倾倒区等在功能区划中原则上不予设立专门功能区，需通过科学论证进行选址的用海类型，可客观阐述"项目用海属于海洋功能区划中不予设立专门功能区，有待

通过科学论证进行用海选址的用海类型"，不直接判定项目用海与用途管制要求的符合性。待功能区管理要求其他指标的符合性分析结果出来后，再根据其是否对海域基本功能造成不可逆转的改变，综合判断其是否符合海洋功能区划。

②对于①所列以外，拟在功能区基本功能未利用前进行兼容开发的用海类型，可客观阐述"项目用海属于功能区基本功能未利用前拟兼容开发的用海类型"，不直接判定项目用海与用途管制要求的符合性。待功能区管理要求其他指标的符合性分析结果出来后，再根据其是否对海域基本功能造成影响，综合判断其是否符合海洋功能区划。

③对①和②所列情形以外的项目用海，可判定为不符合功能区用途管制要求。

第二步，分析开发利用项目是否符合用海方式控制要求。为保障功能区基本功能的发挥以及落实对功能区重点保护目标的保护，海洋功能区划对各个功能区的用海方式都有明确控制要求。按照允许改变海域自然属性的程度控制要求，功能区用海方式控制要求分以下三个级别：禁止改变海域自然属性、严格限制改变海域自然属性和允许适度改变海域自然属性，其中每一级别都有具体的用海方式控制要求。应根据项目用海对海洋功能区划影响分析结果，判定项目用海是否符合用海方式控制要求。对不符合用海方式控制要求的项目用海，应指出具体的不符合之处及改进要求。

第三步，判断用海项目是否符合海域整治要求。若功能区管理要求中存在整顿用海秩序、治理海域环境、修复生态系统等方面的整治要求，则应对照具体的整治目标、内容和措施要求等，分析用海方案是否符合海域整治要求。对不符合海域整治要求的项目用海，应指出具体的不符合之处及改进要求。

第四步，分析项目用海是否落实了对功能区重点保护目标的保护。功能区管理要求中明确了重点保护目标，包括：

①所在海域中具有保护价值的珍稀、濒危海洋生物物种和经济生物物种及其栖息地以及有重要科学、文化、景观和生态服务价值的海洋自然客体、自然生态系统和历史遗迹等；

②支撑本海域和周围海域基本功能的重要自然条件，如高标准的环境质量、重要的地形地貌和水动力条件、重要经济生物物种及其生境等。应根据项目用海对资源环境影响分析结果，判定项目用海是否会对重点保护目标产生不利影响，项目用海方案是否落实了对重点目标的保护。

7.2.3.4　海洋功能区划符合性综合判断

项目用海是否符合海洋功能区划是一个综合性的判断结论，它必须建立在项目用海是否符合功能区各项管理要求的分析结论之上。由于海洋功能区划实行的是海域功能管制，规定的是海域开发与保护的方向以及开发利用过程中必须遵守的相关要求，因此，项目用海符合功能区用途管制要求是项目用海符合海洋功能区划的首要条件，项目用海符合功能区其他管理要求是其前提性条件。具体判别方法如下：

①项目用海符合功能区用途管制要求，同时符合功能区用海方式控制、海域整治和重点目标保护要求的，判定项目用海符合海洋功能区划。

②项目用海符合功能区用途管制要求，但不符合其他管理要求的，判定项目用海有条件符合海洋功能区划。这里所指条件是指在确保项目用海满足功能区用海方式控制、海域整治和重点目标保护要求的前提下。

③项目用海不符合功能区用途管制要求的，判定项目用海不符合海洋功能区划。

④对于海底管线、跨海桥梁、海岸防护工程、海上风电场用海、排污区和倾倒区等有待通过科学论证进行用海选址的用海类型，若在功能区用途管制要求中已有明确规定的，依①、②、③方法处理；若在功能区用途管制要求中未做明确规定的，则依据相关论证结论，根据是否对海域基本功能造成不可逆转的改变，判断海洋功能区划符合性。

⑤对于在功能区基本功能未利用前拟兼容开发的用海类型，根据项目用海是否对海域基本功能造成不可逆转的改变，判别其不符合或有条件地符合海洋功能区划。这里指的条件是指在功能区基本功能未利用前。至于项目用海是否改变海域基本功能，目前没有明确的判断标准，一般认为，若用海方式为开放式，且落实了对功能区重点保护目标的保护，执行了比功能区管理要求更高的环境质量标准，可视为没有对海域基本功能造成不可逆转的改变。

7.2.3.5　海洋功能区划相符性分析结论

海域使用论证报告应以简练方式，叙述海洋功能区划相符性分析结论。结论应包括以下内容：项目所在海域的海洋基本功能，项目用海与功能区用途管制要求的符合性分析结论，项目用海与功能区其他管理要求的符合性分析结论以及项目用海与海洋功能区划符合性分析的最终结论。最终结论应明确项目用海"符合"或"不符合"海洋功能区划。根据前述分析，海洋功能区划相符性分析结论的表述可参考本节提出的几种模式。

模式1（适于7.2.3.4中的①情形）："项目所在海域为××区（海洋功能区名称）。项目用海符合功能区用途管制要求和其他管理要求。项目用海符合海洋功能区划。"若项目用海属于功能区管理要求中规定的"基本功能未利用时适宜开展的用海类型"，则最终结论为"在基本功能未利用时，项目用海符合海洋功能区划"。

模式 2(适于 7. 2.3.4 中的②情形)："项目所在海域为××区(海洋功能区名称)。项目用海符合功能区用途管制要求和××要求(其他管理要求中的一种或两种),但不符合××要求(其他管理要求中的两种或一种)。在项目用海完善××用海方案,满足功能区××管理要求的前提下,项目用海能够符合海洋功能区划。"

模式 3(适于 7. 2.3.4 中的③情形)："项目所在海域为××区(海洋功能区名称)。项目用海不符合功能区用途管制要求。项目用海不符合海洋功能区划。"

模式 4(适于 7. 2.3.4 中④的一种情形——项目用海属于功能区用途管制要求中未做明确规定的用海类型)："项目所在海域为××区(海洋功能区名称)。项目用海属于海洋功能区划中不予设立专门功能区,有待通过科学论证进行用海选址的用海类型。经分析论证表明项目用海不会(或会)对海域基本功能造成不可逆转的改变。项目用海符合(或不符合)海洋功能区划。"

模式 5(适于 7. 2.3.4 中的⑤情形)："项目所在海域为××区(海洋功能区名称)。本项目拟在功能区基本功能未利用时兼容开展××用海(本项目用海类型)。项目用海不会(或会)对海域基本功能造成不可逆转的改变。在功能区基本功能未利用时,项目用海符合(或不符合)海洋功能区划。"

7.3　项目用海与相关规划符合性分析

海域使用源于项目建设的需要,而项目建设应符合相关规划,这是海域使用论证要求分析项目用海与相关规划符合性的主要原因。把握好项目用海的规划符合性关口,对保障国家和地区重点用海需求,减少用海矛盾和冲突,促进资源节约和集约利用,提升海域资源价值等有重要的现实意义。

7.3.1　相关规划的种类

按照我国现行的规划体系和特征,从规划的对象和作用类别上,规划可分为总体规划(综合规划)、区域规划和专项规划;从行政层级上,规划可分为国家级规划、省(区、市)级规划、市县级规划。海域使用论证关注的相关规划主要有以下几类。

(1)国家产业政策和发展规划

是指政府为了实现一定的经济和社会目标而对产业的形成和发展进行干预的各种政策的总和。产业政策包括产业组织政策、产业结构政策、产业技术政策和产业布局政策以及其他对产业发展有重大影响的政策和法规,其主要作用在于国家加强和改善宏观调控,制止部分行业盲目扩张,有效调整和优化产业结构,抑制固定资产投资过快增长，是提升产业素质，保持国民经济持续、快速、健康发展的重要手段。近年来国家重大产业政策、规划主要有《促进产业结构调整暂行规定》（国发［2005］40号）、《国务院关于印发节能减排综合性工作方案的通知》（国发［2007］15号）、《国务院关于加快推进产能过剩行业结构调整的通知》（国发［2006］11号）、《国务院关于加快发展循环经济的若干意见》（国发［2005］22号，2005年7月2日）、《钢铁产业调整和振兴规划》、《石化产业调整和振兴规划》、《有色金属产业调整和振兴规划》、《产业结构调整指导目录》（2011年本，2013年修正）、《外商投资产业指导目录》（2015年修订）等。

（2）国家层面的区域规划

区域规划是以跨行政区的经济区域为对象编制的规划，是国家宏观发展战略在特定空间的落实，其编制的目的是统筹区域内社会经济要素布局，促进地区之间的协调与合作，实现区域社会经济的一体化发展。近年来国务院批准的辽宁沿海经济带发展规划、山东半岛蓝色经济区发展规划、海峡西岸经济区发展规划、珠三角地区改革发展规划纲要、广西北部湾经济区发展规划等都属于这类规划。

（3）地方总体规划

地方总体规划又称综合规划，是以沿海行政区内国民经济和社会发展为对象编制的规划，是综合性和纲领性的规划，是编制本行政区内各种专项规划、区域规划以及执行优惠政策和年度计划等的依据。各地区的国民经济和社会发展规划、城乡规划、土地利用规划等属于这一类。

（4）国家和地方专项规划

专项规划是政府以国民经济和社会发展的某一特定领域为对象编制的规划，是总体规划在特定领域的延伸和细化。工业、农业（渔业）、能源、水利、交通、城市建设、旅游、自然资源开发等相关专题规划属于专项规划，各个行业部门规划也归类为专项规划。

7.3.2　相关规划的选取

规划资料选取和收集，主要从行业（产业）性及地域性两个方面来兼顾考虑。一方面，应根据项目所属行业或产业类型，收集相关的国家产业政策和规划、专项规划等，其中各类专项规划应涵盖本行政区；另一方面，应根据项目所处的行政区域，收集涵盖本区域且与本项目相关的省、市、县各级综合性规划及区域规划。收集相关规划资料时，应重点获取与项目用海有关的规划文本内容以及与项目用海选址、布局和平面布置相关的规划图件。同时，还应注意规划的时效性，原则上应采用已经获得批准的，具备法律效力的规划。

不同类型的用海项目在规划资料的收集上，既有共性要求，又有特殊性要求。一般来讲，大多数用海项目均应收集国家产业政策和国家层面的区域规划，当地国民经济和社会发展规划、城乡规划、土地利用总体规划以及海洋领域专项规划等。除此以外，不同类型的用海项目还应各有侧重地收集其他专项规划资料，参考建议如下。

（1）渔业用海

对于渔业养殖用海项目，应收集渔业发展规划、围垦养殖规划等。涉及渔港、人工鱼礁等渔业基础设施建设的项目，应收集渔港建设规划、人工鱼礁建设规划等。

（2）工业用海

对工业用海项目，应根据不同的工业类别，收集所属行业专项规划。如船舶工业用海项目应收集船舶工业调整和振兴规划、船舶工业"十二五"发展规划等；电力用海项目应收集电力工业发展规划，核电用海项目应收集核电中长期发展规划，海上风电项目应收集风电"十二五"规划、海上风电规划等；海水综合利用项目应收集海水利用专项规划、海洋新兴产业规划等；沿海钢铁、石化等大型涉海工程项目应收集钢铁、石化等本行业的产业调整和振兴规划、空间布局规划等。

（3）交通用海

对于港口、航道等用海项目，应收集沿海港口布局规划、港口总体规划、港口岸线规划等；对于跨海桥梁等路桥用海，应收集本区域的综合交通（道路）规划、基础设施建设发展规划等。

（4）旅游娱乐用海

对于旅游娱乐用海项目，应收集旅游产业发展规划、旅游区总体规划等与旅游相关的规划资料；对于旅游码头、游艇码头等旅游基础设施的，应收集基础设施建设发展规划。

（5）海底工程用海

对于海底工程用海项目，应根据不同的工程类型收集相关规划资料，如电缆管道、通信光缆等工程应收集电力、通信行业建设发展规划；输水管道工程应收集输水工程相关规划等。

（6）排污倾倒用海

对污水达标排放用海和倾倒区用海项目，应重点关注项目用海对周边海洋环境的影响情况，应收集海洋环境保护规划、近岸海域环境功能区划等资料。

（7）造地工程用海

涉及填海造地工程的用海项目，应根据填海造地工程所承载的陆域产业发展方向收集相关规划资料，如未来进行工业项目建设的，收集相关产业的建设发展规划；未来进行旅游开发的，应收集旅游行业相关规划。

（8）特殊用海

对于自然保护区、海洋保护区用海，应收集环境保护规划、自然保护区规划等资料；海岸防护工程用海中涉及堤岸建设的，应收集水利防洪防潮规划；涉及人工防护林、红树林建设的，应收集沿海防护林建设规划、林业建设发展规划等。

选择相关规划时，除考虑用海类型差异外，还应考虑项目所处区域位置和用海方式等因素，如当用海项目处在防洪区内的，要收集水利部门的防洪防潮规划；涉及填海造地的，要收集城市总体规划、土地利用总体规划等。

7.3.3　相关规划符合性分析

7.3.3.1　规划符合性内涵

项目用海与相关规划的符合性分析，主要是分析项目用海与国家产业政策和发展规划、区域规划、总体规划、专项规划等的目标、方向和要求的关系。规划的"符合性"主要体现在以下三点：①在发展方向上，用海项目应与国家相关产业政策的导向相一致，与区域规划发展目标相吻合；②在布局上，用海项目应符合城市总体规划、土地利用总体规划等综合性规划要求；③在具体布置和规模、产能等指标上，用海项目应符合所属行业的相关专项规划。

7.3.3.2　规划符合性分析思路

相关规划符合性分析的基本思路是，依据相关规划中与项目有关的文本内容以及与项目用海选址、布局和平面布置相关的规划图件等，对照用海项目性质、特点和用海方案，判断项目用海与相关规划的要求是否一致或协调。大体步骤如下：

①根据项目特点，明确其所属区域、行业或产业，确定需要进行符合性分析的国家产业政策和规划、总体规划、区域规划、行业专项规划等；

②进行相关规划资料收集、整理和分析，原则上选取已经获得批准的、具有法律效力的规划；

③阐述相关规划中与项目用海有关的内容；给出项目用海选址、布局和平面布置相关的规划图件；

④明确相关规划符合性分析的关注内容和分析要点，通过将项目建设内容与规划内容比对，项目图件与规划图件的叠加等，分析项目用海相关规划要求的相符性或协调性，并给出明确的分析结论。

⑤如项目建设与相关规划要求存在不一致的情况，应明确说明不符合或不协调的内容，并提出调整用海项目建设方案和用海项目选址的意见，必要时也可提

出进一步落实规划协调工作的建议。

7.3.3.3　规划符合性分析要点

鉴于用海项目所属的行业或产业、所处的地区不同，项目建设要遵循不同层次、不同类别的规划。而对不同类型的规划，所要关注的内容也不相同。因此，应结合项目所属的区域、行业、产业及项目自身的特点，准确把握规划符合性分析的要点。

（1）与国家产业政策和规划的符合性分析

主要分析项目用海与国家及地方有关法律、法规、政策和规划的要求是否一致，分析用海项目的选址、规模、产品结构、生产工艺、技术设备等是否符合国家产业政策要求。例如，沿海钢铁用海项目要重点关注钢铁企业选址、产能、产品结构、经济技术指标等是否符合钢铁产业发展政策要求；滨海火电项目应关注项目选址是否体现运输条件优越、资源综合利用原则，项目建设规模、生产工艺是否符合国家环境保护、热电联产或"上大压小"等政策。

（2）与区域规划的符合性分析

主要分析项目用海是否符合区域规划提出的社会经济发展目标。应重点关注项目用海选址、产业方向、建设规模是否与区域规划提出的建设目标、发展方向、空间布局以及资源、环境、生态等建设要求相一致。例如沿海大型石化项目用海要重点关注区域规划中是否将"石化产业"作为重点发展方向，用海项目的选址是否位于规划空间布局中的"石化产业"重点发展区域。

（3）与总体规划的符合性分析

主要分析项目用海与国民经济和社会发展规划、城市总体规划、土地利用总体规划等提出的发展目标、总体规模、空间布局要求是否一致。例如与城市总体规划的符合性分析中应重点分析：

①是否符合城市发展战略目标；

②是否对完善城市体系和功能等有重要意义；

③是否符合城市总体发展布局。

与土地利用总体规划的符合性分析中应重点分析：

①是否符合区域土地利用发展方向和调控要求；

②是否与土地利用总体布局相协调。

（4）与专项规划的符合性分析

与海洋行业规划的符合性分析，应重点分析项目用海与规划目标、发展战略与布局的符合性，例如与海洋经济发展规划的符合性分析中应重点分析：

①是否符合海洋经济发展方向与目标；

②是否符合海洋产业发展战略；

③是否符合海洋经济区域布局等。

与其他涉海行业规划的符合性分析，由于用海类型和产业的不同，所关注的规划内容也不同，例如：

①围海养殖用海项目，需对照围垦规划布局图和围垦区定位、规模等规划内容，重点关注围垦工程选址、规模、功能定位是否符合规划要求。

②港口码头用海项目，需对照岸线规划、总体规划布局等图件和规划要求，重点关注项目选址、布局、码头泊位功能定位和平面布置是否符合规划要求。

③能源类用海项目，需重点关注区域产能规模、布局、建设时序等是否与能源规划中的相关要求相一致。例如核电用海项目应该分析项目建设是否符合核电发展布局规划，项目选址是否与城市总体规划、土地利用总体规划一致等。

④城镇类造地工程用海项目，需重点关注项目选址、布局、功能定位、用地布置安排、基础设施安排、灾害防控安排等是否符合规划要求。若项目位于河口防洪区内，应该分析项目用海与水利防洪规划的协调性，明确项目用海选址、平面布置是否符合防洪治导线规划，堤岸工程是否满足防洪防潮设计标准。

⑤旅游娱乐类用海项目，需重点关注项目选址、功能定位是否与旅游产业规划方向一致，建设规模是否满足当地社会经济发展需求。

⑥海底工程用海等其他项目，需根据具体的工程类型开展相关规划符合性分析，如电缆管道工程应重点分析项目布局、建设规模是否符合规划要求；海底隧道工程应重点分析项目布局、通过能力是否符合城市综合交通体系规划要求等。

7.3.4　相关规划符合性分析结论

海域使用论证报告应以简练方式，叙述项目用海与相关规划符合性分析结论。分析结论中应分层次明确给出以下结论：项目用海是否符合国家产业政策和规划，是否符合国民经济和社会发展规划、城市总体规划、土地利用总体规划及区域发展规划的规划目标和总体要求，是否符合海洋经济发展规划等海洋行业规划及本行业专项规划相关要求，是否与工业、农业（渔业）、交通、港口、国土、水利、城镇、旅游、能源等涉海行业专项规划要求相符合或相协调。

若用海项目建设与某一项规划要求存在不一致的情况，应明确说明不符合或不协调的内容，并提出调整用海的建议。

①项目用海方式、生产工艺等与相关规划要求不一致时，应给出调整用海方式、改进生产工艺的建议。如《产业结构调整指导目录》（2011 年本）（2013 年修正）明确提出，"实体坝连岛技术"属于"第三类淘汰类"中的"落后生产工艺装备"，对于实体坝连岛用海工程，论证报告应明确指出，项目用海不符合国家产业政策和规划，并提出调整用海方式，改进工程结构方案，采用桥梁或透水堤等

透水构筑物方式建设的建议。

②项目平面布置与相关规划要求不一致时，应提出优化平面布置方案的建议。如位于河口防洪区域的造地工程，若项目平面布置方案超过了防洪治导线，或者对防洪纳潮将产生一定的影响时，应提出调整平面布置方案的建议，确保项目建设符合防洪治导线规划，且不会对区域防洪纳潮造成不利影响。

③项目选址与相关规划要求不一致时，可以协调的应提出协调方案或途径，不能协调的应提出重新选址的建议。如排污管道用海的排污口设置方案与近岸海域环境功能区划提出的管理要求不一致，且难以协调时，应提出排污口另行选址、采用离岸深海排放的建议。

第8章 项目用海合理性分析

每个用海项目都会表现出不同的权属特征，即具有明确的用海位置、用海方式、用海平面布置、用海面积及用海期限。项目用海的合理性分析是在项目用海目的、性质及其与自然环境条件适宜程度、与周边用海项目协调性等综合分析评估的基础上，科学、客观地论证项目用海选址、用海方式、平面布置、用海面积及用海期限的合理性。该部分内容是海域使用论证报告的核心内容之一，是项目用海是否可行和海域使用权属确定的主要依据。

项目用海合理性分析的主要内容包括：用海选址合理性分析、用海平面布置和用海方式合理性分析、用海占用岸线的合理性分析(不占用岸线的除外)、用海面积合理性分析(含宗海图绘制的规范性)和用海期限合理性分析。

8.1 用海选址合理性分析

通过项目用海选址方案的资源、生态、环境和工程特征等要素的综合分析，论证项目用海选址的合理性。项目用海选址的多方案比选和优化是项目选址合理性分析的主要内容，是贯彻海洋功能区划指导作用和集约节约用海原则，保护海洋生态、维护海洋功能区划功能的有效途径之一；是优化海洋产业布局，实现项目科学用海的前提条件。海域使用论证报告中应详细、客观地阐述项目用海选址合理性分析及其比选内容。

8.1.1 项目用海选址合理性分析的内容

项目用海选址合理性分析包含两个方面，其一是海域资源环境条件是否满足项目建设的需求，尤其是是否满足不同类型用海项目对海域资源环境的特殊需求；其二是项目建设是否体现了对海域资源环境的合理使用。前者在项目工程建设可行性研究方面体现得较充分，后者在海域使用论证任务中更加关注。前述章节的项目所在海域用海概况、项目用海影响分析、海域开发利用协调分析及海洋功能区划及相关规划符合性分析等的分析结果，是本章选址合理性分析的基础。并进一步分析项目用海所在的海域自然条件和社会条件能否满足项目建设和营运的要求；项目用海与自然资源和生态环境是否适宜；项目用海与周边其他用海活动是否存在功能冲突；项目用海是否有利于海洋产业协调发展。

项目用海选址合理性分析应在详细了解、掌握建设项目的工程可行性研究报告、初步设计报告等相关前期成果中用海选址方案的基础上，结合项目用海所在海域特征，依据建设项目的用海方式、用海性质、总体布置、用海规模等条件，从项目拟选用海地址的自然海岸线特征，水深和水文动力条件，工程地质条件，地形地貌与冲淤特征，周边海洋生态环境现状，项目周边生态敏感区、环境敏感目标的类型、现状与分布特点，以及项目占用稀缺的海岸线资源长度和浅海、滩涂的数量等方面，选取合适的分析方法和评价指标进行定性或定量分析，尽可能减少主观随意性的干扰，提高项目用海选址分析的科学性。分析内容应以工程可行性研究等前期工作成果为依据。

8.1.1.1　用海选址与区位条件和社会条件的适宜性分析

根据用海项目的性质，分析选址区位条件、社会条件等是否满足或适合项目建设和营运的要求。区位条件主要包括地理位置、资源环境等建设条件，有些项目选址还需考虑选址区基础设施条件，包括交通运输、电力、给水排水等。社会经济条件主要包括人口和劳动力资源、政策环境、技术水平和经济实力等。

不同的用海项目具有不同的性质和特点，项目用海选址合理性分析应注意针对性。例如港口建设项目应从地理位置、后方集疏运系统条件、港口体系、港口腹地经济发展水平、经济结构与关联程度、城市依托条件等方面进行分析，而旅游项目则应从区位条件、市场条件(客源)、经济条件、社会经济发展水平等方面论证。

8.1.1.2　用海选址与自然资源和生态环境的适宜性分析

项目选址与自然资源和生态环境的适宜性分析是项目用海选址合理性分析中的主要内容。《论证导则》中对某些用海类型的项目用海选址与自然资源和生态环境的适宜性分析应关注的内容作了相应规定：

①养殖用海选址应分析海洋环境质量、海洋水动力条件、海洋生态等方面的适宜性。

②交通运输用海、渔业基础设施用海选址应分析海洋动力、水深、海底地形地貌、泥沙冲淤、工程地质条件等方面的适宜性。

③工业用海选址应分析工程地质条件、水动力条件、海底地形地貌及其动态变化的适宜性以及海水动力条件对污(废、温)水排放量和排放浓度的适宜性等。

④旅游娱乐用海的选址应分析游客安全和舒适条件以及与景观资源、水质等自然资源环境条件的适宜性。

⑤海底工程用海选址应分析工程安全以及工程施工的难易程度等方面的适宜性。

⑥排污倾倒用海选址应分析排污倾倒区水深条件、海洋水动力条件、水体交换能力、海洋纳污能力等方面的适宜性。

⑦填海造地用海选址应当分析地形地貌、岸滩冲淤变化趋势、海洋水动力条件、海洋资源、海洋生态、泥沙输移特征、工程地质条件等方面的适宜性。

⑧海砂开采用海选址应分析岸滩稳定性和冲淤环境的适宜性，不宜选在侵蚀区和地质不稳定区。

⑨火电厂和核电厂选址应分析地质稳定性，水动力条件的适宜性，取排水口宜选择在水文动力条件好、水交换能力强的海域，不宜在敏感海域选址。

不同用海类型的项目，其用海选址与自然资源和生态环境适宜性分析中关注的内容不同。所以该部分内容的分析应根据用海项目的用海类型，从满足项目自身建设营运对自然资源、环境条件的需求及其对自然资源、环境条件的影响程度两个方面，选择主要控制和特征因子开展分析论证。下面根据《海域使用分类》（HY/T 123—2009）中划分的用海类型，分别阐释其用海选址与自然资源和生态环境的适宜性分析中应关注的具体内容。

（1）渔业用海

渔业用海包括渔业基础设施用海、围海养殖用海、开放式养殖用海、人工鱼礁用海四种类型。

养殖用海对海域生态环境条件和环境质量的要求较高，同时养殖活动产生的养殖废水排放，将加大海域的生态环境与环境质量面临的压力。所以，养殖用海选址应分析项目用海与海洋环境质量、海洋水动力条件、海洋生态与渔业资源等方面的适宜性。

渔业基础设施用海与自然资源、环境条件的适宜性分析与交通运输用海类似。

（2）交通运输用海

交通运输用海包括港口用海、航道用海、锚地用海和路桥用海。

港口用海宜选择有天然掩护，波浪、水流作用较小，泥沙运动较弱和天然水深适宜的水域。不宜在地形、地质及水文条件复杂、泥沙活动较强、流冰堆积较多的区域选址。不同规模、不同用途的港口对水深地形的要求不同，应根据港口设计规模，按照相关规范的要求，分析选址海域的水深地形条件是否满足港口建设要求。另外，应关注港口工程构筑物的基础对海底岩土工程地质条件的严格要求；例如港池、航道开挖范围内一般以易开挖的松散土层为宜；码头、护岸、防波堤等水工建筑物的基础必须有适宜的地基持力层。

航道选线尽量利用天然水深，避免大量开挖岩石、暗礁和海底不稳定易回淤的浅滩，同时还应考虑航道轴线与强风、强浪和水流主流向的关系。锚地选址应选在靠近港口，天然水深适宜，海底平坦，锚抓力好，水域开阔和风、浪、水流较小，便于船舶进出航道和具有良好定位条件的水域，并远离暗礁、浅滩。锚抓力与锚地底质关系极为密切，软硬适度的泥沙底质锚抓力最佳，硬泥和沙质底次之，砂砾较差，岩石底质不易着锚。

路桥工程用海应选择海底土体稳定、无显著的灾害地质因素、地基条件稳定的海域。

上述分析内容应以工程可行性研究等前期工作成果为依据。

综上所述，交通运输用海选址应分析与水深、海底地形地貌、海洋动力条件、工程地质条件等方面的适宜性。

（3）工业用海

工业用海包括盐业用海、固体矿产开采用海、油气开采用海、船舶工业用海、电力工业用海、海水综合利用用海和其他工业用海。

由于工业项目包含的内容广泛，项目建设对海洋生态环境的影响差异较大，在进行选址合理性分析时，应根据项目具体性质，选择主要控制和特征因子开展分析论证。如火电厂和核电厂选址除分析填海外，还需分析对环境影响较大的取排水设施水动力条件的适宜性，取排水口宜选择在水文动力条件好、水交换能力强、海洋环境容量大的海域，不宜选址在海湾、河口和生态敏感区海域。

盐业用海应选择在海水盐度高、海洋动力弱、海水水质好、周边无污染源以及气候条件良好的海区。固体矿产开采用海应分析区域矿产资源分布特点、水动力条件、水深、地形地貌、岸坡稳定性等的适宜性，如海砂开采用海选址应分析岸滩稳定性和冲淤环境的适宜性，不宜选在侵蚀区和地质不稳定区。

（4）旅游娱乐用海

旅游娱乐用海包括旅游基础设施用海、浴场用海和游乐场用海。旅游娱乐用海的选址应分析游客安全和舒适条件以及与景观资源、水质等自然资源环境条件的适宜性。

（5）海底工程用海

海底工程用海包括电缆管道用海、海底隧道用海和海底场馆用海。海底管线铺设用海应从电缆管道安全性角度出发，分析选址区域是否存在移动砂体、冲刷沟槽、液化砂土、滑坡、断层、土层强度差异大和变化复杂地质环境等不利因素，同时还要对电缆管道的登陆点选址进行合理性分析。对于沉管隧道、悬浮隧道、悬浮与沉管混合隧道的用海，应主要研究海底土体的均匀性、有无礁石或人工障碍物、海底蚀淤变化、海底水动力环境和通航条件等对隧道用海的安全性和适宜性分析。采用盾构方式施工的隧道用海，从工程可行性角度，应主要研究地质构造的稳定性、岩石完整性、岩体渗透性，分析断层、裂隙、岩石破碎、地震和涌水量等对其安全的影响。

（6）排污倾倒用海

排污倾倒用海包括污水达标排放用海和倾倒区用海。污水达标排放用海和倾倒区用海选址应分析污水排放量、排污倾倒区水深条件、海洋水动力条件、水体交换能力、海域纳污能力等方面的适宜性。

（7）造地工程用海

造地工程用海包括城镇建设填海造地用海、农业填海造地用海和废弃物处置填海造地用海。城镇建设填海造地用海指进行沿海市政设施、滨海新城和海上机场等建设的用海。一般来说，城镇建设用海的用海方式以填海造地为主。用海选址应当分析水深地形、岸滩冲淤变化趋势、海洋水动力条件、泥沙输移特征以及生态环境等方面的适宜性。

农业填海造地用海应根据农业生产类型的不同，除考虑施工期填海的影响外，还要兼顾营运期项目建设对海洋生态环境的损害和影响。特别是在具有优良水质或海域生物资源的海域，选址分析应当关注是否会加剧所在海域泥沙冲淤变化，是否会导致水生生物生态环境破坏和海域纳潮量减少；污水排放是否会导致海域水质恶化，农业大面积灌溉是否会导致地下水的海水倒灌，农药、化肥的使用是否会因面源污染而加剧所在海域的富营养化等方面的适宜性。

（8）特殊用海

特殊用海包括科研教学用海、军事用海、海洋保护区用海和海岸防护工程用海。鉴于特殊用海都有其独特性，并且其选址排他性较强，在此不做赘述。

8.1.1.3　用海选址是否存在潜在的、重大的用海风险

根据项目用海风险分析论证的结果，结合项目用海所在海域特征及周边开发活动分布状况，从项目用海风险的潜在损害范围和程度等角度出发，分析、论证项目用海是否存在潜在的、重大的用海风险。

8.1.1.4　用海选址与周边其他用海活动是否存在功能冲突

根据项目用海与周边海域开发活动的影响分析结果，结合项目用海和周边其他用海活动的用海类型和所利用海域的功能定位，分析论证项目用海是否影响周边其他用海活动的功能发挥，是否与其存在功能冲突。

8.1.1.5　用海选址是否有利于海洋产业协调发展

详细了解项目用海区域的海洋产业现状和发展规划，结合用海项目的性质和规模，分析用海项目是否有利于海洋产业的协调和可持续发展。

8.1.2　项目用海选址比选

根据《论证导则》的要求，一级论证应开展用海选址方案比选分析，宜从自然岸线特征、水深和水文动力条件、工程地质条件、地形地貌与冲淤特征、周边海域生态环境现状、周边海域开发活动与分布特点、填海面积和占用岸线长度等方面，对不同选址方案开展比选分析，优选项目用海的选址方案。

项目用海选址具有唯一性时，可不开展选址方案比选，但须阐述项目用海选址唯一性的理由。

8.1.2.1　用海选址的唯一性分析

以下几种用海情形可能会具有用海选址唯一性：

①改扩建性质的项目；

②考古发掘、海洋油气平台、海洋保护区用海项目；

③项目总体要求的标准高，条件要求苛刻，能满足项目建设的某种资源稀缺，选址的备择性差；

④用海部分是用海项目的一个功能部分，而该项目陆上选址已确定，对用海部分可供进行比选的海域空间有限，如电厂的配套码头、取排水口设施；

⑤在地理意义上对国家政策、经济发展、国防外交、关系国计民生等方面具有特殊意义的重大建设项目。

项目用海选址具有唯一性时，应分析论证用海选址唯一性的原因。

案例 8 – 1（用海选址具有唯一性示例）：燃气轮机与煤气化联合循环国家工程中心 IGCC 发电试验平台项目位于广东新会发电厂厂区内，广东新会发电厂厂址位于江门市新会区，坐落在新会区南部银洲湖西岸、工业发展区兰屋村附近，北距会城和新城区分别为 27 km 和 20 km，南至崖门水道口门约 6 km，东临黄金水道银洲湖，西接南门一级公路。

国家级 IGCC 发电试验平台项目本期建设一台 120 MW IGCC 发电试验平台。工程计划 2013 年 10 月底 6B 机组投产，2014 年 3 月底自主知识产权 CGT – 60 燃气轮机建成具备调试条件。为适应自主燃机开发时序，先期安装 6B 级机组，待自主燃机开发成功后转为自主燃机机组运行。工程拟建涉海建筑物主要有：5 000 吨级煤码头泊位 1 个（结构按 35 000 吨级预留）；3 000 吨级重件码头泊位 1 个；取排水口和电厂东侧护岸。该项目使用海域总面积为 15.475 8 hm²，其中因海堤建设放坡引起的填海用海面积为 1.626 1 hm²。

2010 年 6 月广东省粤电集团有限公司通过投标在众多竞争单位中脱颖而出，与燃气轮机与煤气化联合循环国家工程研究中心一起合作在广东新会（依托广东粤电新会发电厂厂址)建设国家第一个 IGCC 试验平台。IGCC 发电试验平台项目选址在粤电集团新会兰屋村厂址,依托粤电集团在该厂址即将建设的新会热电联产发电项目的公用工程系统,包括循环水的取水、补充水、排水、污水处理等。同时,该厂区为 IGCC 发电试验平台项目建设提供了必需的土地资源,同时依托新会热电联产发电项目建设,节约工程投资。可见,无论从工程设计,还是从工程依托方面分析本项目选址方案具有唯一性。

8.1.2.2 分析方法

(1)定性分析

当参与比较的各个要素或部分要素,缺少定量指标时,可采用定性分析方法。但定性分析方法易产生主观失误,为减少主观判断的非科学性,针对参与定性判断的要素,一般可采用专家评判法判断结果。如工程较简单,也可采用简单排序法,进行综合判断。

案例 8 - 2(能源码头工程用海选址分析与优化示例):惠州港某煤码头项目有纯洲岛厂址和黄猫洲厂址 2 个选址方案。由于惠州港某煤码头工程须实现海铁联运才能满足项目需求,因此项目选址需要综合考虑铁路运输和港口水平两项指标。本项目结合两个厂址现有的铁路运输和港口资源条件,对本项目选址运用定性的分析方法,从满足项目需求、项目用海对海洋资源环境的影响、项目用海与周边海域其他用海活动的协调性等几个方面选取指标,进行了定性和定量对比分析。经综合衡量,最终选取了纯洲岛厂址作为推荐选址。两厂址主要用海指标对比见表 8 - 1。

表 8 - 1　纯洲岛厂址与黄猫洲厂址的主要用海指标对比一览表(示例)

序号	比选指标	纯洲岛选址	黄猫洲选址
1	占用岸线长度(m)	1 620.9	1 495
2	形成岸线长度(m)	2 918.1	1 818
3	占用陆域/岛屿(hm²)	29.052 0	12.1
4	形成陆域(hm²)	82.1	73.5
5	填海(hm²)	55.664 2	53.6
	桥梁(hm²)	10.522 0	3.78
	港池(hm²)	67.791 6	29.800 0
	红树林种植(hm²)	10.172 9	0
	用海面积合计(hm²)	144.150 7	87.18
6	开山量($\times 10^4$ m³)	710.0	242
7	疏浚量($\times 10^4$ m³)	682	412.8

（续表）

序号	比选指标	纯洲岛选址	黄猫洲选址
8	凿岩量/炸礁量($\times10^4$ m³)	1	47.2
9	最终可储煤量($\times10^4$ t)	256	256
10	土地资源	纯洲岛为无居民海岛，在对纯洲岛进行合理开发利用的前提下，进行部分开山平整，对周边海域进行部分围填，可以满足项目建设用地需求	规划散货泊位建设于北段岸线，部分陆域需对黄猫洲开山成陆；南段岸线陆域纵深450 m，对于大型散货泊位纵深明显不足
11	通航条件	距荃湾港区主航道约3.0 km，开挖长约3.0 km的支线航道后便可实现与荃湾港主航道连接	距荃湾港区主航道约3.1 km，开挖长约3.1 km的支线航道后便可实现与荃湾港主航道连接
12	港务管理水平	港区管理信息化程度高，管理规范	传统管理方式，管理水平一般
13	工程地质条件	优	一般
14	对附近居住环境的影响	对附近村庄居住环境影响较小	对黄猫洲村庄居住环境影响大，需对黄猫洲村庄及避风塘实施搬迁
15	集疏运条件	通过长约1.2 km的进港铁路实现与惠大铁路衔接，集疏运条件便利	港区内需新建货装车铁路线，与荃湾车站接引，具备铁路疏运条件
16	区划规划符合性	符合《广东省海洋功能区划》、《惠州市国民经济和社会发展十一五规划纲要》、《惠州市城市总体规划（2006—2020）》和《惠州市海域开发利用总体规划（1998—2010）》	符合《广东省海洋功能区划》、《惠州市海域开发利用总体规划（1998—2010）》
17	开发需求的协调性	与周边开发需求没有冲突	该南段岸线拟建杂货泊位，与本项目在用地上存在矛盾

（2）定量和半定量分析

对于指标可量化的，可采用定量分析方法判断选址方案的优劣。通过对各种指标的比较或不同时期同一指标的对照，反映出数量的多少、质量的优劣、效率的高低、消耗的大小、发展速度的快慢等指标的优劣，为鉴别、判断项目的选址合理性提供明确的信息。

案例 8 - 3(钢铁基地工程用海选址合理性分析论证示例):某钢铁建设项目选址拟采用层次分析法(AHP)模型与方法,在充分借鉴相关研究成果的基础上,广泛征求了专家的意见并结合实践给出了各评价因子权重,该模型有定性指标与定量指标两部分形成整体的评价指标体系。其中,定量指标以选址方案中可以量化的指标为基础,统计各选址方案的相关工程开挖及抛泥量、移民搬迁损失、底栖生物损失等因子;同时,项目选址受周围环境或其他要素的互相作用和影响,如与相关规划的协调、对产业结构调整的推动、对生态等方面的影响构成定性指标的内容见表 8 - 2。

模型中定量指标利用现状调查及项目用海影响分析的结果,定性指标通过专家评分方法进行了量化,各参数的权重由区域环境特点及受关注程度、在相关因子中的地位决定,参数分值采用 10 分制,以"10、8、6、4、2"的等级分值代表影响的大小,具体取值标准参见表 8 - 3,各选址方案总得分由各分值乘以权重求和获得,分值越高,表示对该选址正面评价越高,负面评价越低。本次选址分析中以水环境、生态环境和社会环境为主,着重分析具有综合性、深远性的指标,评价指标主要有水质达标率、污水处理率、生态完整性、底栖生物破坏性、社会经济、文物古迹、移民安置等组成。选址比选分析采用的 AHP 模型结构见表 8 - 4。

表 8 - 2　选址分析比较指标体系(示例)

分析要素	工作目标	分析指标
水环境	所在海域满足水质要求; 水动力、泥沙冲淤环境最小; 生产生活用水保护; 满足鱼类生存及繁衍的基本条件	海域水质达标率; 污水处理率; 污水排放量; 温排水扩散范围; 余氯扩散范围
生态环境	保护海域生物多样性; 保护区域陆生、海生态环境及栖息地; 保护生物群落结构及种群密度; 维护海域生产力	填海面积大小; 占用自然岸线长度; 是否导致物种消失; 与重要生境的位置关系及影响程度; 对保护物种的影响; 是否因本项目实施导致陆域生态结构发生变化; 是否因本项目实施导致海域生态结构发生变化; 与海域整治规划的一致性; 港池开挖、抛泥对海域环境的影响

（续表）

分析要素	工作目标	分析指标
社会环境	通过项目建设促进当地经济发展； 增加当地财政收入，提高居民生活水平； 保护当地民风民俗； 保护基础设施	对基础设施建设的影响； 对地方财政收入的贡献； 钢铁工业的增加值； 对产业结构推动作用大小； 解决当地就业人数； 对生产生活条件的影响
拆迁及移民安置	减少移民安置和搬迁； 保护土地、海域质量； 符合相关政策和规划； 不降低移民的生活质量	占用土地数量； 占用海域面积； 移民数量； 工程前后移民生活质量水平

表 8-3　指标等级划分及分值（示例）

影响	小	较小	中等	较大	大
正面影响	2	4	6	8	10
负面影响	−2	−4	−6	−8	−10

表 8-4　项目选址评价 AHP 模型与方法（示例）

项目	分析指标	权重	选址1	选址2	选址3	选址4
水环境	海域水质达标率		2				
	污水处理率		3				
	污水排放量	15	2				
	温排水扩散范围		4				
	余氯扩散范围		4				
生态环境	填海面积大小		5				
	占用自然岸线长度		5				
	是否导致物种消失		6				
	与重要生境的位置关系及影响程度		4				
	对保护物种的影响	41	6				
	是否因本项目实施导致陆域生态结构发生变化		4				
	是否因本项目实施导致海域生态结构发生变化		3				
	与海域整治规划的一致性		3				
	港池开挖、抛泥对海域环境的影响		5				

（续表）

项目	分析指标	权重	选址1	选址2	选址3	选址4
社会环境	对基础设施建设的影响	28	4			
	对地方财政收入的贡献		5			
	钢铁工业的增加值		3			
	对产业结构推动作用大小		5			
	解决当地就业人数		5			
	对生产生活条件的影响		6			
拆迁及移民安置	占用耕地面积	16	3			
	占用海域面积		3			
	移民数量		6			
	工程前后移民生活质量水平		4			

上述案例的论证介入时间较早，在初期勘测设计阶段就对项目用海影响给予了足够的重视。可见，论证工作的早期介入，对系统、客观的分析和论证项目用海选址的合理性、协调项目建设与生态环境的影响方面都起到了积极作用，在评价方法的选择时也有较大的自由度。

在实际操作中，定性和定量（半定量）分析这两种分析方法对具体指标、数据、资料的要求虽然不同，但并不能就此把定性分析与定量分析截然划分开来，两者结合灵活运用才能取得最佳效果。

8.1.2.3　用海选址比选分析

（1）比选分析步骤

需要开展用海选址方案比选的项目，首先应详细了解用海项目工程可行性研究等相关前期工作成果中的各个选址方案、方案比选主要考虑的要素和比选结果。在此基础上，结合项目用海特点和所在海域特征，在工程可行性研究方案的选址比选要素中，增加用海选址的海洋要素判别指标，对不同用海选址方案进行综合比选和优选。

其次，用海选址比选应依据建设项目的用海方式、用海性质、总体布置、用海规模等，从项目拟选各个用海地址的自然岸线特征、水深和水文动力条件、工程地质条件、地形地貌与冲淤特征、周边海洋生态环境现状、周边海域开发活动与分布特点、填海面积和占用岸线长度等海洋要素考虑，进行方案比选和优选。

最后，在充分考虑了海洋比选要素的基础上，分析、比较各选址方案的优点、缺点，阐明项目选址方案的比选和优化结果。

（2）比选分析的要点

项目用海选址方案比选应注意下述要点：

①从各选址方案的用海规模、性质、总体布置等要素出发，分析比较各选址方案用海是否符合海洋功能区划和行业发展规划等相关规划；

②从各选址方案用海与海域资源环境的适宜性出发，分析比较各选址方案用海是否科学、合理开发利用海洋资源；

③从项目用海风险出发，分析比较各选址方案用海是否具有潜在的、不可回避和抗拒的重大风险等；

④从项目用海与周边海域开发活动、海域主导功能的协调一致性出发，分析比较各选址方案用海对周边开发活动的影响；

⑤从各选址方案用海与所在海域社会经济发展需求、海洋产业发展规划等的适宜性角度考虑，分析比较各选址方案用海对海洋产业协调发展的作用。

对一些有特殊要求或位于生态与环境敏感区的建设项目，还应在建设项目的用海选址方案比选和优化的基础上，阐明项目用海的备选方案。项目用海备选方案应是建设项目用海选址方案优化比选过程中的次优方案。建设项目用海选址的备选方案应明确用海规模、用海布置方式、用海性质、总体布置和具体的平面布置尺度等基本要素。而对一些项目用海选址方案不尽合理，但因为某种原因，不得不采用此选址方案的，也应提出具体的用海优化建议或者采取其他"补救措施"，如案例 8 - 4。

案例 8 - 4（核电、火电类用海工程选址比选分析示例）：某核电厂现厂址位于前薛半岛南端岐尾岬角附近的岐尾山，比选厂址位于万安村，见图 8 - 1。

图 8 - 1　福建福清核电厂现厂址位置图

核电工程项目的选址受控因素较多，并有较多严格要求，同样本项目选址也是遵循相应的技术规程和反复方案比选而确定的。

1）项目用海选址比选分析

海域使用论证报告送审稿中的项目用海选址引用了《某核电厂初步可行性研究报告》中对万安厂址和前薛厂址各方面的对比分析内容，具体分析结果见表 8 - 5。

表 8 - 5　福建福清核电厂厂址条件比较表（初可研阶段）

比较条件		A - 前薛厂址	B - 万安厂址	单项比较
（1）地理位置	所属乡	福清市三山镇西南前薛村	福清市东瀚镇万安村	
	位置	厂址地处突入兴化湾的岐尾山中，东、南、西三面环海，东北与前薛村陆地连接。距前薛东林自然村直线距离 1.8 km	厂址地处福清市东瀚镇万安村的架墙头，东临东海，距万安高坪自然村直线距离 0.7 km	A≈B
	与城镇关系	西北距福州市 71 km，北距长乐市 58 km，西北距福清市 32 km，东北距前薛东林自然村 1.8 km，（均为直线距离）	西北距福州市 85 km，西北距福清市 49 km，东北距平潭县 21 km，距万安高坪自然村 0.7 km，（均为直线距离）	
（2）地形条件		厂区狭长，为贫瘠的丘陵、滩涂地形，山体较小，最高山顶高程 56.78 m。滩涂地标高 0 ～ -3.2 m	厂区为贫瘠丘陵地形，最高山顶高程 130.10 m，山体北部为滩涂，标高在 0～3 m	A＞B
（3）地震	大地构造位置	闽东中生代火山断陷带	同左	A≈B
	新构造位置	闽东沿海差异活动区的中段上升区	闽东沿海差异活动区的中段上升区	A≈B
	地表断裂	近区域的 7 条主要断裂的最新活动时代均为中更新世（或其晚期、末期），晚更新世以来不活动或未发现其活动现象，无发震断裂。厂址附近范围内未发现能动断层	近区域的 4 条主要断裂的最新活动时代均为中更新世（或其晚期、末期），晚更新世以来不活动或未发现其活动现象，无发震断裂。厂址附近范围内未发现能动断层	A≈B
	厂址的 SL - 2 高值	0.19 g	0.22 g	A＞B
	地震基本烈度	Ⅶ度	Ⅶ度	A≈B
（4）岩土工程	地质构造	无断层	两条小断层，其对地基的影响有待下一阶段查明	
	不良地质作用与地质灾害	厂址区内不存在岩溶、地面塌陷、泥石流、滑坡，不存在采空区和地下工程，主厂区无崩塌和基土液化问题	厂址区内不存在岩溶、地面塌陷、泥石流、滑坡，不存在采空区和地下工程，主厂区无崩塌和基土液化问题	A≈B
	建筑场地类别	主厂区建筑场地类别为Ⅰ类	主厂区建筑场地类别为Ⅰ类	
	厂坪标高或以下地层	主厂区大部分位置为中等风化、微风化黑云母花岗岩，少部分位置为全风化、强风化黑云母花岗岩和残积土	主厂区位置为微风化花岗岩	

（续表）

	比较条件	A - 前薛厂址	B - 万安厂址	单项比较
(4) 岩土工程	岩体完整程度与岩体基本质量	岩体大部分为较完整~完整，岩体基本质量等级为Ⅱ~Ⅰ级，少部分地段岩体为较破碎~破碎，岩体基本质量等级为Ⅲ~Ⅳ级	岩体完整，岩体基本质量等级为Ⅰ级	
	地基承载力特征值	中等风化花岗岩承载力特征值为11.7 Pa，微风化花岗岩的承载力特征值为13.0 Pa	微风化黑云母花岗岩的承载力特征值为38.5 MPa，微风化细粒花岗岩的承载力特征值为62.0 MPa	A≈B
	地下水	地下水对建筑材料具弱腐蚀性；地下水对建筑物的安全没有影响；厂区地下水与区外的地下水无水力联系，不存在地下水与地表水体之间的水力联系，对环境没有影响	地下水对建筑材料具弱腐蚀性；地下水对建筑物的安全没有影响；厂区地下水与区外的地下水无水力联系，不存在地下水与地表水体之间的水力联系，对环境没有影响	
(5) 总平面布置条件	用地适宜性	场地可满足六百万千瓦装机容量建设用地要求，主生产区、辅助生产区、厂前区可布置在山丘上，施工场地布置在滩涂地	场地可满足六百万千瓦装机容量建设用地要求，主生产区、部分辅助生产区、厂前区布置在高程相对较低的山体上，开关站布置在高程相对较高的山体上，施工场地布置在厂区北部的滩涂地上	
	地基适宜性	厂址已有基岩出露，可作主厂房用的地基条件较好，但需落实基岩的埋深及分布范围	作主厂房的地基条件较好，但要注意高边坡的问题	A>B
	场地平整	厂坪标高暂定为11.0 m，厂区土石方工程挖方988万 m³，填方995万 m³，填挖基本平衡	厂坪标高暂定为11.0 m，厂区土石方工程挖方1 722万 m³，填方1 295万 m³。拟在厂址附近的滩涂弃置约427万 m³	
	防护工程	人工边坡高约20 m	人工边坡高达60 m	
	占地移民	无耕地、移民	占用少量耕地，无移民	
(6) 工程水文	潮位	最高潮位3.40 m 最低潮位 -3.71 m	最高潮位3.14 m 最低潮位 -3.38 m	
	可能最大风暴潮增水	3.38 m	3.33 m	A<B
	风浪	台风浪：$H_{1\%}=10.68$ m 厂址百年一遇的 $H_{1\%}=4.87$ m	台风浪：$H_{1\%}=10.20$ m 厂址百年一遇的 $H_{1\%}=5.65$ m	
	水温	表层水温高于万安1.6℃	表层水温低于前薛1.6℃	
	海水取排水条件	较差(7 m等深线离岸较远)	较好(7 m等深线离岸较近)	
	淡水取水条件	闽江调水加水库调节	闽江调水加水库调节	
(7)距负荷中心距离及输送电线路条件		电力出线条件较差	电力出线条件较好	A<B

（续表）

比较条件		A-前薛厂址	B-万安厂址	单项比较
(8)交通运输条件		厂址附近无铁路运输，距西北部的福州火车站直线距离约71 km；公路运输便利，厂址至前薛村2 km为乡村道路，前薛村至三山镇为乡镇公路12 km，并与省道(福清—三山镇段)连接；江阴港为国际港口，厂址西南8.5 km为江阴港航道，由江阴港航道经兴化湾中部水道，通过南日水道进入外海航道。厂址西南部可设3 000吨级自备码头一座	厂址附近无铁路运输，距西北部的福州火车站直线距离约85 km；公路运输便利，厂址至东园村4 km为乡村道路、路窄且坑洼不平，东园村至东瀚镇为乡镇公路10 km，并与省道202(福清—东瀚镇段)连接；厂址南面有兴化湾航道，通过南日水道进入外海航道。厂址与航道最近距离为8.5 km 厂址东南部可设3 000吨级自备码头一座	A≈B
(9)应急计划		厂址15 km范围内，无难撤离的设施，应急计划简单	厂址15 km范围内，无难撤离的设施，应急计划简单	A≈B
(10)人口及人口分布	最近居民点	距最近的村庄——前薛东林自然村1.8 km	距最近的村庄——万安高坪自然村0.7 km	A≈B (厂址80 km内人口数以万安厂址少，但万安厂址在建电站时迁移居民多)
	厂址0.5 km内人口数	厂址1 km内无居民	厂址0.5 km内有546人。若按厂址建4台核电机组考虑，万安自然村在电站非居住区范围内，现有人口988人	
	厂址5 km内人口数	现有9 361人	现有14 110人	
	厂址80 km内人口数	7 655 843人(2002年)	4 839 236人(2002年)	
	距厂址最近的城镇方位、距离和人口数	沙埔镇(镇政府所在地为沙埔村)位于厂址E方向8.7 km，2 250人(2003年)	南海乡(乡政府所在地为陈厝村)位于厂址E方向6.5 km，1 140人(2003年)	
	厂址0.5 km内人口数	厂址1 km内无居民	厂址1 km内有万安和高坪两个自然村，现有372户，1 387人；均在电站非居住区0.5 km范围外	
(11)工业企业	厂址5 km内的工矿企业	只有三个盐场：华邱制盐有限公司、虎邱盐场、五七盐场	有莲峰皮革厂、徐镜开采石场和小规模的紫菜养殖加工厂	A≈B
	厂址15 km内较大的工矿企业	有22家年产值1 000万元以上的企业，其中融林塑胶五金实业有限公司、贸旺水产有限公司、福建福盛门业制造有限公司年产值达15 000万元	有10家年产值1 000万元以上的企业，其中融林塑胶五金实业有限公司、贸旺水产有限公司、福建福盛门业制造有限公司年产值达15 000万元	
(12)军事和文化设施	厂址15 km内军事设施	无	无	A≈B
	厂址5 km内学校	小学4所，学生1 645人，教师75人	初级中学1所，学生786人，教师46人；小学9所，学生2480人，教师95人	
	厂址5 km内医疗单位	保健站10个，医生15人	保健站12个，医生24人	

（续表）

比较条件		A－前薛厂址	B－万安厂址	单项比较
（13）外部人为事件	厂址 30 km 内机场	无	无	
	厂址 5 km 内空中航线	无	无	A≈B
	厂址 15 km 内操作、贮存危险品的工矿企业和仓库	除 3 个液化气储配站和 9 座加油站外，无其他危险品的工矿企业和仓库	除 1 个液化气储配站和 5 座加油站外，无其他危险品的工矿企业和仓库	
（14）淡水水源		闽江调水工程中龙高支线输水管接入距厂址约 11 km 的总库容 114.9 万 m³ 北林水库，可保证核电厂的淡水供水	闽江调水工程中龙高支线输水管接入距厂址约 6 km 的总库容 103 万 m³ 的具有多年调节能力的海尾溪水库，可保证核电厂的淡水供水	A＜B
（15）大气弥散	自然条件	地处福清市龙高半岛端部，地形开阔，主导风向突出秋、冬、春三季的为 NE，夏季为 SW，年平均风速较大，在 4.5～5.5 m/s 之间。大气弥散条件较好	同左。万安厂址地处海潭海峡南口，"因狭管效应"风速会大于前薛厂址，另外，从对下风向的居民的可能影响考虑，万安厂址较有利	A＜B
（16）水体弥散	自然条件	厂址濒临兴化湾北岸海洋潮汐为正规半日潮型，潮流为沿岸往复流，水体弥散条件较好	厂址地处海潭海峡南口，较前薛厂址更靠外海，环海面阔，水体弥散条件好	A＜B
（17）厂址工程投资	场地平整土石方投资	24 700 万元	43 050 万元	
	征地费用（含赔偿费）	8 096 万元	9 244 万元	
	取、排水工程费	46 248 万元	14 777 万元	A＜B
	道路及码头工程费	7 680 万元	9 360 万元	
	防护设施工程费	11 721 万元	7 683 万元	

注：A≈B 表示 A 厂址与 B 厂址条件相当，A＞B 表示 A 厂址条件较优于 B 厂址。

　　初可研阶段得出以下结论：从以上多方面进行初步比较，前薛厂址优于万安厂址。

　　本项目海域使用论证报告书中的说明是：初可研阶段的选址比选虽符合核电行业技术标准，但因核电行业技术标准自身存在的涉海评估体系不完善的限制，造成了初可研阶段当时的选址比选及这个结论的得出并没有涉及海域使用和对海洋生态环境和其他海洋开发的影响等方面的对比。

2）项目选址合理性方面存在的问题

项目选址合理性方面存在的问题主要有以下几方面：

①工程区附近海域的水深（即温排水掺混散热的海水水体的厚度）对温排水影响范围起很大的作用。项目厂址所在的前薛半岛南北两侧是兴化湾东北岸的大片潮间浅滩，水浅，不利于温排水的掺混散热，温排水影响范围较大。尤其最大温升1℃的最大影响面积高达约 $10.62 \ km^2$（一期工程）。

②项目用海区及周边海域海水养殖密集，项目用海对当地海水养殖业有较大影响：项目海域工程建设需占用原养殖海域；温排水用海对海水养殖具有排他性，尤其是，项目用海海域夏季本底水温较高，夏季温排水温升超过2℃就可能造成养殖的紫菜出现部分烂苗；施工工程泥沙入海影响范围也较大。

③前薛厂址按周边人口分布评价结果，属Ⅱ类厂址。另外，前薛厂址地处狭长的龙高半岛中部海滨，由于地理位置和条件所限，在确定不同方向的两条应急撤离路线也有一定的难度。

综上所述，整个选址过程严格和适宜，工作方法和程序正确，厂址条件方面各项建厂条件和指标均可以接受，许多的建厂条件和指标是很优越的，从工程本身建设要求而言，项目工程建设选址合理。这是项目选址的合理的方面。

项目选址不合理的方面：项目用海选址从利益相关者协调和海洋生态环境保护角度看，项目海域海水养殖业发达、产值高，兴化湾是福建省海洋生物资源和渔业资源最为丰富的海湾之一，生态环境较为敏感和脆弱。项目选址阶段考虑的海洋资源环境因素较少，项目建设将对兴化湾的海洋生物资源、渔业资源、海水养殖和海洋生态产生损害，其影响是长期的。因此，项目的用海选址不够合理。

温排水影响范围大，对养殖影响大，即项目业主需要为此征用较大面积的温排水用海范围而多支付海域使用金，需要较多的养殖补偿，由此，业主单位方面，将增加核电厂的建设和营运成本；受影响的从事养殖的渔民方面，利益受损，主要收入来源被终止；海洋资源有效利用方面，项目对周边海水养殖业造成较大影响，工程需征用的海域面积较大，造成海洋资源的浪费。

但前薛村厂区三通一平前期工作已完成，已投入较大资金，易址于海域条件较好的万安村厂址建设显然也不现实，只能采取优化排水工程方案的"补救办法"，减少温排水对海水养殖活动的影响。

8.2 用海平面布置和用海方式合理性分析

开展项目用海平面布置和用海方式合理性分析，是项目用海合理性分析的主要内容之一，是贯彻集约、节约用海原则的具体体现，是海域使用论证工作中的重要内容。通过用海平面布置和用海方式合理性分析，寻求即能满足项目运营需求，又符合集约节约用海原则的用海方案，是开展项目用海平面布置和用海方式合理性分析的主要目的，同时也可为项目用海面积界定等提供基础依据。

8.2.1　用海平面布置合理性分析

8.2.1.1　项目用海平面布置的影响因素和一般要求

1）项目用海平面布置的影响因素

项目用海的平面布置合理性分析，是指在满足使用功能要求的条件下，结合海域的自然条件，分析论证项目用海各功能区的平面布置的合理性，一般需考虑不同用海方案的平面布置及其影响因素。

项目用海平面布置的影响因素很多，包括外部因素、生产因素、管理及生活因素、自然因素、交通因素、安全因素、环境因素和用地因素等。海域使用论证中的用海平面布置合理性分析，需要依据项目的工程可行性研究报告、项目的初步设计报告等工程前期工作成果中的工程用海平面布置方案，在考虑海洋要素的基础上，分析项目用海平面布置的合理性。

一般情况下，影响项目平面布置的海洋要素包括海域工程地质条件、海洋水动力条件、海域水深条件等。

（1）海域工程地质条件

海域工程地质条件是项目用海平面布置的基础之一。应选择岩土工程条件较优的区域或地段作为用海工程建设场地。对于主厂房、烟囱等主要建筑物宜布置在土质均匀、地基承载力较高的地区。在有条件的工程场地，应优先采用基岩或坚硬、密实土层作天然地基。分析项目用海平面布置合理性时，应充分研究岩土工程勘测、勘探资料，在查明工程地质条件及岩土工程分区的基础上，分析项目用海的工程地质条件合理性。上述因素一般是工程可行性研究报告和工程初步设计等工程前期工作成果中必须考虑的因素。论证工作可依据其前期工作成果，从冲淤影响和工程地质灾害等角度分析用海项目的海域工程地质条件的适宜性。

（2）海洋水文动力条件

海洋水文动力条件主要包括潮位、波浪、潮流、流速、流向、含沙量、冲淤现状、水温、冰冻资料等。例如在港口工程的平面布置中，海域的潮汐波浪特征制约了码头、港池、航道等的布置，影响航道、防波堤轴线，影响水工构筑物布置与结构，影响泥沙运动和海域冲淤特征。在港口平面布置的合理性分析中，应注重对泥沙运动的调查与研究。特别是在粉砂质海岸，波浪掀沙是港口回淤的主要诱因，而近岸复杂水流运动，沿堤水流运动携带泥沙在航道落淤对航道淤积起着重要作用。所以针对粉砂质海岸港口的建设，应根据泥沙运移特征和水动力特征，分析港口布置的合理性。

（3）海域水深条件

海域水深条件也是项目用海平面布置的主要影响因素。对于港口工程，项目所在海域的水深条件会影响码头布置，一般情况下，码头宜布置在水深条件较好的海域，比较有利于水深的保证和减少码头建设的疏浚量等。

2）项目用海平面布置的一般要求

只有充分了解项目用海平面布置的一般要求，才能更准确地分析项目用海平面布置的合理性。依据项目总平面布置设计标准或规范中规定的一般要求，结合项目用海需求及其所在海域的特征，才能更好地进行项目用海平面布置合理性和比选分析。以下以滨海电厂取排水口布置的一般要求为例说明。

一般情况下，滨海电厂取排水口布置应考虑：

①取排水口位置离电厂用水点和排放点近，但排水口的水温经稀释扩散后回归至取水口的温升一般不宜超过1℃。

②取排水口应设在地质构造稳定、承载力大的地基上。

③取水口应保证具有足够的水深条件和较好的水动力条件。

④取水口朝向避开最大波浪方向。

⑤取排水口应选择在水质较好、水中漂浮物和泥沙较少的地段，也应避开潮流过急易于产生严重冲刷的地段。

⑥施工条件良好，尽可能减少水下工程量。

⑦北方地区还应考虑海冰的影响，应设在不受冰块撞击的地点；还应考虑冰层下取水和排水的要求。

⑧同时应考虑电厂总体规划方案和周围环境条件和要求。

在充分了解滨海电厂取排水口的布置要求后，才能更客观地分析取排水口布置的合理性。

无论何种用海类型，都应该首先了解项目用海总平面布置的要求和影响因素，再结合用海项目所在海域的生态、环境特征及工程总平面布置特点，才能使项目用海平面布置合理性分析更具备合理性。

8.2.1.2 用海平面布置合理性分析

《论证导则》中对平面布置合理性分析内容作了明确要求，即结合项目总体布置、平面布局、功能单元之间的相互关系，主要从以下几方面进行分析：

①平面布置是否体现集约、节约用海的原则；

②是否最大程度地减少对水动力和冲淤环境的影响；

③是否有利于生态和环境保护；

④是否与周边其他用海活动相适应。

一级论证项目应开展多方案比选分析，提出用海平面布置方案的优化建议。

项目用海平面布置合理性主要体现在平面布置的集约性、功能分区合理性、生产工艺流程的合理性等方面。应从是否体现集约、节约用海原则，最大程度地减少对水动力和冲淤环境的影响，有利于生态和环境保护，并与周边其他用海活动相适应等方面开展分析，对于一级论证项目，应开展平面布置比选分析。对于项目用海平面布置不合理的，应提出用海平面布置的优化建议。

1）平面布置是否体现了集约、节约用海的原则

集约节约用海是项目用海平面布置应遵循的重要原则之一，可从功能分区、生产工艺流程、紧凑布置和逐步建设的合理性等角度，分析项目用海平面布置是否体现了该项原则。

（1）功能分区

根据项目各设施的不同特点和功能要求，分析功能分区的合理性。为了便于生产管理，各功能区内应尽量做好联合布置，如对生产联系密切、生产类别相同、同开同停的工艺装置，是否采取了成组密集布置的方式，形成联合布置的工艺装置区。又如在辅助设施区和生产管理区，性质和功能相近的设施是否集中布置，如循环水场、净化水场及水源加压泵站等，是否集中布置在一个功能区；生产管理综合楼、办公楼、中心化验楼及环境保护监测站等，是否集中布置在生产管理区等。

（2）生产工艺流程

用海工程的平面布置方案与生产工艺流程密切相关。总平面布置首先应满足生产工艺流程，从而保证企业生产流程的合理性和连续性，为企业良性运转和可持续发展提供重要保障。合理统筹安排工程内构筑物、运输线路和管线等设施，达到生产作业流程顺畅，物流运行距离最短，各部分功能优化等目标，也是判明布置合理性分析的重要内容之一。

（3）紧凑布置和逐步建设

考虑市场发展的要求，企业的改建和扩建是不可避免的。改扩建项目的平面布置应近期集中，远期外围，自内向外，由近及远的逐步建设原则，将先建工程建设项目集中紧凑布置。同时，布置时应与后期工程相互协调，通过道路与管线的链接，为后期工程创造良好的建设条件，并避免后期工程的施工影响前期工程的生产。同时，改扩建厂的总平面布置要考虑综合利用，尽量挖掘厂区潜力，对原有的建构筑物、铁路、道路、管线尽量利用，减少或不新增用海；新建设施，尽可能考虑联合布置，如石化企业改扩建项目，应尽量考虑新建装置的联合布置，油罐组加大街区，集中布置。

总之，项目用海平面布置的集约节约原则，应体现在既符合用海项目相关设

计标准的要求，又可满足工程实际需要。不同的用海项目在平面布置设计应遵循的设计规范中，有不同的平面布置、用地面积等技术要求，所以，针对不同的用海项目，应该首先了解其行业、国家的相关设计技术规范，再根据项目建设规模和用海特征进行平面布置合理性分析。

　　2）是否最大程度地减少了对水动力和冲淤环境的影响

　　根据项目用海平面布置特征及其项目建设对资源环境的影响分析结果，分析项目用海总平面布置是否最大程度地减少了对水动力和冲淤环境的影响，如码头建设，应根据水深测图，选择项目所在海域中水深条件比较好的海域建设码头，减少疏浚工程量，进而减少因地形改变造成的水动力和冲淤环境的变化；再如取排水工程的形式多种多样，有的在岸边开闸直接取排水，有的构筑导流堤离岸取排水，还有借助管道、离岸工程设置取排水设施实现取排水功能，不同的取排水方式对水动力和冲淤环境的影响是不同的，应针对不同的取排水方式进行合理性分析。

　　港口工程类用海项目，可参照《海港总平面设计规范》等相关规范的要求，分析防波堤、码头、港池、航道的布置和走向的合理性，在满足生产需要的前提下，遵循节约岸线、节约海域资源、保护环境、保护生态、减少对海域水动力环境的影响等原则，开展平面布置的合理性分析。

　　3）是否有利于生态和环境保护

　　根据项目用海对资源环境的影响分析结果，结合项目用海平面布置特点及其海域生态环境特征，分析项目用海平面布置是否有利于降低对海域生态和环境的影响，是否有利于生态和环境的保护。合理的用海平面布置，将减少项目用海对海域生态环境的影响，有利于海域生态环境的保护。例如电厂取排水口的布置中，若工程的平面布置合理，则有利于减少电厂温排水影响面积，也有利于温升水的掺混，有利于减少对生态环境的影响；再如码头布置在深水区，则可减少工程的开挖和疏浚工程量，进而减少码头施工产生的悬浮泥沙量，降低对海域生态和环境的影响。

　　4）是否与周边其他用海活动相适应

　　根据项目用海平面布置的特征，结合项目周边用海活动现状，分析项目用海平面布置与周边其他用海活动的协调性，与周边海域用海功能的一致性，同时应分析项目用海平面布置对周边用海活动造成的影响和平面布置的衔接性等。例如液体化工类用海工程应集中布置并与周边海域的用海功能适宜，在平面布置中与周边其他类别的用海项目之间，应设置过渡带、安全带等；应根据相关规范和法规，合理确定与周边其他用海活动之间的防护距离。再如港口平面布置可能会影响周边旅游度假区的功能发挥，应注意平面布置与周边其他开发项目的衔接性。

8.2.1.3　项目用海平面布置方案比选分析内容

项目用海平面布置方案比选和优化是项目用海平面布置合理性分析论证的主要技术方法，也是贯彻集约节约和科学用海原则的具体体现。《论证导则》中要求一级论证项目，应开展比选分析，并提出用海平面布置方案的优化建议。

（1）比选分析步骤

项目用海平面布置的比选分析应首先详细了解和掌握建设项目工程可行性研究等相关前期工作成果中各用海平面布置方案、方案比选的主要要素和比选结果。

其次，在前期工作成果中的比选结果基础上，结合项目的用海特征，在工程可行性研究给出的用海平面布置方案的比选要素中，增加用海平面布置的判别指标，即将项目利用自然岸线长度和特点、占用浅海和滩涂等稀缺资源的数量与特征、对水动力条件的扰动、对地形地貌与冲淤的影响、对海洋生态环境的干扰和影响、用海的风险概率和损害程度等海洋要素作为比选要素，采用客观、有效的比较分析方法，分析研究不同用海平面布置方案各特征要素的影响结果，并据此优化用海平面布置方案。

最后，明确项目用海平面布置方案的优化结果，项目用海平面布置不尽合理的，还应给出调整平面布置的建议。

（2）比选分析关注要点

海域使用论证报告应详细阐述项目用海平面布置方案比选和优化的过程，明确比选或优化结果，比选分析过程中应关注下述要点。

①根据项目用海的规模、性质和平面布置特征，从利用海岸线长度和特点，利用浅海、滩涂等稀缺资源的数量等方面，分析论证项目各用海平面布置是否符合集约节约用海原则。

②根据项目用海对周边海域水文动力环境、地形地貌与冲淤环境的影响分析结果，比较分析各平面布置方案对海洋水文动力环境、地形地貌与冲淤环境的影响程度，明确对水动力和冲淤环境影响最小的平面布置方案。

③根据项目用海对海洋资源、海洋生态环境的影响分析结果和项目用海风险分析结论，比较分析各平面布置方案对生态和环境保护的影响，给出更有利于生态和环境保护的平面布置方案或者优化建议。

④从项目用海平面布置特征、周边海域开发利用现状及周边海域开发活动利用海域功能的需求等方面，分析比较各平面布置方案对周边开发活动的适应性。

⑤若项目用海平面布置不尽合理,应依据分析论证结果,提出调整和优化用海平面布置方案的建议。

此外,在开展项目用海平面布置比选分析时,还应遵循平面布置设计标准和规范要求,结合不同用海类型项目的用海特征及所在海域特征等,选择合理、恰当的比选要素。例如滨海电厂取排水口设置方案的比选,其遵循的原则是在取排水方案可满足电厂安全取排水要求的条件下,以尽量减少温排水的温升影响面积为定量指标,同时还应满足工程海域海洋生态与环境保护的要求。根据项目排水工程特点,并结合工程附近海域自然条件和开发利用状况,筛选出取排水工程方案的资源、环境影响比选指标,分析不同取排水工程方案对海洋生态环境的影响、对海洋资源(包括海洋空间资源)的影响程度、养殖面积的损失及养殖户利益相关者的影响等,包括:对生态环境、海洋资源的影响;海洋空间资源影响;养殖面积损失和对海水养殖利益相关者的影响;温排水的影响面积;对海域水动力和泥沙冲淤环境的影响分析等方面开展分析与比选,得出既经济又合理的取排水工程平面布置方案。

案例 8-5(大型钢铁基地用海平面布置优化示例):某大型钢铁用海项目,选址于广东湛江东海岛,建设规模为年产钢水 1 025.6 万 t,连铸坯 1 000 万 t,项目主要建设内容包括主体工程、辅助工程、公用工程三部分。主体工程包括烧结、球团、焦化、炼铁、炼钢至轧钢等生产单元;辅助工程包括为主体工程配套的码头、原料场、石灰石和白云石焙烧、自备电厂、氧气站等;公用工程包括全厂供配电、给排水、燃气、热力、通讯、全厂仓库、机修设施、全厂检化验及厂内总图运输等设施、固体废物综合利用场等。

(1)主体工程

湛江钢铁项目厂区规划用地面积为 1 285 hm²,其中 155.26 hm²(成地面积)为填海造地形成,填海造地总土方量约 4 350 万 m³,其中 1 497 万 m³ 取自厂内陆域平整,2 853 万 m³ 取自港池疏浚和码头基槽开挖。围填海的护岸总长约6 500 m,为斜坡堤结构。项目占用原有海岸线长 9 158 m,建成后形成有效岸线(泊位岸线)总长 6 460 m。

(2)项目用海工程

码头工程:码头工程是钢铁项目的水路交通运输工程,是钢厂生产工艺和物流运输的重要环节,主要为满足钢铁项目生产所需的原辅料运入和产成品运出要求服务。钢铁基地产品生产连续,货运量大,货源稳定,专用码头的建设是钢厂生产营运的重要组成部分。

码头位置:码头工程位于湛江东海岛东北部,湛江港湾潮汐通道的南侧,港

图 8 - 2　湛江钢铁基地总体布置效果图

口地理位置为北纬 21°11′11″、东经 110°24′21″。与湛江市陆距约 45 km，海距约 17 n mile。根据《湛江港总体规划》，工程位于规划中的东头山岛港区东海岛北部 6.5 km 深水岸线区的龙腾至蔚律段，水深条件良好，适合建设 10 万吨至 30 万吨级码头。依据《湛江港总体规划》，东海岛港区远景功能为大型物流中转基地。

建设规模：根据海运的物料运量、运距和经济船型，确定本项目码头工程的建设规模。项目拟建 17 个专用码头泊位，包括 30 万吨级、20 万吨级矿石码头泊位各 1 个，10 万吨级煤码头和 10 万吨级矿煤码头泊位各 1 个，码头结构形式为钢管桩的高桩梁板。2 万、1 万和 5 千吨级等码头泊位 13 个，其中全天候 1 万吨级泊位 1 个，采用预应力混凝土空心方桩的高桩梁板式结构。设计通过能力为 5 065 万 t，其中输入 3 426 万 t/a，输出 1 639 万 t/a。

①矿石泊位：年运入铁矿石 2 470 万 t，主要来自巴西、澳洲。根据经济船型、泊位装卸能力核算，确定建设 1 个 30 万吨级和 1 个 20 万吨级矿石专用卸船泊位，可满足矿石的运输要求。

②煤炭泊位：年运入煤炭 670 万 t，主要为国内北方，少量来自澳洲，根据经济船型、泊位装卸能力核算，确定建设 1 个 10 万吨级煤炭专用卸船泊位可以满足煤炭的运输要求。

③辅料泊位：年运入辅料 339 万 t，主要为石灰石、白云石、蛇纹石，来自

广东恩平。主要船型为小型船舶，根据泊位装卸能力核算，建设2个5 000吨级卸船泊位可满足辅料的运输要求。

④成品及废钢泊位：年运出成品钢591万t，运入废钢73万t，成品钢目的地主要为珠三角及邻近地区，废钢来源地主要是欧洲和南美。根据经济船型、泊位装卸能力核算，确定建设5千吨级件杂货泊位3个、2万吨级件杂货泊位4个和1万吨级全天候泊位1个，可满足钢材成品和废钢的运输要求。

⑤水渣泊位：年运出水渣155万t，目的地主要为珠三角，建设1个5 000吨级泊位即可满足要求。

⑥液体化工泊位：年运出液体化工品23万t，目的地主要为珠三角，建设1个5 000吨级泊位即可满足要求。

⑦矿、煤转运及商品球团出运泊位：年转运铁矿石500万t，煤炭50万t，目的地主要是韶钢；年出运194万t商品球团，供国内市场，利用煤炭空载返程船舶运输。建设1个10万吨级泊位可满足要求。

⑧重件码头：考虑建设期物资和重件的运输，建设1个5 000吨级泊位作为专用重件码头，设500t固定吊1座。

⑨工作船泊位：考虑拖轮、交通船等工作船舶的停泊，建设工作船岸线285 m。

（3）码头平面布置方案比选

依据项目论证报告的专家评审意见，在满足总平面布置应与湛江港港口总体布局规划以及湛江港东海岛港区详细规划相协调，码头总平面布置满足钢厂整体生产工艺及物料流程要求、适应港区自然条件特点和海域相关环境以及与总体规划及相邻单位的关系的前提下，设计单位补充了数个工程平面布置方案；论证单位依据设计的工程平面布置方案，在筛选了用海判别指标后，开展了考虑海洋因素的工程平面布置方案优化比选分析。

平面布置方案1：由于东侧场地的限制，钢铁项目码头从预留场地西侧63 m开始布置。码头是钢厂必要的物流环节，其布置应满足钢厂整体物流的需要，因此，将成品泊位调整到东侧。码头采用双岸线布置形式，外侧岸线布置大码头，内侧岸线布置小码头。规划泊位23个，占用岸线3 752 m。考虑航道北移改线，航道改线北移400 m，30万吨级航道需增加疏浚量2 200×10^4 m^3。项目用海面积618.5 hm^2，填海217 hm^2。见图8-3。

码头平面布置方案2：不考虑航道北移改线。将大码头船舶回旋水域布置在两侧。但大码头回旋水域对小船泊位水域影响较大，航标布设也相对困难。总用海618.5 hm^2，填海217 hm^2。见图8-4。

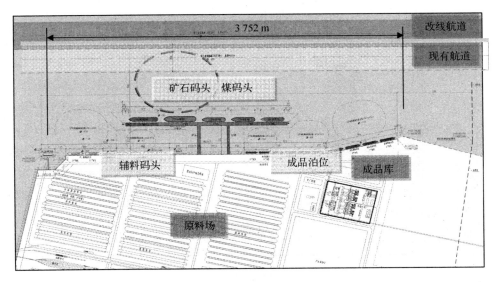

图 8-3　码头平面布置方案 1 示意图

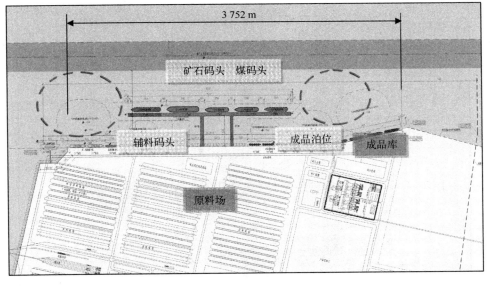

图 8-4　码头平面布置方案 2 示意图

　　码头平面布置方案 3：码头采用挖入式港池布置形式，顺岸侧布置大码头，港池内布置小码头。船舶回旋水域布置在正前方，不占用航道水域，对小码头水域基本无影响。项目用海面积 618.5 hm²，填海 198.7 hm²。见图 8-5。

　　码头平面布置方案 4：工程布置泊位 17 个，占用岸线 2 829 m。总用海面积 505.6 hm²，填海 180 hm²。见图 8-6。

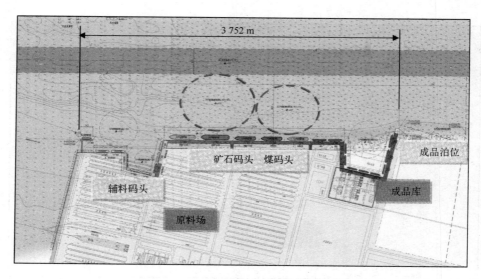

图 8 - 5　码头平面布置方案 3 示意图

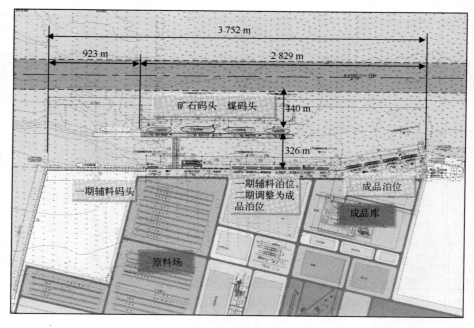

图 8 - 6　码头平面布置方案 4 示意图

　　码头平面布置方案 5(推荐方案) : 结合厂区总平面布置, 整体采用双凹入式港池布置形式, 即中间泊位顺岸式布置, 两端通过疏浚形成东、西两个凹入式港池。见图 8 - 7。

①码头总体布局：东港池布置成品、重件等件杂货泊位。由东向西依次布置 2 个 2 万吨级废钢泊位、2 个 2 万吨级成品装船泊位、1 个 5 000 吨级重件码头、3 个 5 000 吨级成品装船泊位 1 个 1 万吨级全天候泊位。

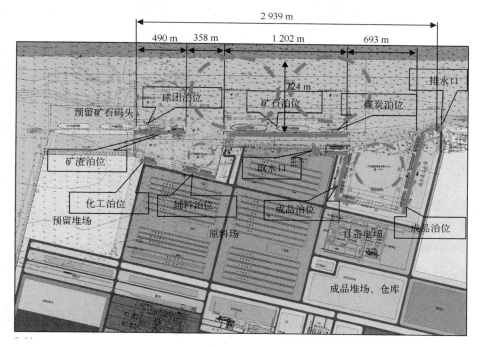

图 8-7　码头平面布置方案 5(推荐方案)示意图

中间岸线布置煤炭及铁矿石卸船泊位。由东向西依次布置 1 个 10 万吨级煤炭卸船泊位、1 个 20 万吨级铁矿石卸船泊位、1 个 30 万吨级铁矿石卸船泊位。

西港池布置辅料、球团矿等泊位。由东向西依次布置 2 个 5 000 吨级辅料泊位、1 个 5 000 吨级化工品泊位，1 个 5 000 吨级水渣装船泊位，1 个 10 万吨级矿、煤转运及商品球团出运泊位。

②岸线、水域布置：中间泊位码头前沿线布置在等高线 1 m 附近。码头前沿线距离航道底边线(30 万吨级规模)724 m，方位角为 76.96°—256.96°。泊位岸线总长 1 202 m。码头正前方布置前沿停泊水域和船舶回旋水域，码头前沿停泊水域按 2 倍船宽设计；船舶回旋圆按平行水流方向按 2.5 倍船长椭圆形布置，垂直水流方向按 2 倍船长设计，其中 20 万吨级船舶调头不占用停泊水域，30 万吨级船舶考虑占用停泊水域调头。

东港池宽 621 m，平均长约 700 m。港池东侧布置了 4 个 2 万吨级泊位，泊位岸线呈南北走向，泊位岸线长 786 m；港池南侧布置了 1 个 5 000 吨级重件码头，泊位岸线呈东西走向，泊位岸线长 178 m；西侧岸线布置了 3 个 5 000 吨级泊位和 1 个 1 万吨级全天候泊位，泊位岸线总长 458 m。各泊位前方布置码头前沿停泊水域，港池中央布置船舶回旋水域，可满足 5 万吨级船舶调头。

西港池南侧岸线布置 2 个辅料泊位和 1 个化工品泊位。辅料泊位岸线呈东西走向，泊位岸线总长 458 m。化工品泊位岸线方位与辅料泊位一致，泊位岸线总长 143 m。化工品泊位的北侧布置矿、煤转运及商品球团出运泊位和水渣泊位，两个泊位码头前沿线与中间大码头泊位前沿线一致，泊位岸线总长 490 m。辅料泊位和化工品泊位船舶回旋水域设置在辅料泊位正前方，满足 5 000 吨级船舶调头。水渣泊位和球团矿泊位船舶回旋水域设置在码头正前方，满足 10 万吨级船舶调头。

③码头平面布置：东港池的泊位采用满堂式布置形式，码头直接与后方仓库相连接。

铁矿石及煤炭的卸船泊位采用栈桥式码头布置形式，码头栈桥宽 42 m，通过西侧宽 22 m，长 121 m，南北走向的引桥与后方陆域相连接。

西港池的泊位采用满堂式布置形式，码头通过皮带机与后方堆场相连接。

矿、煤装船泊位和水渣装船泊位采用栈桥式码头布置形式，码头平台宽 24 m，经长 232 m，宽 18 m 引桥与后方陆域相连接。

西港池的东侧岸线布置了 285 m 工作船泊位。

另外，在 1 号泊位的东侧布置了钢铁厂自备电厂的排水口，排水口宽 20 m。在 13 号与 14 号泊位之间布置了自备电厂的取水口，取水口宽 50 m。

码头工程总平面布置方案的主要参数对比见表 8 - 6。

表 8 - 6　码头工程总平面布置方案比较（示例）　　　　　　单位：hm²

方案	使用岸线(m)	用海面积	填海面积	挖陆成海面积
1	3 752	618	217	0
2	3 752	618	217	0
3	3 752	618	198	30
4	2 829.4	505	180	0
5(推荐方案)	2 938.7	505	155	43

（4）码头工程用海平面布置合理性分析论证结论

按照评审会议的意见，论证报告补充完善了码头工程用海平面布置的方案比选及其优化内容。经比选后的码头工程总体布置方案（推荐方案）较合理，在提高了码头泊位使用功能基础上，减少了岸线占用长度和填海面积，同时其平面布置符合相关技术标准的要求，体现了集约、节约用海原则，用海平面布置更趋合理。

案例 8 - 6（海上风电工程平面布置优化示例）： 某潮间带风电场 20×10^4 kW 风电特许权项目位于 XX 市外侧的东沙沙洲。场址呈两个不规则四边形，东西向长约 15.68 km，南北向长约 3.46 km，其西侧边线距海岸线直线最短距离约 28 km。风电场范围内原始海床面高程大多为 -5.0 ~ +1.3 m（1985 国家高程），局部海沟处可深达 -18 m。规划布置 80 台单机容量 2.5 MW 风机。选定的风机转轮直径为 109 m，轮毂高度为 80 m，叶片单片长 53.2 m，机舱自重约 106 t。

项目电气系统分为海上 220 kV 升压站、登陆点计量站和陆上集控中心两部分。220 kV 海上升压站将所有风电机组所发电能由 35 kV 电压升压至 220 kV，再经 220 kV 海底电缆输送至登陆点后接入电网系统。陆上集控中心规划用地范围为 120 m×90 m，布置集控楼及生产辅助楼等。

该项目初次申请总用海面积为 444.102 0 hm²，其中风机（透水构筑物）用海面积 68.351 6 hm²，海上升压站（透水构筑物）用海 1.755 4 hm²，海底输电电缆用海 372.915 1 hm²，计量站（填海）1.079 9 hm²。申请用海期限 30 年。

在充分考虑技术、经济、生态与环境条件以及与其他用海活动协调性基础上，可行性研究拟选了五个风电机组布置方案，开展了各方案的比选优化，方案 1 和方案 5 布置方案见图 8 - 8 和图 8 - 9，各方案比选情况见表 8 - 7。

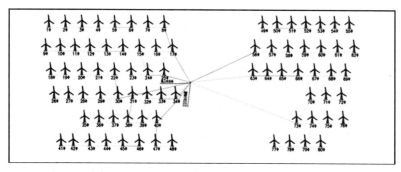

图 8 - 8　风电机组布置图（方案 1）示意图

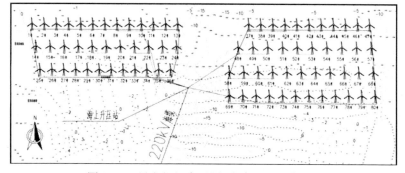

图 8 - 9　风电机组布置图（方案 5）（示意图）

表 8 - 7　布置方案优化成果表

项目	单位	方案 1	方案 2	方案 3	方案 4	方案 5
行内间距	m	700 ~ 800	510 ~ 765	535 ~ 757	553 ~ 687	505 ~ 750
行间距	m	1 200	1 050 ~ 1 150	1 070 ~ 1 150	1 060 ~ 1 200	1 060 ~ 1 200
年上网电量	$\times 10^4$ kWh	53 001	52 609	52 713	52 769	52 560
年利用小时数	h	2 650	2 630	2 636	2 638	2 628
平均尾流影响系数	(%)	6.46	7.68	7.53	7.47	7.83
单台最大尾流影响系数	(%)	9.42	9.97	9.98	9.99	10.39
涉海面积	km²	54.4	41.1	39.9	38.6	34.7

注：涉海面积是指风电场四个角点风机基础外缘线形成的面积。

从发电量分析，方案 1 发电量最高，年利用小时数为 2 650 h，方案 2 至方案 5 相差不大，发电量水平相当，方案 5 年利用小时是方案 1 的 99.17%。从机组尾流分析，方案 1 至方案 4 单台机组最大尾流均不超过 10%，方案 5 单台机组最大尾流为 10.39%，超过 10% 的机组有 6 台。据可行性研究报告估计，5 个方案的投资相差不大，均在 36 亿元人民币左右。

从涉海面积分析，方案一涉海面积 54.4 km²，方案 1、3、4 涉海面积在 40 km² 左右，方案 5 只有 34.7 km²，比方案 1 下降 36%。通过平面布置方案比选最终推荐的平面布置方案 5，显然更好地体现了集约节约的用海效果。

案例 8 - 7（核电、火电类能源项目取排水工程平面布置方案比选与优化示例）：某核电厂位于某市某街道办事处东南的海滨，厂址以南为盐田，南面 4 km 处为镆铘岛，西南及西面分别与东墩、所前王家相望，东部面向黄海。该核电厂规划容量为 1×200 MW（高温气冷堆示范工程）+4×1 250 MW（AP1000 机组）+2×1 400 MW（CAP1400 机组），共计 8 000 MW。本期工程建设为 1×200 MW 高温气冷堆示范工程。规划建设机组和取排水工程布置见图 8 - 10。

由于取排水方案比选涉及多方面因素，本项目海域使用论证报告无法对多次方案的比选过程进行完整描述，仅对南北取中排方案的优化比选情况进行分析说明。

根据《某核电厂址温排水及低放废水排放研究综合分析报告》（2011 年 7 月），取排水方案优化比选工作分两个阶段：①由温排水数模计算进行排、取水方案的初步比选，结合工程海域地形、潮流等自然条件，给出取排水口布置原则及优选方案；②由物理模型试验进行进一步的细化比选工作，最终提出推荐采用的取排水方案。

方案比选主要目标包括：其一，减少温排水对电厂自身取水温升的影响；其二，减小温排水对环境水域的影响，特别是对岸边养殖区的影响。同时平面布置方案需考虑减小对周边海岛的影响。

高温堆机组位置
AP1000机组位置
CAP1400机组位置

图 8－10　各规划建设机组布置示意图

（1）中排方案数模初步比选

初步比选数模计算方案情况见表 8－8。

表 8－8　取排水计算方案

编号	类型	排水方案	取水方案	平面布置图
方案一A	南北取中排	排水明渠穿过养参池在厂址东侧排放，出口设置在养参池围堰外侧－5.0 m 等深线处，明渠底标高－5 m 以下，排水明渠渠底宽140 m，下同	采用明渠敞开式取水　北取水口在厂址东北面－8～－9 m 等深线处，取水明渠的底标高为－6.0 m 以下，与排水口直线间距约 2.4 km，进口底宽180 m；南取水口在厂址东南面－8 m 等深线处，取水明渠的底标高为－6.0 m 以下，进口底宽125 m，与排水口直线间距约2.9 km	
方案一B		在方案一A 基础上，将明渠向东延伸0.7 km，出口置于－11.0 m 等深线处	同方案一A	

（续表）

编号	类型	排水方案	取水方案	平面布置图
方案二A	北取中排	排水明渠穿过养参池在厂址东侧排放，出口设置在养参池围堰外侧 −5.0 m 等深线处，明渠底标高 −5 m 以下	所有机组都在北取水口取水，取水口位置同方案一A	
方案二B		在方案一A基础上，将明渠向东延伸0.7 km，出口置于 −11.0 m 等深线处	同方案二A	
方案三	南取中排	在方案一A基础上，将明渠向东延伸0.7 km，出口置于 −11.0 m 等深线处	全部装机取水均在方案一A中的南取水口	
方案四A	新南北取中排	排水明渠穿过养参池向外延伸 0.4 km，出口南偏20°，在厂址东侧排放，明渠底标高 −5 m 以下	北取水口在厂址东北面 −8 等深线处，取水明渠的底标高为 −6.0 m 以下，进口底宽150 m；南取水口在厂址东南面 −8 等深线处，取水明渠的底标高为 −6.0 m 以下	

（续表）

编号	类型	排水方案	取水方案	平面布置图
方案四B	新南北取中排	排水明渠穿过养参池向外延伸 0.9 km，出口处海床高程 −11 ～ −12 m，明渠底标高 −5 m 以下	同方案四 A	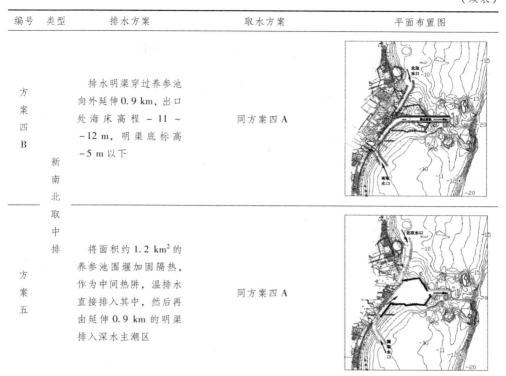
方案五		将面积约 1.2 km² 的养参池围堰加固隔热，作为中间热阱，温排水直接排入其中，然后再由延伸 0.9 km 的明渠排入深水主潮区	同方案四 A	

　　初步比选计算显示，典型大、中、小潮相比，小潮潮流最弱，环境水体对温排水的掺混稀释能力也弱，等温升线包络面积相对较大，取水温升较高。

　　温排水集中在养参池中间明渠排放，有利于减小温排水的影响范围，特别是近岸水域的温升有所降低。从取水温升和温升影响面积看，南北分取、集中北取、集中南取，差别不大。结合厂址区域不同堆型分期施工、管理等方面要求，建设单位拟采用厂址中间集中排水、南北两侧分散取水的布置原则。

　　同时计算结果显示，中排方案确定后，取水口的位置对温度场的分布不会有大的影响，欲使 1℃ 温升线离开岸边养殖区，需要将排水点外移足够距离，使温排水进入离岸的潮流带中。

　　将某港养参池作为中间热阱，对减少温排水对外部水域温升影响区范围、降低取水温升有一定的积极作用，但相对核电站规划容量的排热量，水池面积过小，通过其表面的散热量占比小，其效果不明显。从计算结果看，与穿过养参池的明渠排放方案相比，温升影响面积（排水明渠口外）略有减小，高温升面积差值稍明显些，低温升面积的差别甚微；取水温升的差异几乎为零。

　　由于现有养参池围堰加固和隔热成本较高，且施工难度较大，因此综合经济、技术比较，工程平面方案仍推荐穿过养参池的排放方案。

不同平面方案等温线包络面积情况见表 8-9。

表 8-9　不同方案全潮最大等温升线影响面积和取水温升

取排水方案		全潮最大等温升影响面积(km²)				取水温升	
		4℃	3℃	2℃	1℃	北取水	南取水
方案一 A	冬季	8.67	13.2	21.9	54.9	1.7	1.8
	夏季	6.47	11.2	18.7	48.2	1.7	1.5
方案一 B	冬季	2.57	5.34	10.8	39.3	1.0	1.0
	夏季	1.84	4.34	9.62	35.4	0.9	0.9
方案二 A	冬季	7.88	12.5	20.4	50.6	1.7	—
方案二 B	冬季	2.42	5.12	10.3	36.0	0.9	—
方案三	冬季	2.45	5.19	9.82	35.4	—	1.1
方案四 A	冬季	4.94	8.43	16.0	50.9	1.6	1.4
方案四 B	冬季	1.86	3.96	7.85	31.6	1.0	0.9
	夏季	0.82	2.02	5.19	19.7	0.67	0.57
方案五	夏季	0.76	1.98	4.97	19.5	0.66	0.55

（2）中排方案优化比选

相对于近岸排放的温度场一般由近岸浅水区逐渐向离岸深水区发展，离岸深水排放的显著差异在于排水口近区易于出现水体表、底温度分层现象，高温升区主要分布在深水区。二维数值模拟将温升垂向均化后，无法模拟垂向温度分层效应，很难准确给出排水口近区的温升影响范围，为合理分析排水口近区的温升影响，进行了物理模型实验。

物理模型实验基于数模最优方案(方案四 B，排水明渠延伸 900 m 方案)，对排水明渠不同延伸长度情况下的温升影响进行了模拟。模拟方案情况见表8-10。各模拟工况温排水模拟结果见表 8-11，影响范围见图 8-11。

试验结果显示：

A. 电厂取排水口依据离岸深取、深排原则布置，排水采用居中集中排放方式，取水口分置于排水口南、北两侧。电厂排水对两取水口温升影响程度相近，北侧稍高，两者平均温升差值不超过 0.1℃。

B. 落潮时段，温排水随涨潮流向北运移，随着不同方案排水渠长度增加，温排水主输送带位置逐步向东侧深海区发展；涨潮时段，温排水随涨潮流向南输运。随着不同方案排水渠长度增加，温排水主输送带位置亦逐渐向深海区发展。

C. 排水明渠延伸 600 m 取水温升平均值不超过 1.0℃，全潮最大 1.0℃ 温升线离岸最小距离 270 m。

　　兼顾到温排水环境影响、海岛保护、工程经济性等方面要求，最终建设单位选定排水明渠外延 600 m 方案作为取排水工程布置推荐方案。

表 8 - 10　物模比选方案情况

物模方案	方案简介		
	取水口	排水口	平面布置图
物模方案 1（同数模方案四 B 900 m 方案）	两侧进水明渠渠底高程均为 -6.0 m，长度分别为南 1.1 km、北 2.6 km，渠首均位于 -8.0 m 等深线处	明渠集中排水，渠底高程 -5.0 m，明渠总长约 3.1 km，自养参池外延约 900 m，明渠出口前缘地形标高约 -11.5 m	
物模方案 4（1 100 m 方案）	同方案 1	形式同方案 1，明渠自养参池外延约 1 100 m，明渠出口前缘地形标高约 -10.5 m	
物模方案 2（500 m 方案）	同方案 1	形式同方案 1，明渠自养参池外延约 500 m，明渠出口前缘地形标高约 -7.0 m	
物模方案 3（700 m 方案）	同方案 1	形式同方案 1，明渠自养参池外延约 700 m，明渠出口前缘地形标高约 -10.0 m	
物模方案 5（800 m 方案）	同方案 1	形式同方案 1，明渠自养参池外延约 800 m，明渠出口前缘地形标高约 -10.5 m	
物模方案 6	同方案 1	形式同方案 1，明渠北侧堤长度同方案 5（外延约 800 m），南侧堤长度同方案 3（外延约 700 m）	
物模方案 7（600 m 方案）	同方案 1	形式同方案 1，明渠自养参池外延约 600 m，明渠出口前缘地形标高约 -7.0 m	

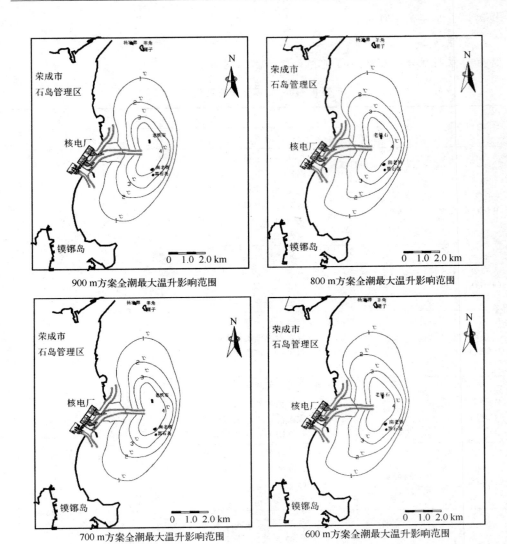

图 8-11 物理模型各工况温排水影响范围

表 8-11 温排水物模实验结果

排水渠长度	1℃线离岸距离（m）			取水口年平均温升（℃）	
	南岸	北岸	北侧参池东	北取水口	南取水口
900 m 方案	1 300	950	570	0.5	0.6
800 m 方案	1 020	740	380	0.6	0.6
700 m 方案	710	480	130	0.6	0.7
600 m 方案	400	270	0	0.8	0.9

按照海工平面布置原则，①减少温排水对电厂自身取水温升的影响；②减小温排水对环境水域的影响范围，特别是对岸边养殖区的影响；③减小对周边海岛的影响。结合工程经济性及海域养殖赔付情况，申请用海单位最终确定了南北取中间排，根据数值模拟对比分析，排水明渠在现有养参池外延伸 600 m 的方案温排水影响范围较小，所以采用了南北取中间排、排水明渠延伸 600 m 的方案。从数模和物模结果来看，南北取中间排、排水明渠延伸 600 m 的方案既能满足项目用海需求，又与周边开发活动具有较好的协调性。

8.2.2　填海造地平面设计合理性分析

围填海工程平面设计指围填海工程的平面布局设计。合理的围填海工程平面设计不仅可以营造更丰富的亲海、亲水环境，增加有效的海岸空间景观，提高围填海形成空间的生态、景观价值和用地资源价值，而且也可以最大程度地减少围填海工程对海洋水文动力环境和海洋生态环境的影响，有效地保护海洋生态与环境。

8.2.2.1　填海造地工程平面设计的基本原则

我国海域海岸类型多样，宜根据海岸自然情况和填海工程的特点，因地制宜地考虑围填海的平面设计方案。但依据近岸海域的基本特征和围填海工程的一般规律，围填海造地工程的平面设计应遵循以下基本原则。

（1）保护自然岸线的原则

自然岸线是海陆长期作用形成的自然海岸形态，具有生境不可再生性、生态多样性和资源稀缺性等多重属性。自然岸线一旦遭到破坏，很难恢复和再造，因此，进行围填海造地工程建设，应尽量不用或少用自然岸线，要避免采取截弯取直等严重破坏自然岸线的围填海造地方式。

（2）延长人工岸线的原则

围填海形成土地的价值主要取决于新形成土地的生态环境特点和新形成人工岸线的长度。人工岸线越长，生态环境越优异，则新形成土地的价值越大。因此，围填海工程的平面设计要尽量增加人工岸线曲折度，延长人工岸线的长度，提高新形成土地的价值。

（3）提升景观效果的原则

围填海造地工程必然会改变岸线的自然景观，因此，对围填海新形成土地的开发利用，一定要十分注重景观的规划，一般情况下，应在增加人工岸线的基础上，留出一定宽度的景观区域，进行必要的绿化和美化布置；同时要注意营造人与海洋亲近的生态环境和条件。

（4）尽量减小围填海工程对生态与环境的负面影响的原则

填海造地是一个"沧海变陆地"的工程，是完全改变海域自然属性并具有不可逆性质的工程。因此，填海造地对海洋生态与环境的影响是负面多于正面，但一个好的平面设计可以将负面影响减到最低。因此，填海造地工程的海域使用论证的主要作用之一就是尽最大可能减少生态与环境的负面影响，并将其作为一个基本原则，同时还应注意填海工程与周边环境具有更好的融合性。

8.2.2.2　填海造地平面设计的主要方式

填海造地的平面设计应根据海岸自然情况和工程用海的特点，因地制宜地设计填海造地的平面布置方案。国家鼓励围填海项目采用离岸人工岛式、多区块组团式和围填海工程岸线曲折多变的平面设计思路，其核心是由海岸向海一侧平推式围填海平面布置，逐步转变为人工岛式和多突堤式围填海（码头泊位工程）平面布置方式，由大面积整体式围填海逐步转变为多区块组团式围填海平面布置方式。

（1）人工岛式填海

采用人工岛式的围填海造地，既可以最大限度地延长新形成土地的人工岸线，又可以不占用和破坏自然岸线。通过桥梁和隧道的方式连接人工岛与陆地，可以获得与延伸式围填海造地同样便利的交通条件。在紧邻海岸线的滩海海域，宜将采用人工岛式围填海造地作为首选方式。

（2）多突堤式填海

对于因工程建设需要，必须利用岸线向海延伸的、以围填海造地方式形成码头堆场和工业区物流、工业加工区的码头泊位工程，要推广多突堤式的工程平面布置。这种平面布置，既可以最大限度地节约使用自然岸线，也可以最大限度地延长新形成的人工泊位岸线。

（3）区块组团式填海

对于面积较大、用途多样性的围填海造地项目，可采取区块组团式围填海造地方式，即根据使用功能和用途需要，采用区块组团理念，以人工岛方式、多突堤方式等，合理组合填海工程的平面布置，形成科学、合理的水域分割和有机组合，以增加人工岸线和生态与环境效益。

8.2.2.3　填海造地平面设计合理性分析内容

《论证导则》针对填海造地项目用海，明确要求应开展平面设计合理性分析，其主要内容包括：

①是否能实现海洋功能的合理利用，提高海洋资源综合利用价值；

②是否体现了离岸人工岛式、多突堤式、多区块组团式的填海平面设计原则；

③是否体现了减少占用岸线长度、增加岸线曲折度的要求；

④是否体现保护海洋生态环境的原则，是否最大限度地减少对水动力、冲淤环境、环境容量和海洋生态的不利影响；

⑤是否体现了优化景观布置，增加亲水岸线，提升景观价值的要求。

一级论证应开展两个以上方案的比选，提出填海造地平面设计方案的优化建议。

8.2.2.4　填海造地平面设计合理性分析

为最大限度地减少围填海工程对海洋生态环境造成的破坏和干扰，保护有限的近岸海域资源，提升围填海新增土地的经济价值，开展填海造地平面设计合理性分析是必要的。

国家海洋主管部门为加强围填海管理，促进海域资源的集约、节约利用，提高区域建设用海管理水平，提出了区域建设用海规划指标。此外，一些研究人员也开展了填海造地工程平面设计评价指标体系的研究。海域使用论证报告，可以借鉴目前已有的一些研究成果，对填海造地工程平面设计合理性进行分析论证。现将目前已获得的一些研究内容和成果做简单的介绍，供读者参考。

1）区域建设用海规划指标

区域建设用海规划指标由海域利用效率、岸线利用效率、开发退让距离、水域比率以及平均投资强度五项指标构成。

海域利用效率指除开发退让以外的规划陆域范围内，扣除绿地、道路广场后各类用地所占的比例。该指标反映了填海造地后土地的利用程度。

岸线利用效率指规划形成的新岸线长度与占用的原岸线长度的比值。该指标反映海岸线利用程度。

开发退让距离指规划陆域范围内建设项目向海一侧的用地红线相对于新形成的岸线的后退距离。坡顶线至水下外缘线之间的距离不计入开发退让距离。开发退让可以减少建设项目对岸线的占用，为社会经济发展和公众亲海预留出空间。

水域比率指规划水域面积占总规划面积的比例。其中，规划水域面积指规划陆域外廓线封闭连接范围内的水域面积。科学合理的水域比率，能较好地维持水体交换稳定和通畅，保障防洪、排涝、防灾减灾安全，还能提升景观效果。

平均投资强度指规划陆域范围内入驻项目的固定资产投资总额与入驻项目的总用地面积的比值。

区域建设用海的海域利用效率、岸线利用效率、开发退让距离、水域比率应按照表 8 - 12 的判别，工业项目集中区建设用海、城镇建设用海的平均投资强度值按照表 8 - 13 的判别。

表 8 – 12　海域利用效率等指标

规划类型	海域利用效率(%)	岸线利用效率	开发退让距离(m)	水域比率(%)
工业项目集中区建设用海规划	≥75	≥1.5	≥30	≥10
港口建设用海规划	≥80	≥2.5	≥30	—
城镇建设用海规划	≥70	≥3.0	≥30	≥20

表 8 – 13　平均投资强度

海域等别	一、二等	三、四等	五、六等
指标值	≥4 000	≥3 000	≥2 000

注：海域等别参照《关于加强海域使用金征收管理的通知》(财综[2007]10 号)，如海域等别划分发生调整，则按调整后的执行。

城镇和工业项目集中区建设用海退让的岸线长度不得小于占用的原岸线长度，非必须依托岸线的用海项目不得占用岸线。开发退让的区域应作为公共亲海空间，可设置绿地、道路广场或其他公共亲水设施。

同时具有工业项目集中区、港口、城镇等多种功能的区域建设用海，各功能分区应分别符合相应的指标要求。

2)填海造地工程平面设计评价综合评价指数法

索安宁等研究者建立的一套围填海工程平面设计评价方法——综合评价指数法。该评价方法中评价指标的选择是参照区域建设用海规划的指标，选择围填海强度指数、围填海岸线冗亏指数、围填海亲海岸线营造指数、自然海岸线利用率、水域容积率和水动力廊道指数等 6 项指标。然后进行指标数值的标准化，最后建立围填海工程平面设计综合评价模型，进行填海造地工程平面设计优劣程度的等级划分。现将阶段成果简单介绍如下，供参考。

(1)填海造地工程平面设计评价指标构建

①围填海强度指数。为了促进围填海工程的空间聚集，减少围填海工程对海岸线的占用和破坏程度，采用围填海强度指数反映单位海岸线长度上围填海工程的空间规模程度。围填海强度指数为单位岸线长度上承载的围填海面积，计算公式为：$I = S_0/L_0$；式中，I 为围填海强度指数；S_0 为评价区域围填海总面积(hm^2)；L_0 为评价区域围填海工程占用海岸线长度(km)。将围填海强度指数划分为 5 个强度等级，针对不同围填海强度等级进行标准化赋值处理。

②围填海岸线冗亏指数。为了促进围填海工程尽量增加有效海岸线长度，减少对原有海岸线的占用和破坏，采用围填海岸线冗亏指数反映围填海工程对海岸线长度的改变程度。围填海岸线冗亏指数为围填海工程新形成岸线长度与围填海

工程占用原岸线长度的比值，计算公式为：$R = Ln/L_0$；式中，R 为围填海岸线冗亏指数；Ln 为围填海工程新形成人工海岸线长度（km）；L_0 为围填海工程占用原有海岸线长度（km）。将围填海岸线冗亏指数划分为 5 个冗亏等级，针对不同围填海岸线冗亏等级进行标准化赋值处理。

③围填海亲海岸线营造指数。为了促进围填海工程平面设计向多组团、岛群化、放射状发展，尽量增加有效亲海、亲水海岸线长度，采用围填海亲海岸线营造指数反映围填海工程对亲海、亲水海岸环境的营造程度。围填海亲海岸线营造指数为围填海工程新增人工海岸线长度与围填海工程总面积的比值，其计算公式为：$C_n = L_n/S_0$；式中，C_n 为围填海亲海岸线指数；L_n 为围填海工程新增人工海岸线长度（km）；S_0 为围填海工程总面积（hm^2）。围填海亲海岸线营造指数划分为 5 个亲海等级，针对不同围填海亲海等级进行标准化赋值处理。

④自然海岸线利用率。为了促进围填海工程对有限自然海岸线的保护，充分提高自然海岸线的利用效率，采用自然海岸线利用率反映围填海工程对自然海岸线的利用程度。自然海岸线利用率为单位面积围填海工程占用的自然海岸线长度，计算公式如下：$U_n = L_z/S_0$；式中，U_n 为自然海岸线利用率；S_0 为围填海工程总面积（hm^2）；L_z 为围填海工程占用自然海岸线长度（km）。自然海岸线利用率划分为 5 个利用等级，针对不同利用等级进行标准化赋值处理。

⑤水域容积率。为了促进围填海工程平面设计向组团式、岛群式方向发展，保留充足的海域景观，提升围填海工程形成土地的亲水、亲海环境，采用水域容积率反映围填海工程的水域景观预留状况。水域容积率为围填海工程范围内水域预留面积占围填海工程总面积的比例。计算公式如下：$A_w = S_w/S_0$；式中，A_w 为水域容积率；S_0 为围填海工程总面积（hm^2）；S_w 为围填海工程范围内水域预留面积（hm^2）。水域面积容积率划分为 5 个等级，针对不同等级进行标准化赋值处理。

⑥水动力廊道指数。为了尽量减少围填海工程对海洋水动力过程、海洋生物过程等海洋环境过程的阻滞，采用水动力廊道指数反映围填海工程平面设计对海洋环境过程的考量程度及水动力畅通度。水动力廊道指数为围填海工程预留的所有潮汐通道最窄处的宽度累加（m）。计算方法如下：$H_w = \sum W_{si}$；式中，H_w 为水动力廊道指数；W_{si} 为围填海预留的第 i 条潮汐通道最窄处宽度（m）。水动力廊道指数划分为 5 个等级，针对不同等级进行标准化赋值处理。

（2）填海造地工程平面设计综合评价

根据以上构建的围填海工程平面设计评价指标和指标数值的标准化方法，建立围填海工程平面设计综合评价模型，综合评价围填海工程平面设计的空间聚集程度、岸线冗亏程度、亲海岸线营造程度、自然海岸线利用程度、亲海水域预留与海洋动力过程考量等方面，其综合评价模型如下：$M = \sum W_i \times F_i$；式中，M 为围填海工程平面设计综合评价指数；W_i 为第 i 个指标的权重；F_i 为第 i 个指标的标准化值。

为了对围填海工程平面设计优劣程度开展综合判断，可根据综合评价指数数值的大小进行围填海工程平面设计优劣程度的等级划分。当围填海工程平面设计综合评价指数大于 0.8 时，其平面设计等级为最高级 V 级，综合评价为优秀；当围填海工程平面设计综合评价指数处于 0.6 ~ 0.8 之间时，其平面设计等级为 IV 级，综合评价为优良；当围填海工程平面设计综合评价指数处于 0.4 ~ 0.6 之间时，其平面设计等级为 III 级，综合评价为良好；当围填海工程平面设计综合评价指数处于 0.2 ~ 0.4 之间时，其平面设计等级为 II 级，综合评价为一般；当围填海工程平面设计综合评价指数处于 0 ~ 0.2 之间时，其平面设计等级为 I 级，综合评价为欠缺。对于围填海工程平面设计综合评价在 III 级以上的项目，可按照围填海工程平面设计方案建设；对于围填海工程平面设计综合评价为 II 级，评价为一般的项目，项目建设过程中需要注意改进平面设计；对于围填海工程平面设计综合评价为 I 级，评价为欠缺的项目，需要调整围填海工程平面设计，方可通过评审或者开展建设。

目前，对于填海造地工程平面设计合理性的评价尚未有统一的、成熟的评价方法，根据具体项目情况，可参照以上两种方法，并设计更具有科学性、实用性的技术、经济、资源类的评价指标体系和指标值，开展填海造地工程平面设计合理性分析。

8.3　用海方式合理性分析

8.3.1　用海方式体系

根据《海域使用分类》（HY/T 123—2009），用海类型采用两级层次体系，共分为 9 种一级类和 31 种二级类，9 种一级类包括渔业用海、工业用海、交通运输用海、旅游娱乐用海、海底工程用海、排污倾倒用海、造地工程用海、特殊用海和其他用海。用海方式采用两级层次体系，共分为 5 种一级方式和 21 种二级方式。5 种一级方式包括填海、围海、构筑物用海、开放式用海和其他方式用海，见附录 6。

开展用海方式合理性分析，首先应该掌握海域使用分类体系，准确界定各用海单元的用海方式。由于海域使用类型较多，一种用海类型可以采用几种不同的用海方式，可以选择用海方式并开展不同用海方式的比选，见表 8 - 14。

表 8 – 14　不同用海类型可能采用的主要用海方式

一级类	二级类	用海方式
渔业用海	渔业基础设施用海	填海、围海、非透水构筑物用海、透水构筑物用海、开放式用海
	围海养殖用海	围海
	开放式养殖用海	开放式用海
	人工鱼礁用海	透水构筑物用海
工业用海	盐业用海	围海、取排水口、非透水构筑物用海、透水构筑物用海
	固体矿产开采用海	海砂等矿产开采
	油气开采用海	平台式油气开采、人工岛式油气开采、非透水构筑物用海、透水构筑物用海、海底电缆管道
	船舶工业用海	填海、围海、非透水构筑物用海、透水构筑物用海
	电力工业用海	填海、围海、取排水口、非透水构筑物用海、透水构筑物用海、专用航道、锚地及其他开放式用海
	海水综合利用用海	填海、围海、取排水口、透水构筑物用海、海底电缆管道
	其他工业用海	填海、围海、取排水口、非透水构筑物用海、透水构筑物用海、海底电缆管道
交通运输用海	港口用海	填海、围海、非透水构筑物用海、透水构筑物用海
	航道用海	专用航道、锚地及其他开放式用海
	锚地用海	专用航道、锚地及其他开放式用海
	路桥用海	填海、非透水构筑物用海、透水构筑物用海、跨海桥梁与海底隧道
旅游娱乐用海	旅游基础设施用海	填海、围海、非透水构筑物用海、透水构筑物用海
	浴场用海	浴场
	旅游场用海	游乐场
海底工程用海	电缆管道用海	海底电缆管道
	海底隧道用海	非透水构筑物用海、跨海桥梁与海底隧道
	海底场馆用海	跨海桥梁、海底隧道
排污倾倒用海	污水达标排放用海	污水达标排放
	倾倒区用海	倾倒
造地工程用海	城镇建设填海造地用海	建设填海造地
	农业填海造地用海	农业填海造地
	废弃物处置填海造地用海	废弃物处置填海造地

一级类	二级类	用海方式
特殊用海	科研教学用海	填海、围海、非透水构筑物用海、透水构筑物用海、专用航道、锚地及其他开放式用海
	军事用海	填海、围海、非透水构筑物用海、透水构筑物用海、专用航道、锚地及其他开放式用海
	海洋保护区用海	专用航道、锚地及其他开放式用海
	海岸防护工程用海	非透水构筑物用海、防护林种植
其他用海	其他用海	填海、围海、非透水构筑物用海、透水构筑物用海、开放式用海

8.3.2　用海方式合理性分析内容

《论证导则》对用海方式合理性分析提出了明确要求，依据项目各用海单元的特点，从以下几个方面分析、论证项目用海方式的合理性：是否有利于维护海域的基本功能；能否最大程度地减少了对水文动力环境、冲淤环境的影响；是否有利于保持自然岸线和海域自然属性；是否有利于保护和保全区域海洋生态系统。

若项目用海方式不尽合理，应提出调整用海方式的建议。对于一级论证项目，应进行用海方式的多方案比选分析，提出用海方式的优化建议。

（1）是否有利于维护海域基本功能

不同海域的海洋基本功能存在差别。依据海域的自然属性和社会需求程度，以使海域的经济、社会和生态效益最大化为目标所确定的海洋功能即为海洋基本功能。项目用海方式应有利于维护海域的基本功能，也就是用海方式对海域自然属性应不产生重大影响，与周围海域的开发利用活动相适宜，并且处在海域海洋资源环境承载能力范围内，同时有利于海域基本功能的发挥。

海洋功能区划对每个海洋功能区的基本功能均有定位，并且明确给出了每个海洋功能区的管理要求，所以项目的用海方式是否有利于维护海域的基本功能，首先应分析用海方式与项目所在海域的海洋基本功能是否协调一致，并阐明用海方式对该功能区基本功能的发挥有无严重影响。

填海造地工程往往是满足当地土地紧缺、陆域不能满足项目建设要求而采用的用海方式。该种用海方式应该严格执行海域基本功能的管理要求。分析项目用海方式对海域基本功能的影响，分析其与该海域基本功能区的管理要求是符合或冲突。例如海域基本功能为旅游休闲娱乐用海，其管理要求是："旅游休闲娱乐区开发建设要合理控制规模，优化空间布局，有序利用海岸线、海湾、海岛等重要旅游资源，严格落实生态环境保护措施，保护海岸自然景观和沙滩资源，避免旅游活动对海洋生态环境造成影响。保障现有城市生活用海和旅游休闲娱乐区用海，禁止非公益性设施占用公共旅游资源。开展城镇周边海域海岸带整治修复，形成新的旅游休闲娱乐区。旅游休闲娱乐区执行不劣于第二类海水水质标准。"若在旅游休闲娱乐区内进行大规模填海造地，将造成海洋生态与环境的影响，影响该基本功能发挥，即不利于维护海域基本功能。

（2）是否最大程度地减少了对水文动力环境、冲淤环境的影响

根据项目所在海域的水文动力环境、冲淤环境的特征和项目用海方式特点，分析项目采用的用海方式对水动力环境、冲淤环境的影响。在项目可以采用的不同用海方式中，选择对水文动力环境、冲淤环境影响最小的方案。例如跨海通道采用海底隧道用海比采用跨海桥梁用海对水文动力环境、冲淤环境的影响要小，但如果工程地质条件不允许采用海底隧道方案，则应开展用海方式的多方案比选分析；码头工程采用透水构筑物比采用非透水构筑物对水文动力和冲淤环境的影响要小。

（3）是否有利于保护自然岸线和海域自然属性

海岸线是重要的且不可再生的海洋资源，自然岸线是海陆长期相互作用下形成的分界线。根据项目采用的用海方式，分析项目用海对自然岸线和海域自然属性的影响。不占用自然岸线，不完全改变海域自然属性的用海方式，其对保护自然岸线和海域自然属性是有利的。当项目用海需要占用自然岸线或者完全改变海域自然属性时，应分析有无采取降低不利影响的保护措施。

（4）是否有利于保护和保全区域海洋生态系统

根据项目所在海域的生态系统特点，结合用海项目的用海类型，阐述项目用海方式是否会对海域生态系统造成新的变化，是否使某些生态问题严重化，是否使生态资源发生时间和空间的改变和影响，应从可持续发展的观点分析项目用海方式是否与海域的海洋生态系统相适应，是否有利于降低项目用海方式对生态系统的影响。

8.3.3　用海方式比选分析

（1）用海方式比选步骤

首先根据项目用海工程的主要构筑物结构和项目的用海需求，判定项目用海方式。判定项目用海方式是论证编制技术人员接到项目论证工作时首先开展的工作，因为只有准确地判定项目的用海方式，才能判定项目论证等级，也是开展用海方式比选的最基础的工作。

其次根据项目用海特征和用海需求，分析项目采用的用海方式是否有其他的用海方式可替代。如码头工程采用重力式结构（属于非透水构筑物），是否能采

用高桩梁板结构(属于透水构筑物用海);输油管道采用栈桥上建设输油管道的方式(透水构筑物用海),是否可采用海底管道输送(属于海底管道用海);油气开采是采用海上平台式还是人工岛式等。

最后以各用海方式的用海特征、建设项目利用自然岸线长度和特点、建设项目对水动力条件的扰动、对海洋生态环境的干扰和影响特征等,作为用海方式比选的主要条件,采用客观、有效的比较分析方法,开展项目用海方式及可替代的用海方式的比选,并给出优化结果。

(2)用海方式比选分析内容

某一项目用海项目采用何种用海方式,其影响因素很多,如与工程地质条件、周边海洋保护区、泄洪要求等,进行用海方式比选,应按照上述的用海方式比选步骤,采用对比分析法开展,如案例8-8。

案例8-8(石油码头工程输油管道用海方式比选分析案例):某30万吨级石油码头工程项目,一侧停泊30万吨级油船,另一侧码头水工结构按30万吨级预留,水工结构总长546.3 m。年运量1 900×10⁴ t。另还需要建设引堤、引桥和输油管线,其中引堤长281.24 m,引桥长4 660 m,桥面和堤面宽度均为12.7 m,输油管线在栈桥上铺设。

首先判断项目用海方式包括透水构筑物用海、非透水构筑物用海等。本例主要是对输油系统的用海方式比较分析,所以该例仅给出了引桥(输油管道铺设在引桥上)透水构筑物用海。根据对输油方式的了解,结合项目用海特征和用海需求,需建设4 660 m的引桥,所以在项目论证过程中提出是否采用海底管道的形式更好,即提出其用海方式的替代方案。针对透水构筑物用海和海底管道用海两种用海方式展开比选分析,见表8-15。

表8-15 栈桥方式和海底管道方式的比较表

序号	比选内容	栈桥方式	海底管道方式
1	油库对油品要求	目前广西石化开工期间所加工原油为苏丹尼罗油、撒哈拉油和卡宾达油,比例为60:25:15,未来加工原油为沙特中质原油和重质原油,比例为50:50。苏丹尼罗油、撒哈拉混合油、卡宾达油、沙特轻质油、沙特中质油、沙特重质油、伊朗轻质油。其中,撒哈拉油、伊朗轻质油、沙特中质油和沙特重质油为低凝低黏原油,采用常温卸油;卡宾达油(凝点为16℃)为易凝原油,一般情况下其卸船温度不低于30℃;苏丹尼罗油(凝点为35℃)为高凝原油,一般情况下其卸船温度不低于60℃	同左

（续表）

序号	比选内容	栈桥方式	海底管道方式
2	码头设计吞吐量对维护时间的要求	从码头设计吞吐量来看，管道维护最长约10天左右，采用栈桥方式，管道维修比较方便	从码头设计吞吐量来看，管道维护最长约10天左右，采用海底管道，维修相对困难，要求维修时间较长
3	油管扫线频率及其增加事故风险的可能性	油管扫线频率大约为每个月3次。本工程通球扫线较为频繁，增加了清管球卡管的几率。采用栈桥架空敷设，由于在地面开展工作，通堵工作较易进行，事故风险发生的可能性较小	油管扫线频率大约为每个月3次。本工程通球扫线较为频繁，增加了清管球卡管的几率。采用海底管道，则通堵工作难度相当大，而且易造成海水的污染，增加了发生事故风险的可能性
4	原油流动性安全	卸船时温度按60℃来考虑，在保温情况下，按每个管的最大流量为5 000 m³/h，经过5 km的海底管道降温约0.4℃；流量为2 000 m³/h，经过5 km的海底管道降温约0.9℃。为了保证原油流动性，需做伴热处理。通过栈桥敷设方式，管线易于实现伴热保温	卸船时的温度按60℃来考虑，在保温情况下，按每个管的最大流量为5 000 m³/h，经过5 km的海底管道降温0.5℃；流量为2 000 m³/h，经过5 km的海底管道降温约1.1℃。为了保证原油流动性，需做伴热处理。由于码头至油库输油管线管径较大，海底管道无法实现伴热保温功能
5	海床稳定性	栈桥下部结构基础采用重力式圆沉箱基础和嵌岩桩基础，基础稳定性较好，栈桥上铺设的管道安全性也好	本项目所在海域淤泥层约3.5~5.1 m，一般海底管道埋深在1.5~2.0 m，由于淤泥层承力较小，需要对淤泥层进行加固处理，这将增加工程投资费用。另外，从地质稳定性来看，管道发生位移的可能性比较大，海底管道将出现悬空，对管道的安全运行产生影响
6	管道施工技术	主要是栈桥的施工。栈桥为管道预留空间，栈桥建完后直接铺设管道即可，施工方便	大口径海底管道施工比较困难，目前没有这么粗的支管架，需要对支管架进行整改，工程量较大，投资也高，工期不易保证
7	对周边海洋开发活动和海洋功能区的影响	施工船舶增加了工程附近航道船舶的密度，对进出钦州港船舶通航安全造成一定的影响。另外，施工产生的悬浮泥沙对周边海域的旅游开发活动和养殖活动不会产生影响。营运期，由于栈桥的建设，将影响一些小船或者渔船的通航	施工船舶增加了工程附近航道船舶的密度，对进出钦州港船舶通航安全造成一定的影响。另外，施工期间产生的悬浮泥沙对周边海域的旅游开发活动和养殖活动不会产生影响。营运期，海底管道埋设在海底，在正常营运下，海底管道不会对周边海洋开发活动和周边海洋功能区产生影响
8	运营期事故风险对海洋环境、海洋生态的影响	石油泄露首先受影响的是表层海水水质和水体中的浮游生物。由于原油密度较海水轻，多漂浮在海面上，影响到真光层中的浮游生物。一旦形成大面积油膜，使海洋中大量藻类和微生物死亡，厌氧生物大量繁衍，导致海洋生态系统的失衡。采用栈桥方式，管道发生破裂等事故风险将对工程附近海洋生态环境影响很大	石油泄露首先受影响的是海底底栖生物，石油滴会黏附在海洋悬浮的微粒上沉落海底，影响底栖生物，严重时会造成底栖生态系统的彻底破坏。另外，原油密度较海水轻，原油受浮力作用上浮，其影响与栈桥方式时管道泄露的影响相同。即海底管道发生破裂等事故风险时，对工程附近海洋生态环境影响很大

（续表）

序号	比选内容	栈桥方式	海底管道方式
9	事故响应时间及其对生产的影响	管线便于运行维护和管理，便于及时发现问题和解决，管线一旦发生泄漏，管线的维修成本低，事故响应时间短，对原油加工厂的生产影响不大。同时，对海洋环境影响较小	一旦发生事故风险，海底泄漏点的确定需要一定时间，相应增加了事故响应时间。同时，海底管道维修困难，维修成本高。甚至维修时间较长可能使原油加工厂停产。另外，也增加了对海洋环境的影响
10	原油码头设计使用年限与管线使用年限的匹配问题	本项目管道设计年限为 25 年，码头设计年限为 50 年，管道使用年限与原油码头设计使用年限不匹配。如果管道达到使用年限或者码头在使用年限之内管道已经腐蚀了，将对管道进行更换	同左
11	废弃管线处置/重新铺设对海洋环境的影响	管道更换比较方便，同时管道废弃采用陆上处置，对海洋环境没有影响	更换管道前应先将废弃管道进行全线打捞回收处置。打捞回收时将给路由区域海洋开发利用活动带来一定的影响，但打捞回收完成后，将彻底清除废弃管道，对今后的海洋开发活动是有利的。打捞回收管道发生的海底沉积物的搅动和泥沙的再悬浮，使海水混浊，对海洋生态环境和渔业资源产生一定损害。另外，重新铺设管道产生的悬浮泥沙也将对海洋生态环境和渔业资源产生一定影响，同时，施工也将影响通航环境等

从码头设计吞吐量对维护时间要求、油管扫线频率及其增加事故风险的可能性、原油流动性安全、海底稳定性、管道施工技术、事故响应时间及其对生产的影响和废弃管线处置（或重新铺设）对海洋环境的影响等几个方面比选来看，采用栈桥方式优于海底管道方式。从对周边海洋开发活动和海洋功能区的影响方面来看，采用海底管道优于栈桥方式。综合各方面影响因素，采用栈桥方式是合理的。

8.4　占用岸线的合理性分析

自然海岸线是海洋和海洋生态系统的一个重要组成部分，其本身承载着许多自然生态功能，这是人工海岸线所不能全部替代的。实现集约、节约利用岸线是科学用海的目标和海域管理的目的之一。

项目用海尽量不占用岸线，确需占用的，应根据项目规模和平面布置分析占用自然岸线的必要性；阐明占用海岸线的类型，包括自然岸线（沙质岸线、粉砂淤泥质岸线、基岩岸线和生物岸线）和人工岸线以及占用海岸线的长度；应尽量将占用岸线的长度压缩到最低限度，保护自然岸线，延长人工岸线，保留公共通道，打造亲水岸线。

在分析占用自然岸线对区域岸线资源结构与特征、景观、岸滩演变趋势等影响的基础上，可选取岸线利用方式、岸线利用长度、岸线利用效率、岸线投资强度、对岸线功能影响程度等指标，分析论证用海占用自然岸线的合理性。

案例 8 – 9（滨海旅游项目结合自然保护区的海岸整治工程案例）：某环境整治和旅游娱乐用海选址在某海湾南边岭西侧岸外海域的基岩岛屿 – 小洲岛上及附近的浅滩地带，位于三亚珊瑚礁国家级自然保护区鹿回头半岛——榆林角沿岸片区内的实验区边缘。本项目总的用海面积为 22.529 8 hm²，申请施工临时便道用海面积为 0.569 5 hm²。投资额为 5 000 万元。

1）平面布置方案

（1）岸滩景观整治区

从南边岭西部堤岸的建造一段向西北方向延伸至 – 2 m 水深的防波堤，折转沿 – 3 m 等深线呈 SWW 向延伸，再折转向南，形成长 360 m 的东防波堤；在峡道东侧的潮滩前沿建造一条与东防波堤堤头相连的景观堤，景观堤长 292 m；在峡道东南侧岸滩建一长 310 m 的南防波堤。上述三段岸堤相连，形成岸滩景观整治区，面积 64 776.76 m²。岸滩景观整治区作为三亚市城市总体规划要求的滨海景观美化和旅游度假区的配套设施建设，包括沙滩美化、园林景观、生态景观、景观亭、休闲吧、市民亲水平台、珊瑚景观池、景观走道等生态景观配套设施。

（2）海岛保护和恢复区

从小洲岛北端至其北部的水下岩礁之间的水域，建造一条呈 NE 向延伸的防波堤，经水下岩礁后沿 – 2.5 m 水深向 ENE 方向延伸，构成长度为 378 m 的西防波堤；在其东缘建造一条与西防波堤相连的景观堤，景观堤长 188 m，向南延伸与小洲岛南部的岸堤（长 258 m）连成一体，形成海岛保护和恢复区，面积为 24 920.63 m²。海岛保护和恢复区作为三亚市城市总体规划要求的低密度的生态景观配套设施建设。营造的沙滩区种植椰子树，布置园林景观、景观亭、景观道路、休闲吧、草坪绿地、人工沙滩等。

（3）小洲岛峡道整治、人工海滩和动力环境改善工程

在小洲岛峡道北口门东、西防波堤的末端之间设预留过水断面，或称通道口门，其宽度约 150 m，供防波堤内、外海域水体相互交换；在小洲岛峡道南口门的过水断面保持 150 m；峡道预留水域的断面宽度至少保持在 150 m。峡道中心轴线浚深至 – 2.5 m（国家 85 基面），向其东、西两侧形成抛物线形边坡。疏浚开

挖面积约 10.5 hm²，疏浚方量约 18.9×10^4 m³。疏浚土经过技术处理，使其物理力学性能达标后，用作后方陆域回填。在峡道东、西两侧景观海堤前沿营造人工沙滩，人工沙滩选用级配良好的中细砂，含泥量小于 5%，海滩坡度保持在 1:(10~12)，形成优美的人工海滩。通过整治峡道内外的水动力交换环境得以改善。岸滩景观整治区人工沙滩面积为 6 338.75 m²，海岛保护与恢复区人工沙滩面积为 3 150.95 m²。

（4）连岛跨桥

在小洲岛峡道南口，建造一座陆岛相连的跨桥，跨度约 150 m，桥面宽度约 15 m。

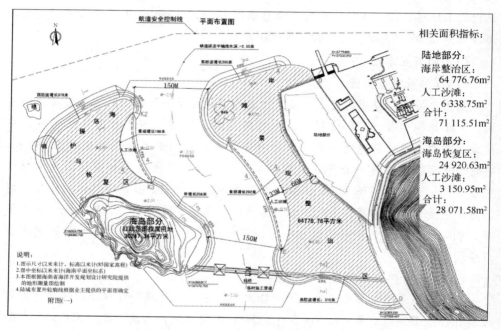

图 8-12　平面布置方案（示意图）

（5）生态恢复与利用区

在小洲岛的西侧和西南侧岸外海域有珊瑚礁分布。小洲岛的东侧因小岛阻挠 SW 浪与鹿回头岬角阻挠 SW 的共同作用，形成波影区，小洲岛礁盘外缘和鹿回头湾礁盘间深槽的存在，形成了较平稳水交换条件又好的水域，适宜珊瑚生长，现场调查也证实该区分布有一定数量的活珊瑚。在小洲岛的南侧通过珊瑚鱼礁投放，进一步营造海底珊瑚景观，采用自然和人工放养的手段，增加了各种珊瑚礁鱼类和其他生物的种类和数量，形成"天然的水族馆""海底花园"。

在生态景观资源进行恢复的同时，开展适度的可持续的旅游观光活动。

项目平面布置图见图 8 - 12，方案各项指标比较情况见表 8 - 16。

表 8 - 16　方案各项指标表(示例)

指标	论证方案
申请用海总面积(hm^2)	22.529 8
海岛保护与恢复区(含防波堤)(hm^2)	4.387 7
岸滩景观整治区(含防波堤)(hm^2)	8.780 5
岸堤(hm^2)	0.413 5
岛陆栈桥(hm^2)	0.462 4
游艇码头(含防波堤)(hm^2)	无
旅游娱乐区(hm^2)	5.804 0
生态恢复和利用区(hm^2)	2.681 7
峡道宽度(m)	130 ~ 190
围填占用海岛岸线长度(m)	504
新形成海岛岸线长度(m)	818
围填占用滨海岸线长度(m)	617
新形成滨海岸线长度(m)	980

2)项目占用岸线的合理性分析

海岛恢复需要回填恢复部分受波浪侵蚀后退的岛屿面积，岸滩整治工程则是对南边岭西侧的海滩进行改造和美化，这两项工程占用岸线是必然的。本项目海岛保护与恢复区占用小洲岛自然岸线 504 m，形成新的人工海岛岸线 818 m；岸滩景观整治区占用南边岭西侧人工岸线 617 m，形成新的人工岸线 980 m。

南边岭西侧岸滩景观整治工程范围为从北部三亚大兴实业有限公司游艇码头到南部三亚国宾馆待建游艇码头之间的人工岸线进行，通过整治延长了岸线，增加了岸线曲折度。恢复区工程布局保持与该海域等深线分布相平行，即与该海域的强浪向平行，以较好维持周边海域海底冲淤的相对动态平衡。因此，项目建设占用岸线长度以实际情况和具体需求出发，项目工程占用岸线长度合理。

8.5　用海面积合理性分析

合理的用海面积是在满足项目用海的实际需求的前提下，尽可能减少实际使用海域空间资源的范围，体现集约节约用海的原则。毫无疑问，不合理的用海面积将带来海域资源的浪费和增大环境的影响。

项目用海面积应贯彻集约、节约用海原则。海域使用论证工作应依据项目的建设规模和产能、行业技术标准，结合用海平面布置和构筑物结构特征，在项目用海方式、用海布置方案比选、优化的基础上，按照项目用海的组成单元，采用量化方法分析论证项目用海面积的合理性，并根据分析结果，准确界定各用海单元的用海底面积、用海表面积和用海总面积等内容。

《论证导则》中要求项目用海面积合理性分析应包括下述内容：项目用海面积是否满足项目用海需求；项目用海面积是否符合相关用海控制指标要求；项目用海面积是否符合相关行业的设计标准和规范。一级、二级论证应分析论证减少项目用海面积的可能性。

8.5.1　用海面积是否满足项目用海需求

根据用海项目的建设规模和工程可行性研究等相关前期工作成果中给出的设计参数，初步估算项目建设的用海需求；依据项目用海性质及经项目用海平面布置方案比选后界定的用海面积，分析是否满足项目用海需求。根据项目设计方案、平面布置及各功能分区的占地面积要求，估算项目用海需求，将申请用海面积与用海需求进行比较，分析项目用海面积是否满足其用海需求。

8.5.2　用海面积是否符合相关行业设计标准和规范

根据项目用海的工程设计要求，以相应行业的标准和规范为依据，分析项目用海面积是否符合相应行业设计标准、规范的规定和要求，并根据项目用海各内部单元的用海性质，以相关标准或规范作为判据，逐项进行面积合理性分析。

根据不同的用海类型，选择对应的行业标准，例如港口项目，应依据《海港总平面设计规范》中的相关要求，分析其用海面积是否与行业设计规范相符合。

论证报告对围海、填海、围垦、筑堤、海底人工构造物建造等完全或部分改变海域自然属性，以及重大改变海岸线类型与现状的用海项目，论证报告应详细分析项目建设规模、总体布置、具体布局的尺度和结构等的合理性内容；详细分析论证其总体布置、具体布局和总体规模拟使用的用海面积，是否符合相关行业的技术标准、规范的面积定量化技术要求。例如项目用海与《河港工程设计规范》（GB 50192—93）、《海港总平面设计规范》（JTJ211—99）、《港口及航道护岸工程设计与施工规范》（JTJ300—2000）、《防波堤设计与施工规范》（JTJ298—98）、《航道整治工程技术规范》（JTJ312—2003）等技术标准的符合性。

8.5.3　项目用海减少海域使用面积的可能性

根据《论证导则》的要求，一级、二级论证应分析论证减少项目用海面积的可能性。对于填海造地、盐业用海、核电厂用海、路桥用海项目等，完全改变海域属性或者可能对海洋生态环境造成比较大影响的用海项目，可依据相关规范、规程要求，通过方案比选、生产工艺改进等，分析、阐明用海项目减少用海面积的可能性。

案例 8 –10（核电、火电类项目用海面积合理性分析案例）：某"上大压小"热电联产燃煤机组工程建设 2 台 600 MW 超超临界国产燃煤供热发电机组。配套建设 1 个 10 万吨级散货泊位和 1 个重件泊位，兼靠 1 艘 5 万吨级散货船和 1 艘 3.5 万吨级散货船。燃煤专用码头的泊位设计年通过能力为每年 902×10^4 t。

1）项目基本情况

厂区总平面布置分为主厂房区（含 220 kV 配电装置）、循环水设施区、燃料设施区、辅助及附属生产区、厂前建筑区等。

主厂房区：主要位于本期工程厂区的西南面，主厂房汽机房朝西北，固定端朝东北，向西南扩建。主厂房采用侧煤仓的布置方式，自西北向东南依次为：汽机房、除氧间、锅炉/煤仓间、电除尘器、烟囱及脱硫设施。汽机房 A 排柱外分别布置了主变、启备变、厂用变和 220 kV 配电装置、净油箱及污油箱、事故油池等，锅炉旁布置了机组排水槽、空压机房等。集控楼位于#2 机组的西南侧，输煤栈桥穿烟囱从两炉之间进入煤仓间。

配电装置区：由于厂区用地紧张，为了节约用地，220 kV GIS 架空布置于 2 号机组变压器区的上方。初步考虑以 220 kV 一级电压等级接入系统，出线 3 回，其中 2 回接入 500 kV 东海岛站 220 kV 侧（该变电站规划 2014 年投产），1 回接入 220 kV 工业园站（规划中）。

燃料设施区：条形煤场位于厂区的东北部，毗邻码头布置，主要包括 3 个条形煤堆及运煤综合楼、煤粒沉淀池等辅助建（构）筑物，煤场采用折返式煤场，采用穿烟囱的方式从两炉之间上煤。

循环水设施：位于厂区的北面，靠近码头布置，主要包括循环水泵房、加药间（含电解海水制氯等），加药间布置于泵房的前池上方，以节约用地。厂内循环水取水管（单管）长约 900 m，排水箱涵（双孔）长约 1 000 m。

辅助及附属生产区：主要位于主厂房区的东北面和东南面，主要包括净水站、化水站、污水处理站、检修车间/仓库、消防车库、港监楼、石灰石粉仓、脱硫废水处理装置、启动锅炉房和油罐、制氢站、石膏脱水楼、液氨站、灰库等。

厂前建筑区：位于主厂房区的北面，通过连廊同主厂房相连，主要包括综合办公楼/食堂/倒班宿舍等。

厂区出入口：人流出入口设置在厂区的西面，货流出入口设置在厂区的南面。

码头：码头岸线 500 m，可布置 1 个 10 万吨级散货泊位和 1 个重件泊位，并可兼靠 1 艘 5 万吨级散货船和 1 艘 3.5 万吨级散货船(结构按 15 万吨级考虑)。码头采用"π"形顺岸布置形式，码头面高程 7.5 m，泊位总长 500 m，宽 32 m，东西两侧各布置一座引桥与后方陆域相接，东侧引桥长 32 m，宽 30 m，距离码头东侧端点 15 m；西侧引桥长 32 m，宽 12 m，距离码头西侧端点 50 m；各引桥端部为了方便行车，局部进行加大。码头停泊水域宽 90 m，前沿设计底高程为 -15.0 m(15 万吨级时为 -18.4 m)；回旋水域直径为 500 m，设计底高程为 -15.6 m。

2)用海面积合理性分析

(1)是否满足项目用海需求

A. 填海用海需求

本工程用地主要由码头、厂区和事故灰场三部分组成，其中码头用地约 3.35 hm²，厂区用地面积约 28.91 hm²，事故灰场用地约 20.26 hm²。

a. 码头用地分析

按功能划分码头区分为码头用地、引桥用地和护岸用地。根据《海港总平面设计规范》(JTJ211—99)的要求，码头用地 1.6 hm²，引桥用地 0.18 hm²，护岸用地 1.57 hm²，总用地面积 3.35 hm²。项目用地情况见表 8 - 17。

表 8 - 17　码头区用地情况

用地划分	面积(hm²)	备注
码头	1.6	码头长 500 m，宽 32 m
引桥	0.18	2 座引桥长度均为 32 m，其中 1 座宽 12 m，一座宽 30 m。各引桥端部局部加大
护岸	1.57	位于厂区东北侧与码头之间的区域
合计	3.35	

b. 厂区用地

本工程厂区围墙内用地主要由生产区、厂前建筑区用地组成，其中生产区用地面积为 27.91 hm²，厂前建筑区用地面积为 1.0 hm²。生产区主要由主厂房区、冷却设施区、配电装置区、储煤设施区、化学水处理设施区、除灰设施区、输煤综合楼及部分输煤栈桥、脱硫设施区、脱硝剂贮存设施区、工业/生活/消防水设施区、废/污水处理设施区、供氢设施区、燃油启动锅炉区、其他辅助生产及附属建筑区等组成；厂前建筑区主要由综合办公楼/食堂及停车场组成。

《电力工程项目建设用地指标》(2010 版)中对厂区围墙内的建设用地基本指标进行了规定，本工程厂区围墙内用地指标核算详见表 8 - 18。可见，用地规模满足《电力工程项目建设用地指标》(2010 版)的要求，达到了节约用地的目的。

表 8-18　厂区围墙内本期工程各功能分区建设用地指标表

类别	编号	本工程技术条件	标准用地指标（hm²）	本工程实际用地（hm²）	备注
生产区	1	主厂房布置（汽机房/除氧房/锅炉房,煤仓间二列式,侧煤仓）	6.94（二列式,侧煤仓）	6.90	按 2×600 MW 考虑
	2	冷却设施区（直流供水系统,4 台循环泵）	0.72	0.70	包含循环水泵房/加药间（含电解海水制氯等,置于前池上方）
	3	配电装置（220 kV GIS 配电装置,3 回 220 kV 出线,3 回进线,置于变压器平台上方）	$2.861-2.861+0.933-0.755+0.042=$ $0.042=0.178$（2.861 为屋外配电装置的单项指标,由于电压等级不同,按 2.861;减去 220 kV 计列,增加 0.933;GIS 减少 0.755;出线减少 0.042,进线增加 0.042）	0	为了节约用地,将 GIS 布置于变压器上方,用地已计入主厂房区用地,因此用地为 0
	4	条形煤场（储煤量 25 天,煤堆高度为 15 m,储煤场宽度大于 150 m,设计燃煤低位发热量 22.16 MJ/kg）	$6.117-0.724+3.42+0.76+0.3=9.873$（6.117 为储煤 15 天,堆高 13.5 m,折返式并列煤场,燃煤发热量 18.82 MJ/kg 的指标。燃煤低位发热量减少 0.724,增加储煤天数增加 3.42,降低煤场高度增加 0.76,煤场宽度大于 150 m 增加 0.3）	9.86	按 2×600 MW 考虑
	5	输煤综合楼及部分输煤栈桥	0.70	0.68	部分输煤栈桥建设用地指标系指厂房及煤栈桥区域以外的输煤栈桥用地面积
	6	除灰（灰渣分除,干式除灰,灰渣汽车运输,渣仓位于主厂区）	0.45	0.42	灰库容量按 2×350 MW 考虑
	7	脱硫设施区（石灰石-石膏湿法脱硫,设 GGH）	$1.75+1.40=3.15$（制浆脱硫,脱硫废水处理增加 1.4,计入调整面积,1.75 已含在主厂区面积内,不计入生产区总面积）	1.40	脱硫设施建设用地单项用地指标已包含在主厂房建设用地面积中,所列用地指标为主厂房区之外的制浆脱硫水、脱硫废水处理等脱硫设施用地

（续表）

类别	编号	本工程技术条件	标准用地指标（hm²）	本工程实际用地（hm²）	备注
生产区	8	脱硝（SCR，液态氨脱硝）	0.36	0.35	脱硝液氨采用汽车运输，卧式储罐
	9	工业、生活、消防水（常规动水泵房、水池及贮水箱，设置原水储存池）	0.64+0.95=1.59（设置原水储存池增加0.95）	1.59	为保证机组的正常运行，增加原水处理池
	10	污水处理区（工业废水集中处理，其他分散处理；生活污水采用生物处理，含油污水采用隔油、浮选处理，含煤废水采用沉淀处理。）	1.30	1.30	
	11	化学水处理区（活性炭过滤→阳离子交换→阴离子交换→混合离子交换（无顶压逆流再生）→混合离子交换）	1.18+0.53=1.71（供热机组，用1.18替换0.80；供热管网增加0.53）	1.70	供热机组，增加热网部分用地
	12	制氢站（2×5 Nm³/h 的中压水电解制氢设备）	0.35	0.35	制氢
	13	启动锅炉	0.26	0.26	燃油锅炉
	14	燃油设施区（采用等离子点火技术，设置1个60 m钢质拱顶油罐，1台启动锅炉供油泵）	0.90-0.30=0.60（采用等离子点火，减少0.30）	0.57	只考虑启动锅炉及柴油发电机机用油需要
	15	其他辅助生产及附属建筑（不设雨水泵房）	2.32-0.26-0.23=1.83（空压机房位于主厂房区内减少0.26，不设雨水泵房减少0.23）	1.83	
		生产区建设用地小计	28.26	27.91	1~15项统称为生产区
厂前建筑区	16	厂前建筑区	1.0	1.0	16项为厂前建筑区，包括综合办公楼（含食堂、倒班宿舍等）、停车场等
		合计	29.26	28.91	

c. 事故灰场用地

根据《大中型火力发电厂设计规范》(GB 50660—2011)的要求,贮灰场的总容积应达到能存放按规划容量、设计煤种计算的 20 年左右的灰渣量及脱硫石膏量的要求。贮灰场应分期、分块建设,贮灰场初期征地面积宜按贮存本期设计容量、设计煤种计算的 10 年灰渣量及脱硫石膏量确定,当灰渣综合利用条件较好时,宜按贮存电厂本期设计容量、设计煤种计算的 5 年灰渣量及脱硫石膏量确定;初期贮灰场宜按贮存本期设计容量、设计煤种计算的 3 年灰渣量及脱硫石膏量建设。当灰渣能全部综合利用时,可按贮存 1 年灰渣量及脱硫石膏量确定征地面积并建设事故备用灰场。灰场选址时尽量利用荒地和其他未利用地,不占用农用地,灰场距离居民点的距离需要大于 500 m,经过现场踏勘和调查,东海岛和湛江市附近没有合适的地方作为灰场,厂区围墙南侧海域滩涂回填后可作为电厂的事故灰场,灰场的容量和防护要求满足规范的要求。

根据调查,电厂所在地广东湛江市灰渣销售很好,供不应求,综合利用情况较好。灰渣综合利用既能变废为宝,节约能源,节省投资,同时还减少环境污染,减少贮灰场占地面积,符合相关国家产业政策。故本期工程灰渣按 100% 综合利用考虑,暂时不设永久灰场,电厂仅设置一事故备用贮灰场。

本期工程采用干除灰系统,2×600 MW 机组年排灰渣量为 47.44×10^4 t,石子煤量 1.75×10^4 t,脱硫石膏量为 14.15×10^4 t。灰渣量容重按 1 t/m³ 计,石膏容重按 1.2 t/m³ 计,贮存一年灰渣、石膏量容积约 59.23×10^4 m³,正常情况下全部综合利用。

本期工程厂区西南面扩建端的海域回填场地(约 20.26 hm²)可作为贮灰场用地,周围 500 m 内没有居民点,场地内无拆迁,不占用农田。堆灰高度为 6 m(考虑到投资和景观要求,堆灰高度不宜过高,本灰场地面以下深 2 m,灰坝高度 4 m)时,容积约 83×10^4 m³,不考虑灰渣、石膏综合利用情况下,可供 2×600 MW 机组贮灰约 1.4 年,满足规范要求不小于 1 年的要求。

从以上分析可以看出,厂区西南面扩建端的事故灰场(20.26 hm²)用地刚好满足规范规定的最小堆灰储量的要求,堆灰高度合适,充分利用滩涂地,不占用农田,对周围环境影响小。事故灰场在施工期间作为厂区的施工场地,避免占用额外的场地,达到了集约、节约土地的目的。

从以上对码头、厂区和事故灰场的用地分析可以看出,本工程用地 52.52 hm²,其中码头用地 3.35 hm²、厂区用地 28.91 hm²、事故灰场用地 20.26 hm²,是符合相关用地标准的,用地指标先进,厂区用地全部由填海解决,填海面积合理。

B. 排水海底管道用海需求

电厂排水通过单根 DN4200 mm 排水涵管将温排水输送向西北延伸 153 m 后直角转向外海延伸 500 m；排水涵管自身抗压抗腐蚀以及防止一般性碰撞等需要，DN 4200 mm 的排水涵管外径为 5.4 m。考虑海底管道的保护，结合《海籍调查规范》海底排水管道外缘线向两侧外扩 10 m 的平行线确定，海底管道用海面积约为 $653 \times (5.4 + 20)$ 约 1.6 hm²。

C. 取水口用海需求

本项目从煤码头西侧近岸取水，拟采用淹没式钢筋混凝土取水头部与护岸融合一体，未直接占用海域。依据《海籍调查规范》，以取水口中心点依据向西北、东南和东北向分别外扩 80 m，取水口用海面积约为 160×80 约 1.2 hm²。

D. 排水口用海需求

温排水排放口位于距离新岸线 656 m 的海床处，按照《海籍调查规范》的要求，按照排污口外缘向西北、东南、东北和西南 4 个方向分别外扩 80 m。排水口长 10 m，宽 10 m，由此确定 $(80 + 10 + 80) \times (80 + 10 + 80)$ 约 2.89 hm²，减去与排水管道重叠的用海面积 $80 \times (5.4 + 20) = 0.2$ hm²，排水口用海约 2.6 hm²。

E. 港池用海需求

煤码头停泊水域宽 90 m，布置在码头岸线正前方；回旋水域直径 500 m，利用部分停泊水域。根据码头外缘线、码头前沿线的垂线与回旋水域外缘线切线围成的港池用海面积约 25.2 hm²。其中与取水口用海重叠部分的面积约 1.1 hm²。

F. 温排水的用海需求

本项目填海和水工构筑物位于《广东省海洋功能区划》(2011—2020) 的东海岛北部工业与城镇用海区，根据《海籍调查规范》，按人为造成温升 4℃ 的水体所波及的最大包络线界定，并相应核减排水口和排水管道用海，本项目冬季和夏季全潮包络线最大范围的温排水用海面积为 40.365 2 hm²(图 8 – 13)。考虑便于海域管理，适当将温排水用海面积简化，由此界定温排水用海面积 40.221 9 hm²。

由此，项目申请用海总面积 122.413 2 hm²，即厂区、灰场和码头建设填海 52.519 9 hm²，排水管的海底管道用海 1.627 8 hm²，取水口用海 1.279 8 hm²，排水口用海 2.674 0 hm² 和港池用海 24.089 8 hm²、温排水 4℃ 包络线用海 40.221 9 hm²，可满足项目用海需求。

(2) 是否符合相关行业的设计标准和规范

A. 与《海港总平面设计规范》相符合

根据泊位吞吐任务，结合船型分析结果，码头工程建设规模为：10 万吨级煤码头泊位 1 个(结构按 15 万吨级预留)；3 000 吨级重件码头泊位 1 个。

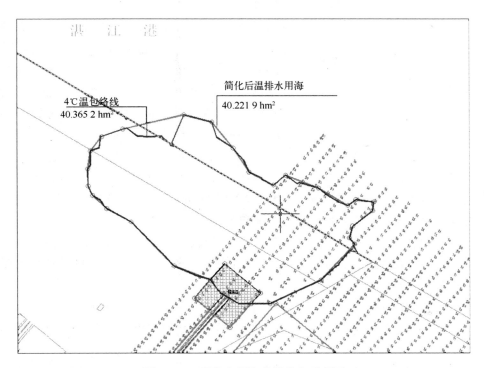

图 8 – 13 温排水用海范围简化示意图

考虑到重件运输的要求，本工程两个码头泊位按分开设计布置。根据《海港总平面设计规范》，在满足船舶安全靠离作业和系缆的前提下，同一码头岸线上连续布置泊位时，端部泊位长度按公式 $L_b = L + 1.5d$ 来计算，3 000 吨级船舶长度为 96 m(表 8 – 19)，150 000 吨级船舶长度为 289 m，富裕长度取 30 m。

3 000 吨级散货泊位长度：$96 + 30 \times 1.5 = 141(\text{m})$

150 000 吨级杂货泊位长度：$289 + 30 \times 1.5 = 334(\text{m})$

两个码头泊位总长至少需要 $141 + 334 = 475(\text{m})$，本项目码头泊位总长定为 500 m。

表 8 – 19 设计代表船型主尺度表

船舶吨级(DWT)	总长(m)	型宽(m)	型深(m)	满载吃水(m)	备注
100 000	250	43.0	20.3	14.5	规范船型
150 000	289	45.0	24.3	17.9	预留规范船型
3 000	96	16.6	7.8	5.8	规范船型

　　码头前沿停泊水域宽度按照设计船型的 2 倍取值，15 万吨级码头设计船型宽度为 45 m，3 000 吨级码头设计船型宽度为 16.6 m，则 15 万吨级码头前沿停泊水域宽度为 90 m，3 000 吨级码头前沿停泊水域宽度为 34 m，为了便于管理，两个泊位前沿停泊水域宽度统一取 90 m。两个码头共用回旋水域，回旋水域布置在码头正前方，呈圆形布置。回旋圆直径按 10 万吨级设计船型 2 倍船长设计为 500 m，为 15 万吨级船长的 1.73 倍，在允许借码头转头的情况下满足 15 万吨级船舶转头需要。码头用海符合《海港总平面设计规范》的要求。

　　B. 与海籍调查规范相符合

　　考虑厂区建设平整和护岸建设的需要，需进行填海施工，按照护岸结构放坡后的坡脚和厂区范围界定的填海面积为 52.519 9 hm²，符合《海籍调查规范》对斜坡结构应考虑水下外缘线来确定用海面积的要求。

　　码头和引桥用海垂直投影边缘线位于护岸坡脚外缘线之内，因此码头、引桥用海范围与建设填海范围重叠，按照《海籍调查规范》的要求，该重叠范围的用海方式界定为建设填海造地用海。

　　港池用海的界定是按照停泊水域宽度结合回旋水域回旋圆直径考虑，核减港池范围内的取水口用海面积，界定港池用海面积为 24.089 8 hm²，符合《海籍调查规范》中对港池用海的界定的要求。

　　排水涵管外径为 5.4 m，排水海底电缆管道用海外缘线向两侧外扩 10 m 的距离和填海外缘线为界，界定的用海面积为 1.627 8 hm²，符合《海籍调查规范》中对海底电缆管道用海的界定的要求。

　　取水口和排水口用海，岸边以护岸坡脚外缘线为界，水中以取排水设置外缘线外扩 80 m 的矩形范围为界，分别界定取水口用海面积 1.279 8 hm² 和排水口用海 2.674 0 hm²，符合《海籍调查规范》中对工业取排水口用海的界定要求。

　　本项目填海和水工构筑物位于《广东省海洋功能区划》(2011—2020) 的东海岛北部工业与城镇用海区，根据《海籍调查规范》，其他水域的温排水用海，按人为造成温升 4℃ 的水体所波及的最大包络线界定，核减排水口和排水管道用海，并考虑到便于海域管理，适当将温排水用海面积为多边形，计算本项目温排水用海面积为 40.221 9 hm²。

　　综上所述，项目申请用海 122.413 2 hm²，其中厂区、灰场和码头建设填海 52.519 9 hm²，排水管的海底管道用海 1.627 8 hm²，取水口用海 1.279 8 hm²，排水口用海 2.674 0 hm²、港池用海 24.089 8 hm² 和温排水 4℃ 包络线用海 40.221 9 hm²，是合理的。

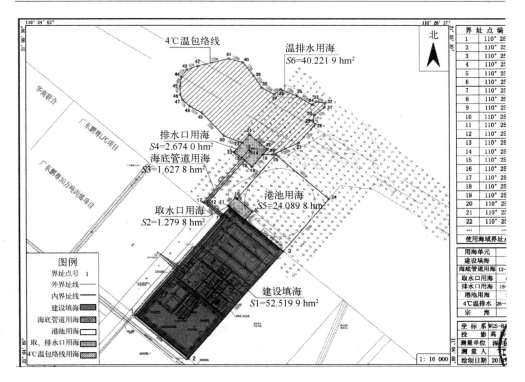

图 8 - 14　项目宗海界址图

8.6　宗海图绘制

项目用海宗海图主要包括宗海位置图和宗海界址图，是海域使用权属确定和管理的重要依据，是实施海域使用管理的主要技术文件，同时也是判别海域使用论证报告质量的重要依据之一。宗海位置图用于反映宗海的地理位置；宗海界址图用于清晰反映宗海的形状及界址点分布。对于宗海内部用海单元较多或分布较散的项目用海，还需给出宗海平面布置图，以清晰反映宗海内部用海单元的关系。

用海范围的界定直接关系着本宗用海者和相邻用海者的合法用海权益，同时，用海面积是海洋管理部门海域使用金征收的依据。因此，海域使用论证过程中最基础且最重要的工作之一就是界定界址点和界址线，进而明确用海项目的海域使用位置、范围和用海面积。界址点的界定应符合《海籍调查规范》（HY/T 124—2009）的要求。界址点界定的准确性是否符合相关技术标准和规范，坐标系统的选择及其转换精度和方法是否合理、准确以及宗海图的编绘是否规范、清晰等，直接关系到海域行政管理部门依法对项目用海确权审批的严肃性与合理性，也是衡量海域使用论证报告书是否符合《论证导则》、《海籍调查规范》(HY/T 124—2009)等相关技术标准与规范等要求的重要依据。

8.6.1　宗海图绘制

8.6.1.1　宗海图绘制原则

宗海图的绘制应遵循下属原则：

①科学性　宗海图的绘制须建立在精确的界址点界定、精准的位置点测量、精细的内容编绘及严谨的成图规范等科学方法体系之上。

②规范性　宗海图绘制应采用符合相关规范标准要求的统一方法、程序与技术要求及规范统一的符号、色彩、条纹表达一定的地图要素。

③简明性　以简明的图示方法反映宗海图的形状、界址点分布及相邻宗海情况。

8.6.1.2　宗海图成图的测绘基准

宗海界址图、宗海位置图的成图测绘基准包括：

①坐标系：WGS－84 坐标系；

②深度基准：理论深度基准面；

③高程基准：1985 国家高程基准；

④地图投影：一般采用高斯－克吕格投影，以宗海中心相近的 0.5°整数倍经线为中央经线。

8.6.1.3　宗海图绘制的一般技术流程

宗海图绘制一般包括以下技术流程：

(1)资料收集

收集本宗海的使用最终方案、相邻宗海的权属与界址资料以及所在海域的基础地理资料、最新遥感影像，为宗海图绘制提供基本数据与资料。

(2)用海类型与方式确定

按照海域使用分类相关规定，确定宗海的海域使用一级和二级类型，判定宗海内部的用海方式。

(3)宗海界址范围确定

在宗海界址点精确计算和测量的基础上，并综合考虑相邻宗海界址特征，连结界址点绘制宗海界址线，以项目用海的最外缘界线确定宗海的平面界址范围。

(4)宗海位置图绘制

根据宗海图的地理位置，以图斑的形式绘制出宗海在图幅中的地理位置及其与重要地理信息的相对位置关系。

（5）宗海内部单元划分与面积测算

在宗海内部，按不同用海方式的用海范围划分内部单元，用海方式相同但范围不相接的海域应划分为不同的用海单元，并分别核算不同用海单元的用海面积。

（6）宗海界址图绘制

绘制本宗海具体的宗海形状、内部单元平面布置、界址点分布、界址范围、相邻宗海位置等，并给出界址点坐标列表和内部单元、界址线与面积的列表。

（7）图面整饰

在宗海位置图、宗海界址图的图面整饰内容包括：界址点列表、宗海内部单元列表、图例、比例尺、坐标投影信息列表、图件制作单位与人员信息列表等的图面布置与图面整饰，使整个图幅看起来齐全、美观、简洁。

（8）质量检查

质量检查包括制图要素与内容的完备性检查，制图符号、色彩、色斑、形态的规范性检查，制图精度的精确度检查等。

8.6.1.4　界址点和界址线

论证报告给出的项目用海界址点、界址线、宗海图等，应全面、准确、清晰，应绘制和表达项目用海的具体位置、范围、形状、面积等基本要素，并应符合下述要求。

（1）界址点

海域使用界址点是确定海域界址线的基础，是确定海域使用位置和面积的基础，是编绘用海宗海的基础。项目用海典型界址点的分析、确定和标识应全面、准确、清晰，并符合下述要求。

界址点是用于界定宗海及其内部单元范围和界限的特征点和拐点。

①界址点应具有代表性，应能简洁、有效地反映项目用海的平面布置和权属范围；

②界址点一般应选择较明显的用海结构的折点、拐点和能有效反映结构边缘变化的特征点；

③界址点应反映项目用海范围内有地理意义的特殊地物（例如岛礁等）的位置、坐标并进行明确的标注；

④界址点应反映用海项目与周边用海项目或敏感区的位置关系；

⑤针对有斜坡结构的水工建筑物，应依据项目用海的总平面布置、典型

的结构设计剖面图和断面图，结合典型剖面所处的水深地形，按照斜坡结构的投影关系，确定典型剖面外缘线与海床或海岸线的交点（界址点）的位置和坐标；

⑥界址点的编号采用阿拉伯数字，从1开始，连续顺编；

⑦界址点绘制以解析坐标为基础，通过计算机制图系统进行绘制。绘制采用的坐标系统、投影方式等应符合《海籍调查规范》（HY/T 124—2009）和《海洋工程地形测量规范》（GB17501—1998）的要求；

⑧位于人工海岸、构筑物及其他固定标志物上的宗海界址点或标志点，其定标测量误差应不超过±0.1m；其他界址点或标志点测量误差应满足《海域使用面积测量规范》（HY070—2003）中4.4的规定；

⑨界址点的编号顺序和方法应清晰、明确和唯一，应符合《海籍调查规范》（HY/T 124—2009）的要求。

（2）界址线

界址线是由界址点连接而成的。

①将宗海及各内部单元的界址点按照逆时针方向进行顺序连线，形成闭合的界址线；

②界址线所形成的封闭区域应能反映项目用海的属性和平面特征；

③界址线绘制以解析坐标为基础，通过计算机制图系统进行绘制。绘制采用的坐标系统、投影方式等应符合《海籍调查规范》（HY/T 124—2009）和《海洋工程地形测量规范》（GB17501—1998）的要求；

④宗海界址图中应准确标注出界址线线段长度，标注出与周边不同用海属性和用海构筑物的安全距离。标注的尺度、顺序等应符合《海籍调查规范》（HY/T 124—2009）的要求；

⑤界址线以"＊－＊－…－＊－＊"方式标示，"＊"代表界址点编号，首尾界址点编号应相同；

⑥在改变海岸线（海岛岸线）原有形态的用海项目中，应按照有关技术标准的要求，重新修测现代海岸线（海岛岸线），并与原有海岸线（海岛岸线）相衔接。

（3）外扩距离的确定

海域使用宗海图中的用海外扩距离是保障项目用海安全的必要措施，是确定海域使用面积的重要内容。

项目用海外扩距离的分析、确定应全面、准确，并应符合下述要求：

①用海外扩距离的确定应反映不同用海属性和用海构筑物结构特征的差异性；

②用海外扩距离选取应符合《海籍调查规范》（HY/T124—2009）和有关技术标准的要求；

③用海项目的主要保护对象、需要特殊保护的对象或构筑物结构，在用海外扩距离上应考虑留有足够的安全距离冗余；

④用海外扩距离应准确叠加在界址点上，叠加后的界址线坐标应明晰、准确。

（4）界址点的定标

项目用海界址点的定标是保证界址点、界址线定位准确的必要措施，是保证项目用海宗海图准确、清晰的重要内容。因此，界址点的定标应符合以下主要内容：

①界址点的定标采用的坐标系统、投影方式、测量方法、仪器设备等应符合《海籍调查规范》（HY/T124—2009）、《海洋工程地形测量规范》（GB17501—1998）、《全球定位系统（GPS）测量规范》（GB18314）等相关技术标准、规范的要求；

②界址点的定标测量精度应符合《海籍调查规范》（HY/T124—2009）等相关技术标准、规范的要求；

③界址点的定标的测量成果记录、表达应准确、全面。

8.6.1.5　宗海图版式及其他要求

（1）图名

宗海位置图的图名由"工程名 + 宗海位置图"构成，图名置于图幅上部；宗海界址图的图名由"工程名 + 宗海界址图"构成，图名置于图幅上部。

（2）图例

图例为图中出现地物的图示说明。所有图例都置于图例框中，图例框为白色背景，放置以不影响宗海界址显示为原则，一般放置左下角。

（3）比例尺

宗海位置图的比例尺以能清晰反映宗海地理位置为宜。宗海界址图的比例尺可设定为1:5 000或更大，以能清晰反映宗海的形状及界址点分布为宜。比例尺以文字方式表示，采用图框形式放置于宗海位置图底部或宗海界址图图面右下角。

（4）相关信息

坐标与投影信息包括坐标系、深度基准、投影和中央经线，可采取列表形式表示。测量单位和人员信息包括：测量单位、测量人、绘图人、绘制日期、审核人，测量单位填写后须加盖测量资质单位印章。测量单位与人员信息也可采取列表形式表示，可与投影信息列表连接。

（5）图面配置和整饰

宗海位置图可以整个图面置于图幅框内，图例置于图面左下角，坐标投影信息列表、图件制作单位与人员信息列表以及其他必要的说明等置于右下角，图面配置以不影响宗海位置显示为原则。宗海界址图图幅左边为图面，右边从上向下依次配置界址点列表、宗海内部单元列表、坐标投影信息列表、图件制作单位与人员信息列表以及其他必要的说明等，一般图面应占到图幅区域的 2/3 以上，比例尺置于图面左下角或右下角，以不影响宗海界址显示为原则。

（6）图幅

宗海界址图和宗海位置图可各自单独成图，一般采用 A4 幅面，宗海过大或过小时，可适当调整图幅。

（7）图廓

图廓由图幅图廓与图面图廓组成，图面图廓线划宽度 0.2 mm，黑色，四角标注大地坐标，大地坐标标注形式为"xx°xx′xxx″"，字体为 6K 宋体，黑色。图幅图廓线划宽度 0.5 mm，黑色，图幅线划与图面线划之间距离 3 mm。

（8）其他

①对于填海造地和构筑物用海方式，应根据设定的图例，以对应的颜色或填充方式表示其图斑。

②对于海底管线及跨海桥梁、道路等长宽尺度相差悬殊的用海类型，可根据实际情况，采用局部不等比例方式移位绘制，以清楚反映界址点分布为宜。

③对于比较复杂或所占海域跨度较大的用海类型，为同时反映宗海的形状以及界址点分布情况，宗海界址图可采用分幅绘制，其中一幅用于反映宗海的整体分布情况；各组成部分可采用局部放大的方式分幅绘制。

案例 8 -11（海底管线宗海界址图案例）：某污水排海管线项目新建一条长约 37.79 km 的海底管线和长约 154 m 的管道终端连接扩散器。由于拟建海底管线所占海域跨越较大，为同时反映登陆点情况、管线拐点情况、与某已建海底管线的交越情况和扩散器用海、污水达标排放用海情况，本项目宗海界址图绘制的过程中，通过对一幅反映宗海的整体分布情况图像的基础上，分别将登陆点、管线拐点处、与已建海管交越处和排放口处采用局部放大的形式，更加清晰的反映宗海的形状和界址点分布情况。

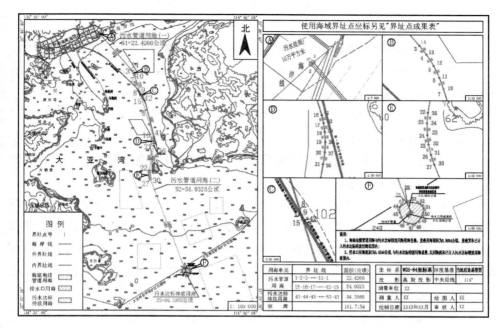

图 8 – 15　XX 污水排海管线宗海界址示意图

8.6.1.6　项目宗家海位置图和宗海界址图绘制方法

项目宗海位置图和宗海图是报告的核心内容之一，是海域使用权属管理的重要资料，是海域使用权属确定的主要技术依据之一，是实施海域使用管理的主要技术文件，同时也是判别报告编制质量的重要依据。项目用海宗海图应全面、准确、清晰地绘制和表达项目用海的具体位置、范围、形状、界址点、界址线、用海面积等基本要素。宗海图的绘制以全部界址点的解析坐标为基础，通过计算机制图系统进行。在实际的宗海图编绘过程中主要采用 Auto CAD 或 Arc GIS 等软件进行制图功能的实现。

项目宗海位置图和宗海界址图应依据《海籍调查规范》（HY/T124—2009）的要求编绘和编制，并应符合下述要求。

（1）项目宗海位置图

项目宗海位置图是直观表达项目用海位置、范围、形状、面积及其与周边产业及海域功能区的位置关系的重要图件。

项目宗海位置图应全面、准确、清晰地绘制和表达项目用海与周边资源环境的关系，至少应包括以下主要内容：

①地理地图应反映毗邻陆域与海域要素（岸线、地名、等深线、明显标志

等）。选择地形图、海图等栅格图像作为底图时，为清晰显示项目用海情况，应对底图作适当的淡化处理；

②本宗海范围或位置以箭头指引，突出标示一个或一个以上界址点的坐标；

③图名、坐标系、比例尺、投影与参数、绘制日期、测量单位（加盖测量资质单位印章）以及测量人、绘图人、审核人的签名等；

④图廓及经纬度标记。

（2）宗海界址图

宗海界址图是论证报告的主要成果之一，是项目海域使用权属管理的重要资料，是判别报告编制质量的重要依据。

宗海界址图应清晰地反映工程具体的平面布置、宗海形状、界址点分布、权属范围及与相邻宗海的关系，应采用合适的比例尺，全面、清晰、准确地记载项目用海的名称、类型、使用人、具体位置、界址点、界址线、用海面积、用海方式、主要用海设施以及相邻宗海的类型、使用人、具体位置、用海范围、界址点、界址线等，并至少包括以下主要内容：

①毗邻陆域及海域要素（海岸线、地名、明显标志物等），用海方案或已有用海设施、构筑物。

②本宗海及各内部单元的图斑、界址线、界址点及其编号，界址点编号以逆时针为序。

③相邻宗海图斑、界址线、界址点及项目名称（含业主单位或个人名称）。

④图廓及经纬度标记。

⑤界址点编号及坐标列表。界址点个数较多，列表空间不足时，可加附页列表填写剩余界址点编号及坐标，并加注承接说明，在附页上签署测量人、绘图人和审核人的姓名，注明测量单位（加盖测量资质单位印章）。

⑥宗海内部单元、界址线与面积列表。宗海内部单元按具体用途填写，并与"宗海及内部单元记录表"中的内部单元名称一致。表格行数应根据宗海内部单元的实际个数确定。

⑦图名、坐标系、比例尺、投影参数、指北针、绘制日期、测量单位（加盖测量资质单位印章）以及测量人、绘图人、审核人的签名。

⑧宗海界址图的分宗绘制。对于项目比较复杂或所占海域不连片的用海项目，宗海界址图应分宗绘制，其中一幅用于反映宗海的整体分布情况；对于涉海项目用海方式中有填海造地的，应单独分宗绘制宗海界址图；除填海造地外的其他的不同用海方式，用海范围相接的海域以宗海最外围的封闭界址线确定为一宗海，绘制宗海界址图；用海方式相同，但范围不相接的海域也应划为不同宗用海

分别绘制宗海界址图。

8.6.2　用海面积量算

项目用海面积是核准项目用海宗海图和海域使用权属的基础依据，是判别海域论证报告编制质量的重要依据之一。用海项目的用海面积量算应全面、准确，并应符合下述要求：

①项目用海面积量算方法和量算结果应合理、准确；

②项目用海面积应按照不同的用海方式，分别进行核算；

③项目用海面积应明确分别是项目用海底面积（指结构或计算外缘与海床相交的界址线所围成的投影面积）、项目用海表面积（指结构或计算外缘的平面的投影面积）、申请用海面积；

④项目用海面积应采用坐标解析法进行计算；

⑤项目用海面积计算单位为平方米，结果取整数；转换为公顷时，保留 4 位小数；

⑥填海项目和具有斜坡结构的用海项目还应注明各个用海单元的用海面积和形成的陆域面积；

⑦项目用海面积的标识和表示应规范、准确。

案例 8 - 12（用海项目界址投影案例）：某用海项目是顺岸式码头建设工程，拟建设 1 000 吨级泊位 3 个，3 000 吨级泊位 2 个，5 000 吨级泊位 1 个，10 000 t（兼靠 30 000 t）泊位 1 个；码头栈桥为高桩梁板结构，护岸工程为斜坡堤结构，总长 1 350 m。工程护岸工程用海平面投影、透水构筑物用海平面投影、船舶停泊水域用海平面投影、项目用海平面投影叠加图，如图 8 - 16 至图 8 - 19 所示。

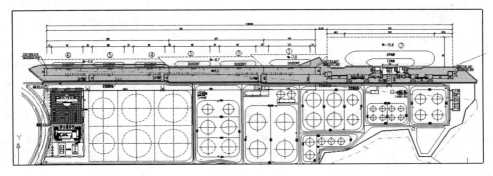

图 8 - 16　护岸工程用海平面投影示意图（平面投影面积 54 753 m²）

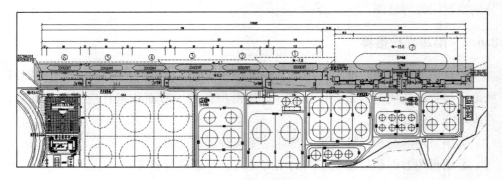

图 8 – 17　透水构筑物用海平面投影示意图(平面投影面积 71 156 m²)

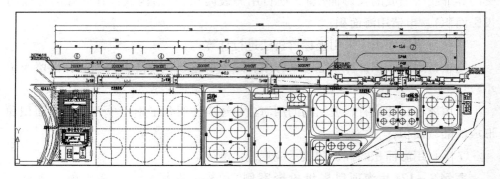

图 8 – 18　船舶停泊水域用海平面投影示意图(平面投影面积 51 634 m²)

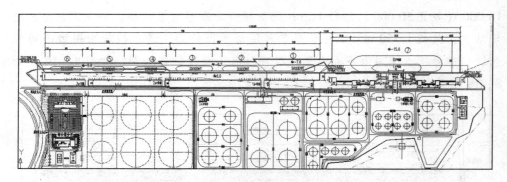

图 8 – 19　项目用海平面投影叠加示意图

案例 8 – 13(斜坡式用海项目界址点投影案例)：某海洋石油开发项目需要建设一座填海形成的人工岛，布置钻井井场。钻井井场平面尺度 110 m×140 m；人工岛采用斜坡堤结构。针对斜坡结构的用海界址点、界址线投影关系如图 8 – 20 至图 8 – 23。

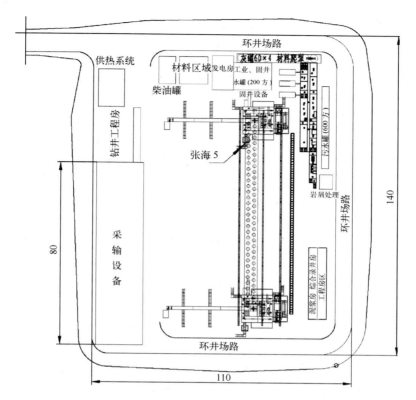

图 8 - 20　海洋石油井场平面布置示意图

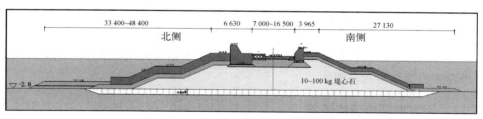

图 8 - 21　人工岛岛堤典型剖面示意图

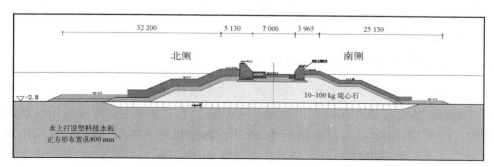

图 8 - 22　人工岛岛堤典型剖面示意图

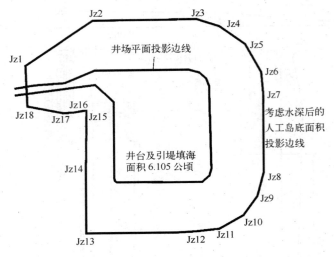

图 8 - 23　人工岛界址投影示意图

8.7　用海期限合理性分析

项目用海期限是核准项目用海使用权属的基本条件之一。根据用海项目主体结构设计年限和项目用海申请者申请用海期限的要求，依据法律规定，分析项目用海期限的合理性。

8.7.1　申请用海期限合理性分析

项目用海申请人一般根据自身发展需求提出申请用海期限要求，因此，应分析用海者要求期限的合理性。

8.7.2　用海期限申请的依据

一般情况下，以项目主体结构、主要功能的设计使用（服务）年限作为项目用海期限的申请依据。

8.7.3　用海期限是否符合法律法规要求

不同类型的用海项目有其不同的特点，《海域使用管理法》对几种不同类型项目的海域使用权最高期限做出规定，其中第二十五条规定：海域使用权最高期限，按照下列用途确定：养殖用海 15 年；拆船用海 20 年；旅游、娱乐用海 25 年；盐业、矿业用海 30 年；公益事业用海 40 年；港口、修造船厂等建设工程用海 50 年。

  按照项目用海主体结构的设计使用年限，以法律法规所规定的用海期限要求为判断标准，分析、论证项目申请的用海期限是否合理。如果项目设计使用年限超出法律法规要求，则以法律法规确定的用海期限上限为项目用海期限。例如某一跨海桥梁，设计使用年限为 100 年；项目用海申请者申请用海 100 年。但根据《中华人民共和国海域使用管理法》第 25 条的规定，港口等建设工程用海最高期限为 50 年，综合考虑设计使用年限和《中华人民共和国海域使用管理法》的要求，确定该项目的申请用海期限为 50 年。项目在使用期满时，若依据相关技术证明资料，路、桥结构完好，仍可继续使用，在项目期满前 2 个月，可向原批准用海的人民政府申请续期。

第9章 海域使用对策措施分析

在海域使用论证工作中，应根据海域使用论证结果及项目用海的内容、方式、影响因素以及管理要求等，研究制定项目用海的对策和措施。对策措施的内容应包括海洋功能区划实施对策措施、开发协调对策措施、风险防范对策措施和监督管理对策措施，其中海洋功能区划实施对策措施、开发协调对策措施针对用海申请人提出，规定了用海申请人应履行的义务，而监督管理对策措施主要对管理部门提出，是日后实施项目用海监督管理的依据。提出的对策措施应切合实际，具有针对性，做到科学客观、经济合理、技术可行。

9.1 区划实施对策措施

提出区划实施对策措施是为了维护海洋基本功能，保证项目用海不会对海洋基本功能造成不可逆影响。区划实施对策措施主要给用海申请人提出。落实区划实施对策措施是项目用海的前提条件之一，也是业主在用海过程中必须承担的义务。区划实施对策措施的落实情况是海洋行政管理部门、执法机构对项目用海实施监管的内容之一。

海域使用论证报告应根据项目用海的用海方案、与海洋功能区划符合性分析结论，有针对性地提出用途管制、用海方式控制、海域整治、重点目标保护等对策措施。

9.1.1 用途管制

海洋功能区划对每个海洋基本功能区提出了具体的用途管制要求，包括：与海洋基本功能相适宜的用海类型及对重点用海需求的保障要求；明确兼容的或在基本功能未利用时适宜开展的用海类型。海域使用论证应从既维护海域基本功能，又使其兼容的功能得到充分发挥的角度，对项目用海过程和后期管理中如何落实用途管制提出措施要求。

用途管制措施中，首先应要求项目严格按照规定用途和范围使用海域；其次，还应从维护海域基本功能，有效利用已明确的兼容功能等角度，提出其他措施要求，如当项目用海符合海域的基本功能定位，而在功能区划中还明确了本海域可兼容的其他功能时，本项目应允许在其用海范围内合理（在适宜的范围，采用适宜的方式）开发兼容功能；当项目用海使用的是海域的兼容功能，而非基本功能时，本项目应允许在其用海范围内开发海域基本功能，并应尽可能优化用海方案，减少对基本功能利用的影响；对在海域基本功能利用前实施兼容开发的项目用海，本项目应在基本功能开发启动前及时、无条件退出。

9.1.2　用海方式控制

项目用海以海域为载体，海洋资源的开发利用对海域自然资源和环境条件的影响是客观存在的，只不过由于利用形式与作业方式等的不同，这种影响表现出的程度不尽相同。针对功能区的生态和环境保护需要，海洋功能区划明确了每个功能区的用海方式控制要求，包括原始岸线保留要求、围填海平面设计要求以及允许改变海域自然属性的程度控制要求。

海域使用论证应对照海洋功能区划符合性分析结论，列出用海方式控制措施。措施内容主要包括落实原始岸线保留方案、落实用海平面布置方案、落实围填海或构筑物控制规模、控制海域自然属性改变程度等方面的具体手段和途径。

制定用海方式控制措施时，应要求项目既要落实符合功能区管理要求的用海方式，又要重点改正不符合功能区管理要求的用海方式，还要在施工和运营期用海过程中确保符合功能区管理要求。

施工和运营期用海过程中的用海方式控制措施主要有：

（1）按计划改进用海方式

如有的跨海通道项目，在其建设施工的初期需要建成实心堤结构，并计划在相关施工作业完成后部分改建成透水结构，由于实心堤的用海方式不符合该功能区对用海方式的控制要求，此时应在对策措施中明确实心堤拆除和水道打通的时间节点和指标要求。

（2）依据跟踪监测结果改进用海方式

某些用海项目由于受到某些因素的限制，项目用海对水动力、泥沙冲淤等影响预测与实际情况会存在差异，导致用海项目要根据实际情况对用海方案进行适当的调整。对于此类情形，应提出通过实践检验结果改进用海方式的要求，明确应达到的目标指标。

（3）维护用海方式稳定

如有的项目在设计、建设时，留有水道，符合功能区管理要求。但运行过程中会因为泥沙淤积导致水道堵塞，透水构筑物用海变成了非透水构筑物用海。对于此类情形，应提出及时疏浚以保持水道畅通和维护区域水交换能力的具体要求。

（4）避免施工过程中改变海域自然属性

如有的项目用海为开放式，有的主体在海底，正常用海对海域自然属性影响很小或几乎没有，但施工过程中，可能采用海底大开挖方式，或构筑非透水的临时性围堰，或动用对海域自然属性影响较大的大型设备，或在海底抛设物料、设施等。对于此类情形，应对显著影响海域自然属性的作业方式和设备提出限制性要求。

9.1.3　海域整治

海洋功能区划对部分功能区提出了海域海岸带整治要求，在整顿用海秩序、治理海域环境、修复生态系统方面，提出相应的整治目标、内容和措施要求。海域使用论证应对照海洋功能区划符合性分析结论，列出海域整治措施。

制定海域整治措施时，应要求项目既要落实符合功能区管理要求的海域整治方案，又要重点改正或弥补不符合功能区管理要求的整治内容。措施内容主要包括整治范围、整治内容、整治方法和预期目标。

如某旅游功能区海域整治修复要求为"做好统筹规划，逐步恢复海岸红树林景观"，论证报告对拟在该功能区内建设的旅游项目提出的管理要求为：

①项目建设单位应加强对游客的管理，游客活动边界至少应与现有红树林保持 500 m 以上的距离，禁止游客擅自进入红树林区；

②建设单位应及时清理项目用海范围内红树林区的垃圾，维护海岸红树林景观；

③建设单位尽快与红树林主管部门沟通，落实本报告建议的生态补偿方案即补偿种植红树林面积不得少于 2 hm^2。

9.1.4　保障重点目标安全

海洋功能区划规定了功能区中需要保护的资源与生态重点目标。这些目标主要是海域中具有保护价值的珍稀、濒危海洋生物物种和经济生物物种及其栖息地，以及有重要科学、文化、景观和生态服务价值的海洋自然客体、自然生态系统和历史遗迹等。重视支撑项目用海海域和周围海域基本功能的重要生态环境条件，如生态系统的群落、种群结构，主要生物资源的产卵场、越冬场、索饵场和洄游通道（"三场一通道"），生物栖息的水环境质量，重要经济生物物种及其生境，重要的地形地貌和水动力条件等。

海域使用论证应对照海洋功能区划符合性分析结论，列出重点目标安全保障措施。制定重点目标安全保障措施时，应要求项目既要落实符合功能区管理要求的保障措施，又要重点改正或弥补不符合功能区管理要求的措施内容。措施内容主要是保护方法、实施方案和保护设施。

　　例如，对于滨海电厂取水口，应分析需要建设哪些设施，用以保障生态和生物资源的安全，包括取水口周围是否需要设置拦网，是否需要设置生物驱赶装置等。在诸如砂质海岸、重要滨海旅游区功能区、重要的产卵场等为重点生态保护目标的海域，有必要对用海项目提出保护本功能区的水道畅通、稳定，或维护本区域环境质量的管理对策措施，使重点生态保护目标能够得以有效保护。在幼鱼、幼虾保护区等重点保护目标海域内进行海砂开采项目，应提出避开幼鱼、幼虾繁殖期进行生产或在此期间降低开采强度等措施。某采砂项目对重点保护目标的保护措施见表 9 - 1。

表 9 - 1　重点目标保护对策措施一览表（示例）

保护目标	保护措施	预期效果	实施地点	投入使用时间	责任主体	运行机制
渔业资源	渔业资源繁殖季节开采强度降低 50%	减小悬沙影响程度和范围，减小对鱼卵仔鱼的影响	采砂区	农历 4 月 20 日至 7 月 20 日	业主单位	现场监督管理
	选择适合本海域生长的鱼类进行放流	通过人工放流，增加渔业资源量	青洲—头洲浅海贝类增殖区、濑洲—大杒岛贝类增殖区	南海休渔初期的 6 月初	业主单位	协商
底栖生物	施工前打钻孔了解开采区砂源分布情况，对砂源储量稀少的区域不进行开采	减少对海砂储量稀少的区域的底质的扰动	采砂区	采砂作业期间	施工单位	连续
	对采砂作业准确定位、详细记录其过程，严格按照施工平面布置进行作业，避免在一个区域重复开采	减少对采砂区底质扰动的强度	采砂区	采砂作业期间	施工单位	连续
	选择适合本海域生长的贝类底播	通过贝类底播，增加底栖生物资源量	青洲—头洲浅海贝类增殖区、濑洲—大杒岛贝类增殖区	在南海休渔初期的 6 月初	施工单位经济补偿，海洋渔业主管部门具体实施	协商

（续表）

保护目标	保护措施	预期效果	实施地点	投入使用时间	责任主体	运行机制
中华白海豚等大型野生动物	做好设备的日常维修检查，降低采砂设备噪声	减小对水生生物尤其是中华白海豚的干扰	采砂区	采砂作业期间	施工单位	定期
	控制运砂船速度不超过8节	降低航船撞击海豚等大型野生动物的概率	运砂航路	运砂船航行期间	施工单位	连续
	预先拟定运砂船的航路			采砂作业前期	施工单位	连续
	施工前在采砂地点半径500 m范围内监测中华白海豚5分钟以上			采砂作业前	施工单位	定期
	施工过程中加强瞭望，遇有中华白海豚及其他大型野生动物进入施工海域，应停止施工，并用小船驱赶	减少施工对大型野生动物的伤害	采砂区	采砂作业期间	施工单位	定期
	做好施工前的宣传教育，严禁施工人员捕猎			采砂作业前	施工单位	定期

9.2 开发协调对策措施

与利益相关者、用海直接影响对象的主管部门等达成一致的协商意见，并落实协调方案，是项目用海消除用海矛盾的有效途径，也是项目用海批复前必须达到的条件。同时项目用海必须对国防和国家权益不构成损害。

海域使用论证应根据前面的项目用海利益相关者协调分析结果，制定开发协调对策措施。制定开发协调对策措施时，应要求项目既要落实分析结论中确认合理的协调方案，又要改正分析结论中指出的不合理的协调方案，如有些项目的利益相关者是养殖渔民，但已有协调方案仅仅为地方政府向项目业主做出的协调承诺，此时应提出"协调方案必须直接落实到每一位利益相关者"的要求。

一般情况下，开发协调对策措施的内容主要围绕利益相关协调方案的落实，具体包括：督促形成有效的协调意见，明确诸如提供资金补偿、权益补偿，采用消除影响的辅助措施以及调整自身或帮助对方改变原有生产布局或方式以消除不良影响等协调方案的落实措施。如某用海项目建设期间施工船舶作业时，将增加某港航道来往船只的通航密度，对临近码头进出港船舶的通航安全产生一定不利影响，在开发协调对策措施中应建议建设单位与利益相关单位提前做好沟通，确定船舶通航避让的协调方案，并针对避让协调方案，提出避让措施、安全保障措施等具体要求。

　　对于存在重大利益冲突的用海项目，应根据重大利益冲突的具体内容、强度和影响方式等，提出落实协调方案、防范利益冲突和跟踪监测的具体要求。例如：某项目用海实施填海造地，要求用海区域内原有大面积养殖用海实施退让，涉及众多渔民转产转业问题，存在重大利益冲突和社会稳定隐患。为此，开发协调措施中除了要求落实补偿、安置方案等一般要求外，还要特别提出防范利益冲突和跟踪监测的一些措施，如协调方案必须直接落实到每一位利益相关者，未落实全部协调方案前不得施工，严格控制用海影响范围，避免引发新的利益冲突等。根据开发协调对策措施分析，给出开发协调对策措施一览表，一般包括相关利益者名称、协调结果要求、协调状态、具体的对策措施等内容。以某大桥项目为例，给出开发协调对策措施一览表的示例。

表 9 - 2　某大桥建设项目开发协调对策措施表（示例）

利益相关者（协调责任人）	协调结果要求	协调状态	对策措施	备注
××码头	加强沟通，项目建设和运营不得影响××码头的正常运营	已签订协议	①双方建立热线电话；②施工作业船、工程船应按规定悬挂信号灯，施工过程中确需占用码头的通航水域时，应提前获取××码头业主的同意，并按协议要求予以经济补偿	
养殖户	尽快与养殖户签订相关补偿协议	未签订协议	①建设单位应尽可能在正式施工前与养殖户沟通协商，并签订补偿协议；②若需要回迁的，建设单位应该在项目竣工前将施工弃土等全部清理干净，不得影响养殖户回迁	
需要协调的部门（海洋部门）	签订生态补偿协议，不得降低所在海域环境质量	未签订协议	①建设单位应在取得海域使用权证前 2 个月内与海洋部门签订生态补偿协议；②定期开展动态监测，并按时提交海洋环境质量动态监测报告	

（续表）

利益相关者 （协调责任人）	协调结果要求	协调状态	对策措施	备注
需要协调 的部门 （海事部门）	加强与海事部门的 沟通与协调，并按相 关要求设置相关通航 设施	未申报施工 许可证	①按海事部门要求申办施工许可证； ②在桥梁施工期应邀请海事管理部门 驻守现场； ③施工开始即应在主桥墩上下游各 100 m处设置一对黄色专用标； ④通航孔迎船一面的桥梁中央设置桥 涵标、主桥墩上设置桥柱灯，通航桥孔 上游根据航道条件和船舶航行需要设置 多对导航标，并负责长期维护	

又如，某油气输送管道用海项目与另一距离较近的天然气海底管道，存在一定的施工安全风险隐患。为此，在开发协调对策措施中，明确提出了施工前应审慎制定施工方案，施工过程中应严格执行安全施工工艺，遵守施工作业规程，做好海底管路由定位工作，施工完毕后应对邻近海底管道段进行探测，排查是否存在管道悬空等安全隐患的防范对策措施，以期最大限度消除安全隐患，保证相邻海底管线的安全。

9.3 监督管理对策措施

实施海域使用监督管理是海洋行政主管部门的职责，目的是规范海洋开发活动，维护海域国家所有权和海域使用权人的合法权利，实现海洋生态环境和海域资源的可持续利用。落实到具体用海项目，就是督促用海人按照论证报告和批复要求，规范使用海域，合理开发海洋资源。为保证海域使用监督管理的有效性，需要通过海域使用论证，提出针对每一个具体用海项目的监督管理对策措施，明确监督管理的内容、指标、方法、时点等要求。监督管理对策措施主要明确项目用海批准后的管理要求，经批复的海域使用监督管理对策措施是管理部门对项目用海实施监督检查的技术依据。

监督管理对策措施应包括以下内容：

（1）用海监督

要求用海申请人按照海域使用权证和批准文件规定的位置、面积、用途、方式和期限等使用海域。管理部门应以适当方式，对申请人是否依法用海进行监督检查。

对吹填取砂、临时设施等临时用海，也应提出专门的监督检查要求。

（2）动态监测与评估

要根据项目用海方案及前面的用海影响分析结果，提出动态监测、评估的要求与方案。动态监测方案应明确用海范围、用海面积、实际用途、用海方式、施工方式、工程进展、用海影响等监测内容，提出监测方法、精度和频次等要求。评估内容应包括项目用海是否符合海域使用批准文件的要求，是否对毗邻用海活动或海洋功能区产生较大不利影响，是否出现了明显的海洋生态与环境损害现象等。

要对不同类型的项目用海，明确监测与评估的重点内容和方法。填海工程是用海项目海域使用动态监视监测工作中的重点监测对象，应重点关注施工范围与工艺、海岸线利用与改变、重要保护目标的影响、海域使用管理与监督要求的落实情况等。

对于核电、火电、LNG 等类型用海项目，还应关注营运期温排水扩散影响范围，对海洋生物生态及周边敏感目标的影响。

对于海砂开采用海，应根据海域资源环境特点、开采面积、开采量、开采时间的不同，重点监测开采位置、日开采强度、月开采强度、年开采强度、开采总量和开采方式以及开采区水深变化，海砂开采可能引起的毗邻海岸蚀淤变化等。对于采砂区附近海域有电缆管道的，还应重点提出对电缆管道所在海域水深及冲淤环境的变化监测。

对于旅游类用海，如海水浴场、海岸场地等固定的旅游场地和水上游艇、旅游船等水上活动空间，应重点监控水上活动的范围，避免因随意改变航线和活动范围而影响其他用海。

（3）区划实施、开发协调、风险防范措施的监督落实

要求管理部门督促用海申请人落实区划实施对策措施、开发协调对策措施和风险防范对策措施，并根据项目特点，在适宜的阶段，对措施落实情况进行监督检查。

（4）竣工验收和技术归档

竣工验收主要针对填海项目。填海项目竣工后，海洋行政主管部门对海域使用权人实际填海界址和面积、执行国家有关技术标准规范、落实海域使用管理要求等事项进行全面检查验收。应要求海域使用权人自填海项目竣工之日起 30 日内，向相应的竣工验收组织单位提出竣工验收申请。

为便于竣工验收工作的开展，对涉及工程建设的项目用海，应在海域使用权人提出竣工验收申请时，向海洋主管部门提交工程设施图和相关文件、资料。

第10章　海域使用论证结论与建议

海域使用论证报告对项目用海所作的可行性结论，是海洋行政主管部门审批该用海项目的主要技术依据之一。为进一步减轻资源环境影响、利益冲突等用海问题所提出的建议，是对业主及相关涉海部门科学、合理用海的重要参考意见，并具有重要的指导作用。因此必须认真、负责、客观、公正地编写好海域使用论证报告的结论和建议。

10.1　论证结论

10.1.1　论证结论的形成

（1）原则

论证报告的结论是对海域使用论证工作结果的简要概述。在概括和总结全部论证工作的基础上，客观地总结项目用海的自然资源环境和社会经济条件的适宜性、海域开发利用协调性、海洋功能区划和相关规划的符合性、项目用海的合理性，并最终给出项目用海可行性结论。

（2）要求

结论应该文字简洁、高度精练、用词准确，同时最好分条叙述，以便阅读。

10.1.2　论证结论的主要内容

根据海域使用论证报告中各论证部分分析研究结果，归纳形成论证结论。结论的主要内容一般从以下几个方面给出。

（1）项目用海基本情况结论

概括总结项目地理位置、建设规模和建设内容，尤其应明确涉海工程的建设内容和规模、水工构筑物的结构和主要尺度、涉海工程施工工艺等主要内容。

当项目属于改建、扩建时，应说明已建项目的建设内容和用海规模、用海方式和海域使用权属状况等主要内容。

明确经论证后确定的用海类型、用海方式、用海面积和用海期限等基本信息。

（2）项目用海的必要性分析结论

根据项目用海特点、自身建设需要，概括总结项目用海必要性。

（3）项目用海资源环境影响分析结论

概括总结项目用海对水动力环境、地形地貌与冲淤环境、水质环境、沉积物环境的影响。如明确工程前后水动力变化情况，施工产生的悬浮泥沙扩散范围等。明确项目用海对海洋资源的影响结论。

概括项目用海发生风险的类型及对海域资源环境和周边开发活动影响的结论。

（4）海域开发利用协调分析结论

概括总结项目所在海域开发活动，明确项目利益相关者和需要协调的部门，给出利益相关内容利益损失范围、面积和损失量等信息，并明确项目用海与各利益相关者的矛盾是否具备协调途径和机制，给出明确的协调方案，明确协调内容、协调方法和协调责任等。明确给出项目用海对国防安全、国家海洋权益影响的结论。

（5）项目用海与海洋功能区划及相关规划的符合性结论

明确项目用海所在海域功能区划和周边功能区划，概括项目用海对周边海洋功能区划的影响及与所在海洋功能区的符合性，明确项目用海与海洋功能区划的符合性结论。

总结项目建设与产业政策和规划、行业规划、专项规划和其他相关规划的符合性和协调性结论。

（6）项目用海合理性分析结论

概括总结项目用海选址、用海平面布置、用海方式、用海面积和期限的合理性论证结论，明确项目用海的用海类型、面积和用海期限，各用海单元的用海方式、用海面积等内容。

占用岸线的用海项目应给出占用岸线合理性分析结论。

（7）用海可行性结论

概括总结项目用海对资源环境和周边开发活动的影响结果是否可接受，项目用海是否符合海洋功能区划，是否与相关规划相协调，利益相关者是否具有可协调性，在项目用海合理性综合分析结论的基础上，给出项目用海可行或不可行的综合结论。

10.2　建议

当项目前期专题研究不充分或者存在重大遗留问题，可能影响海域使用论证结论的，应提出进一步开展相关工作的建议。

当项目用海基本可行，在某一方面存在需进一步改进的，可针对性地提出相关完善建议，如提出优化调整用海面积、用海方式、平面布置及施工工艺等的建议。

当用海项目存在下述情形之一时，表明项目存在重大问题，目前项目用海方案不可行。

①当项目用海方式、平面布置等不符合国家集约、节约用海政策时，应提出优化或调整项目用海方式和平面布置方面的建议；

②项目用海存在重大风险，应提出降低或避免用海风险的防范对策措施；

③项目用海严重损害生态环境、重要渔业资源等，应依据影响的范围和程度，明确生态环境保护与恢复方案的具体实施措施，或制定生态环境补偿实施措施；

④项目用海存在重大利益冲突，应提出具体的协调方案，并提出冲突防范、协调方案落实和跟踪等要求；

⑤项目用海损害国防安全和国家海洋权益，应根据军队部门要求重新选址；

⑥项目用海对周边海洋功能区和海洋开发利用活动产生严重影响，应根据影响内容、涉及范围和影响程度等方面，分项目建设阶段和生产阶段提出技术可行、经济合理的防治措施和建议。

对于用海结论不可行的项目，建议中应提出调整项目用海设计方法、施工流程，降低对资源环境影响、用海风险和对周边海洋开发活动影响以及项目选址、平面布置和优化建设方案等方面的建议，并按照调整后的选址、用海方案、平面布置等重新编制论证报告。

参考文献

国家海洋局. 2010. 关于印发《省级海洋功能区划编制技术要求》的通知.

国家海洋局. 2013. 区域建设用海编制规范(HY/T148－2－13).

国家技术监督局. 2006. 海洋功能区划技术导则(GB/T17108—2006). 北京：中国标准出版社,
　　1－18.

国家海洋局. 2009. 海域使用分类体系(HY/T 123—2009).

国家海洋局. 海域使用论证技术导则(2010). 2010年8月.

郝忠毅. 2012. 长兴岛30万吨油码头平面布置与码头结构方案优化. 大连理工大学.

贾后磊, 谢健, 彭昆仑. 2009. 人工鱼礁选址合理性分析. 海洋开发与管理, 26(4)：72－75.

贾后磊, 张志华, 王健国, 等. 2011. 海域使用论证中论证等级判定的探讨. 海洋开发与管
　　理, 3：13－16.

贾生华, 陈宏辉. 2002. 利益相关者界定方法述评. 外国经济与管理, 24(5)：13－18.

刘百桥. 2008. 我国海洋功能区划体系发展构想. 海洋开发与管理, 25(7)：19－23.

刘堃, 等. 2012. LNG码头选址探讨. 水运工程, (7)：78－81.

牛景轶, 等. 2009. 海底隧道工程对海洋环境的污染方式、特点及防治. 青岛农业大学学报(社
　　会科学版), 21(4)：50－55.

索安宁, 张明慧, 等. 2012. 围填海工程平面设计评价方法. 海岸工程, 31：(1), 28－35.

王健国. 2008. 海域使用论证报告要点与质量评估方法探讨//首届全国海域论证海洋环评技术
　　论坛论文集：14－22.

王江涛, 刘百桥. 2011. 海洋功能区划符合性判别方法初探——以港口功能区为例. 海洋通报,
　　30(5)：496－501.

王平, 等. 2009. 区域建设用海规划工作的几点体会. 海洋开发与管理.

肖惠武. 2012. 我国渔业用海问题及对策研究. 海洋开发与管理, (5)：27－31.

徐伟, 夏登文, 刘大海, 等. 2010. 项目用海与海洋功能区划符合性判定标准研究. 海洋开发
　　与管理, (7)：4－7.

殷政章, 张瑞安. 1991. 关于烟台海洋倾倒区选划合理性的分析研究. 海洋通报, (1)：
　　79－84.

张军锋. 2008. 火力发电厂总平面布置及其方案的优化. 西安建筑科技大学.

赵明利, 谢健, 李珊. 2009. 海域使用论证中利益相关者分析存在的问题及建议. 海洋开发与
　　管理, (9)：3－8.

郑培昕, 等. 1999. 关于大力发展山东省海洋旅游娱乐业的策略研究. 海岸工程, 18(2)：
　　11－17.

附　录

附录1　论证重点参照表

海域使用论证重点可参照表1.1选择，根据项目用海具体情况和所在海域特征，可适当增减。

表1.1　海域使用论证重点参照表

用海类型		论证重点						
		用海必要性	选址（线）合理性	用海平面布置合理性	用海方式合理性	用海面积合理性	海域开发利用协调分析	资源环境影响
渔业用海	渔业基础设施用海		▲	▲	▲	▲		▲
	围海养殖用海		▲			▲	▲	▲
	开放式养殖用海					▲	▲	▲
工业用海	盐业用海		▲			▲	▲	▲
	固体矿产开采用海					▲		▲
	油气开采用海			▲	▲			▲
	船舶工业用海		▲	▲	▲	▲		▲
	电力工业用海（一），如火电厂、核电厂的厂区、海上风力发电、太阳能发电等	▲	▲	▲	▲			▲
	电力工业用海（二），如潮汐发电、波浪发电、温差发电、地热发电、海洋生物质能等		▲					▲
	海水综合利用用海		▲	▲	▲			▲
	其他工业用海，如水产品加工厂、化工厂、钢铁厂、海上各类工厂用海，促淤冲淤、浅海水库、海床底温泉、海底地下水开发用海等	▲	▲	▲	▲	▲		▲

（续表）

用海类型		论证重点						
		用海必要性	选址(线)合理性	用海平面布置合理性	用海方式合理性	用海面积合理性	海域开发利用协调分析	资源环境影响
交通运输用海	港口用海(一)，如集装箱、煤炭、矿石、散杂货码头及引桥、平台、港池、堤坝、堆场等		▲	▲	▲	▲		▲
	港口用海(二)，如液体化工、原油、成品油、天然气(含 LNG、LPG)、其他危险品码头及引桥、平台、港池、堤坝、堆场等		▲	▲	▲	▲		▲
	航道、锚地用海		▲				▲	
	路桥用海		▲					
旅游娱乐用海	旅游基础设施用海		▲	▲		▲		▲
	浴场、游乐场用海					▲		▲
海底工程用海	电缆管道(一)用海，如海底电(光)缆、海底输水管道、无毒无害物质输送管道等		▲				▲	
	电缆管道(二)用海，如海底石油天然气等输送管道、有毒有害及危险品物质输送管道、海洋排污管道等		▲				▲	▲
	海底隧道用海		▲					
	海底场馆用海	▲	▲	▲	▲	▲		
排污倾倒用海	污水达标排放(一)用海，如低放射性废液排海、造纸废水排海、大型温排水等		▲	▲	▲			▲
	污水达标排放(二)用海，如工业和市政达标污废水排海，其他污(废)水海洋处置等		▲			▲		▲
	疏浚物倾倒区用海		▲					▲
造地工程用海	城镇建设填海造地用海	▲	▲	▲	▲	▲		▲
	农业填海造地用海	▲	▲			▲		▲
	废弃物处置填海造地用海	▲	▲	▲	▲	▲		▲
特殊用海	科学研究、实验及教学用海		▲			▲		▲
	海岸防护工程用海，如沿岸防浪堤、护岸、丁坝等		▲	▲	▲			▲

附录 2　海域使用论证报告书格式和内容

2.1　文本格式

2.1.1　文本规格

海域使用论证报告书的文本外形尺寸为 A4(210 mm×297 mm)。

2.1.2　封面格式

海域使用论证报告书封面格式如下：

第一行书写项目名称：×××项目(居中，指建设项目立项名称，不超过 30 个汉字)；

第二行书写：海域使用论证报告书(居中)；

第三行落款书写：论证单位全称(居中)(加盖公章)；

第四行书写：××××年××月(居中)。

以上内容字体字号应适宜，各行间距应适中，保持封面美观。

2.1.3　封里 1 内容

封里 1 为海域使用论证资质证书(正本)1/3 比例彩印件，同时应写明海域使用论证承担单位全称、通讯地址、邮政编码、联系电话、传真电话、电子信箱等内容。

2.1.4　封里 2 内容

封里 2 中应写明：海域使用论证委托单位全称，海域使用论证承担单位全称，海域使用论证资质证书等级与编号，海域使用论证单位法人姓名、职称，技术负责人姓名、职务、职称，项目负责人姓名、职务、职称，报告表应由技术负责人审核签字。

2.1.5　参加论证人员基本情况

参加报告表编写的所有人员的基本情况应按照表 2.1 内容填写。

表 2.1　编写人员基本情况

姓名	专业	技术职称	上岗证书号	责任章节	签名

2.1.6 封里4内容

表2.2 项目基本情况表

<table>
<tr><td rowspan="4">申请人</td><td colspan="5">单位名称</td></tr>
<tr><td rowspan="1">法人代表</td><td>姓名</td><td></td><td>职务</td><td></td></tr>
<tr><td rowspan="2">联系人</td><td>姓名</td><td></td><td>职务</td><td></td></tr>
<tr><td>通讯地址</td><td colspan="3"></td></tr>
<tr><td rowspan="18">项目用海
基本情况</td><td>项目名称</td><td colspan="4"></td></tr>
<tr><td>项目地址</td><td colspan="4">省　　　市　　　县</td></tr>
<tr><td>项目性质</td><td>公益性</td><td></td><td>经营性</td><td></td></tr>
<tr><td>用海面积</td><td colspan="2">公顷</td><td>投资金额</td><td>万元</td></tr>
<tr><td>用海期限</td><td colspan="4"></td></tr>
<tr><td>占用岸线</td><td colspan="2">m</td><td>新增岸线</td><td>m</td></tr>
<tr><td>用海类型</td><td colspan="4"></td></tr>
<tr><td>各用海方式/作业方式</td><td colspan="2">面积</td><td colspan="2">具体用途</td></tr>
<tr><td></td><td colspan="2">公顷</td><td colspan="2"></td></tr>
<tr><td></td><td colspan="2">公顷</td><td colspan="2"></td></tr>
<tr><td></td><td colspan="2">公顷</td><td colspan="2"></td></tr>
<tr><td></td><td colspan="2">公顷</td><td colspan="2"></td></tr>
<tr><td>……</td><td colspan="2">公顷</td><td colspan="2">……</td></tr>
<tr><td colspan="5">项目用海基本情况(可附图、表格和填加页)</td></tr>
<tr><td colspan="5">项目所在海域概况(可附图、表格和填加页)</td></tr>
<tr><td colspan="5">项目用海影响分析</td></tr>
<tr><td colspan="5">海域开发利用协调分析(可附图、表格和填加页)</td></tr>
<tr><td colspan="5">项目用海与海洋功能区划及相关规划符合性分析(可附图、表格和填加页)</td></tr>
<tr><td colspan="5">项目用海合理性分析(可附图、表格和填加页)</td></tr>
<tr><td colspan="5">海域使用对策措施</td></tr>
<tr><td colspan="5">结论与建议</td></tr>
</table>

2. 2　海域使用论证报告书编写大纲

按照表 2.3 编制海域使用论证报告书。可根据项目用海的特点和论证工作的具体要求，对有关章节做适当增减。其中项目用海资源环境现状评价与影响分析应编制附册，附于海域使用论证报告书之后或单独成册。海域使用论证报告书中的水环境质量、沉积物环境质量和生物质量，海洋生态概况和渔业资源状况，以及项目用海环境、生态影响分析仅简要反映《项目用海资源环境现状评价与影响分析附册》的分析评价结论。《项目用海资源环境现状评价与影响分析附册》按照表 2.4 的要求编制。

表 2.3　海域使用论证报告书编写大纲

1　概述
1.1　论证工作来由
1.2　论证依据
1.2.1　法律法规
1.2.2　技术标准和规范
1.2.3　项目基础资料
1.3　论证工作等级和范围
1.3.1　论证工作等级
1.3.2　论证范围
1.4　论证重点
2　项目用海基本情况
2.1　用海项目建设内容
2.2　平面布置和主要结构、尺度
2.3　项目主要施工工艺和方法
2.4　项目申请用海情况
2.5　项目用海必要性
3　项目所在海域概况
3.1　自然环境概况
3.2　海洋生态概况
3.3　自然资源概况
3.4　开发利用现状
4　项目用海影响分析
4.1　项目用海环境影响分析
4.2　项目用海资源影响分析
4.3　项目用海生态影响分析
5　海域开发利用协调分析

5.1　项目用海对海域开发活动的影响

5.2　利益相关者界定

5.3　相关利益协调分析

5.4　项目用海对国防安全和国家海洋权益的影响分析

6　项目用海与海洋功能区划及相关规划的符合性分析

6.1　项目用海与海洋功能区划的符合性分析

6.2　项目用海与相关规划的符合性分析

7　项目用海合理性分析

7.1　用海选址合理性分析

7.2　用海平面布置合理性分析

7.3　用海方式合理性分析

7.4　用海占用岸线合理性分析

7.5　用海面积合理性分析

7.6　用海期限合理性分析

8　海域使用对策措施

8.1　区划实施对策措施

8.2　开发协调对策措施

8.3　监督管理对策措施

9　结论与建议

9.1　结论

9.1.1　项目用海基本情况

9.1.2　项目用海必要性结论

9.1.3　项目用海影响分析结论

9.1.4　海域开发利用协调分析结论

9.1.5　项目用海与海洋功能区划及相关规划符合性分析结论

9.1.6　项目用海合理性分析结论

9.1.7　项目用海可行性结论

9.2　建议

资料来源说明

1. 引用资料

2. 现场勘查记录

附件

1. 海洋主管部门同意开展海域使用论证工作的文件

2. 海域使用论证工作委托书

3. 海域使用论证单位技术负责人签署的技术审查意见

4. 现场调查的计量认证(CMA)分析测试报告或实验室认可(CNAS)分析测试报告(可单独成册)

5. 用海申请者与利益相关者已达成的协议

6. 其他相关的文件和图表

附册

项目用海资源环境现状评价与影响分析附册

2.3　项目用海资源环境现状评价与影响分析附册

项目用海资源环境现状评价与影响分析附册应详细阐述水文动力环境、地形地貌与冲淤环境、水质环境、沉积物环境、生态环境及海洋资源的现状调查方案，明确各环境要素现状评价的评价标准、评价方法和评价结论，给出项目用海对资源环境的影响预测方法，明确项目用海对资源环境的影响范围、影响方式和影响程度等。项目用海资源环境现状评价与影响分析附册编写大纲见表2.4。

表 2.4　项目用海资源环境现状评价与影响分析附册编写大纲

1　概述
1.1　工作来由
1.2　编制依据
2　资源环境现状调查方案
2.1　水文动力环境现状调查方案
2.2　地形地貌与冲淤环境现状调查方案
2.3　海水环境现状调查方案
2.4　沉积物环境现状调查方案
2.5　海洋生物质量现状调查方案
2.6　海洋生态(含渔业资源)现状调查方案
2.7　海洋资源现状调查方案
3　资源环境现状评价
3.1　水文动力环境现状评价
3.2　地形地貌与冲淤环境现状评价
3.3　水质环境现状评价
3.4　沉积物环境质量现状评价
3.5　海洋生物质量现状评价
3.6　海洋生态现状评价
4　项目用海影响分析
4.1　水文动力环境影响分析
4.2　地形地貌与冲淤环境影响分析
4.3　水质环境影响分析
4.4　沉积物环境影响分析
4.5　海洋生态影响分析
4.6　海洋资源影响分析
5　结论与建议
5.1　结论
5.1.1　项目用海资源环境现状评价结论
5.1.2　项目用海资源环境影响分析结论
5.2　建议

注：资源环境现状调查方案包括收集历史资料和补充资料的调查方案

附录3 海域使用论证报告表格式和内容

3.1 文本格式

3.1.1 文本规格

海域使用论证报告表文本外形尺寸为 A4(210 mm × 297 mm)。

3.1.2 封面格式

海域使用论证报告表封面格式如下：

第一行书写项目名称：××××工程(居中，指建设项目立项的名称，不超过30个汉字)；

第二行书写：海域使用论证报告表(居中)；

第三行落款书写：论证单位全称(居中)(加盖公章)；

第四行书写：××××年××月(居中)；

以上内容字体字号应适宜，各行间距应适中，保持封面美观。

3.1.3 封里1内容

封里1为海域使用论证资质证书(正本)1/3比例彩印件，同时应写明海域使用论证承担单位全称、通讯地址、邮政编码、联系电话、传真电话、电子信箱等内容。

3.1.4 封里2内容

封里2中应写明：海域使用论证委托单位全称，海域使用论证承担单位全称(加盖公章)，海域使用论证资质证书等级与编号，海域使用论证单位法人姓名、职称，技术负责人姓名、职务、职称，项目负责人姓名、职务、职称，报告表由技术负责人审核签字。

3.1.5 参加论证人员基本情况

参加论证工作所有人员的基本情况应按照表3.1内容填写。

表3.1 论证人员基本情况

姓名	专业	技术职称	上岗证书号	责任章节	签名

3.2　论证报告表格式

表 3.2　海域使用论证报告表格式

申请人	单位名称				
	法人代表	姓名		职务	
	联系人	姓名		职务	
		通讯地址			
项目用海基本情况	项目名称				
	项目地址		省　　　市　　　县		
	项目性质	公益性		经营性	
	用海面积		公顷	投资金额	万元
	用海期限				
	占用岸线		m	新增岸线	m
	用海类型				
	各用海方式/作业方式		面积	具体用途	
			公顷		
			公顷		
			公顷		
			公顷		
	……		公顷	……	

项目用海基本情况(可附图、表格和填加页)
项目所在海域概况(可附图、表格和填加页)
项目用海影响分析
海域开发利用协调分析(可附图、表格和填加页)
项目用海与海洋功能区划及相关规划符合性分析(可附图、表格和填加页)
项目用海合理性分析(可附图、表格和填加页)
海域使用对策措施
结论与建议

3.3　论证报告表内容要求

3.3.1　项目用海基本情况

明确用海项目地理位置(应附项目位置图)、建设规模、平面布置(应附平面布置图)和主要建筑物结构、尺度；用海项目主要施工工艺和方法；项目申请用海情况；项目用海必要性。

3.3.2　项目所在海域概况

简要阐述用海项目所在海域的自然环境概况、海洋生态概况和自然资源概括，项目所在海域开发利用现状和用海权属，并附海域开发利用现状图。

3.3.3　项目用海影响分析

简要、定性地分析项目用海对所在海域和周边海域的海洋环境、海洋生态、海洋资源的影响。

3.3.4　海域开发利用协调分析

结合项目所在海域及周边海域开发利用现状和用海权属，定性分析项目用海对周边海域开发活动的影响。简要分析项目用海对界定的利益相关者的影响；针对利益相关者及其受影响程度，明确协调方案。

3.3.5　项目用海与海洋功能区划及相关规划符合性分析

简单介绍用海项目所在海域及周边海域海洋功能区情况，明确各功能区与用海项目的位置关系，附以现行的海洋功能区划图。定性分析项目用海对所在海域和周边海域海洋功能的影响，并明确项目用海是否符合所在海域的海洋功能区划。

论证项目用海与国家产业政策、海洋经济发展规划、海洋环境保护规划、相关行业用海规划等的符合性。

3.3.6　项目用海合理性分析

根据项目用海性质，分析选址区域的区位条件、自然资源和环境条件和周边用海活动等的适宜性。

项目用海平面布置合理性应简要分析项目用海是否与水动力环境、地形地貌和冲淤环境、生态环境保护及周边用海活动等相适宜。

　　项目用海方式合理性应简要分析项目用海是否有利于维护海域基本功能、保持自然岸线和海域自然属性、保护区域海洋生态系统等。

　　项目用海占用岸线的合理性分析应明确占用岸线的类型和长度等，分析减少占用岸线的可能性和占用岸线的合理性。

　　用海面积合理性主要论证项目用海面积是否满足项目用海需求；是否符合相关行业设计标准和规范；界址点的选择和面积量算是否符合 HY/T 124。

　　项目用海应以主体结构、主要功能的设计使用（服务）年限作为依据，以法律法规的规定作为判断标准，分析项目申请的用海期限是否合理。

3.3.7　海域使用对策措施

　　简要提出项目用海区划实施对策措施、开发协调对策措施和监督管理对策措施。

3.3.8　结论与建议

　　结论应包括项目用海基本情况、用海资源环境影响分析结论、海域开发利用协调分析结论、用海合理性分析结论和项目用海可行性结论。根据论证结果，提出相关建议。

附录4　海域使用类型名称和编码

海域使用类型名称和编码如表4.1所示。

表4.1　海域使用类型名称和编码

一　级　类		二　级　类	
编　码	类　型	编　码	名　　称
1	渔业用海	11	渔业基础设施用海
		12	围海养殖用海
		13	开放式养殖用海
		14	人工鱼礁用海
2	工业用海	21	盐业用海
		22	固体矿产开采用海
		23	油气开采用海
		24	船舶工业用海
		25	电力工业用海
		26	海水综合利用用海
		27	其他工业用海
3	交通运输用海	31	港口用海
		32	航道用海
		33	锚地用海
		34	路桥用海
4	旅游娱乐用海	41	旅游基础设施用海
		42	浴场用海
		43	游乐场用海
5	海底工程用海	51	电缆管道用海
		52	海底隧道用海
		53	海底场馆用海
6	排污倾倒用海	61	污水达标排放用海
		62	倾倒区用海
7	造地工程用海	71	城镇建设填海造地用海
		72	农业填海造地用海
		73	废弃物处置填海造地用海
8	特殊用海	81	科研教学用海
		82	军事用海
		83	海洋保护区用海
		84	海岸防护工程用海
9	其他用海	91	其他用海

附录5　资料来源说明

5.1　引用资料

　　论证报告中所有引用的数据资料，须明确说明数据资料出处、形成时间和引用时的状态等要素，关键数据资料还需要提供来源说明材料。如社会经济概况引用项目所在地省、市、县(市、区)政府统计部门及相关职能部门公布的权威性数据。

　　引用的数据资料标识应按海域使用论证报告中引用数据资料的先后顺序连续编码，并按顺序排列。各类引用资料的编排格式如下：

　　1)期刊文章

　　[序号]##资料 引自 作者．题名．刊名，年，卷(期)：起止页码。

　　2)专著、论文集、学位论文

　　[序号]##资料 引自 编者．题名．出版地：出版者，出版年：起止页码。

　　3)项目专题研究报告等技术文件

　　[序号]##资料 引自 编者(或编写单位)．题名．引用时的状态．编写年．起止页码。

　　4)电子文献

　　[序号]##资料 引自 主要责任者．电子文献题名．电子文献的出处或可获得地址，发表或更新日期∕引用日期(任选)。

5.2　现场勘查资料

　　现场勘查资料包括现场勘查记录和现场勘查照片。

　　现场勘查照片主要是对项目所在海域及周边海域的开发利用现状进行拍摄记录，并在海域开发利用现状图中给予标示各开发活动的位置及照片拍摄方向等。

　　现场勘查应当填写海域使用论证现场勘查记录，记录事项包括勘查时间、内容、主要参与人员、使用设备、勘查情况和勘察成果简述或名录等，并由论证项目负责人、论证单位技术负责人签字。

　　现场勘查记录的目录按论证报告中相关内容出现的先后顺序排列，目录后附具原始的现场勘查记录。

　　现场勘查记录的格式应符合表5.1要求，内容包括序号、勘查人员、勘查责任单位、勘查时间、勘查地点、勘查内容简述等，并由项目负责人和技术负责人签名。

表 5.1　现场勘查记录表

项目名称				
序号	勘查概况			
1	勘查人员		勘查责任单位	
	调查时间		勘查地点	
	勘查内容简述	（例如：海岸线和控制点测量）		
2	勘查人员		勘查责任单位	
	调查时间		勘查地点	
	勘查内容简述	（例如：用海权属、利益相关者调查）		
……	……	……	……	……
	……	……	……	……
	……	……		
项目负责人			技术负责人	

附录6　用海方式名称和编码

用海方式名称和编码如表6.1所示。

表 6.1　海域使用类型名称和编码

一 级 类		二 级 类	
编 码	类 型	编 码	名 称
1	填海造地	11	建设填海造地
		12	农业填海造地
		13	废弃物处置填海造地
2	构筑物	21	非透水构筑物
		22	跨海桥梁、海底隧道等
		23	透水构筑物
3	围海	31	港池、蓄水等
		32	盐业
		33	围海养殖
4	开放式	41	开放式养殖
		42	浴场
		43	游乐场
		44	专用航道、锚地及其他开放式
5	其他方式	51	人工岛式油气开采
		52	平台式油气开采
		53	海底电缆管道
		54	海砂等矿产开采
		55	取、排水口
		56	污水达标排放
		57	倾倒
		58	防护林种植